華文創
頂尖文庫 EA031

臺灣設計美學史

卷一

神話至明

楊裕富 著

序 言

「臺灣設計美學史」的寫作，起心動念於三十年前籌備雲林科技大學建築系的時候，

那時一邊在工業設計系教書，另一邊在準備建築系的設系提案及向教育部提出課程

師資設備計畫書。

那個年代，重視本土的口號已經響徹雲霄，然而相關本土設計的相關教材乃至於師
資卻極其缺乏，工業設計史幾乎全是英國工業設計史或西洋工業設計史，建築史雖
然有中國建築史的教材，但多數只談到盛清時期就結束，教材上尚未採取臺灣建築
史料進入建築史的階段。然而我們的設計教育目標卻強調能培養出具中國文化特色
兼具臺灣本土文化特色的設計人才。我覺得這樣子的教學資料而要達成相對的教育
目標，幾乎是緣木求魚，所以就一頭栽入臺灣本土設計資源的研究，連續多年向國
科會提出年度研究計畫案。

隨著十餘次的國科會研究計畫的完成，我的「臺灣設計美學史」的寫作材料也收集
得相當豐富，再加上二十年前主持過三個文建會的社區總體營造案，其中竹山社寮
紫南宮的社區總體營造案的經驗，更讓我對民俗宗教的實際活動有更深刻的體驗，
社區總體營造案進行過程中所收集的資料更豐富了「臺灣設計美學史」的相關內容
的提煉。所以我就開始著手這本「臺灣設計美學史」的初步寫作。然而這本「臺灣
設計美學史」的寫作也隨著我的教學回饋而有相繼的寫作調整，如今出版的已是我
「臺灣設計美學史」寫作上的第三個版本了。

回顧這麼長期的寫作過程裡，該感謝的人實在太多了，首先該感謝的是國科會連續
十幾年核准我所提出來的研究案，其次感謝文建會核准的「竹山社寮紫南宮的社區
總體營造案」與當時文建會副主任委員陳其南先生的指導與鼓勵，再其次則感謝我
的碩班研究生與博班研究生們在上課過程中與我的激烈又營養的互動，以及我所指
導的研究生們中有三十幾位以傳統與當代建築，傳統與當代工藝為研究對象時，所
進行辛苦又踏實「田野調查成果」的滋養，特別是許峰旗博士與馮永華博士在工藝
史與視傳設計史上的深入研究，在在都形成本書的重要養分。

最後也要謝謝元華文創公司在出版業艱困的年代挑選本書出版的眼光，更謝謝元華
文創的蔡佩玲經理與編輯們辛勤的作業，才能讓這三本埋沒十年的好書能順利出版。

謝謝，謝謝所有幫助這本書形成與出版的朋友們，也預先謝謝對這系列感到興趣的
讀者們。謝謝！！

目 次

卷二　盛清臺灣

卷三　當代臺灣

第一章：概論與背景

臺灣設計美學史就是記錄臺灣設計藝術品的演變，研究對臺灣設計藝術品審美品味的承傳與演變，乃至於詮釋上述兩種演變的可能原因，並使得人文歷史讀起來好像具有延續性一般。雖然人類歷史往往是斷裂的，但為了滿足想像中的權力正當性，人們撰寫歷史與詮釋歷史的過程裡總會張揚歷史的延續性而掩埋甚至扭曲歷史的斷裂性。設計藝術史因「物質證據」的牽制而較能持平的避免「扭曲」，設計美學史則無所謂張揚、掩埋或扭曲，因為美學乃至人類權力史本來就是一種人為設定，更是一種意識形態，本研究只是以「具備意識形態警覺性」的態度，來儘量還原人間權力真相在設計藝術領域演出的情狀而已。

1-1， 美學、設計美學史與文化史研究

美學是人類詮釋人文藝術現象與作品的一種詮釋性論述。有的偏重詮釋這些藝術現象與作品的最終依據或偏重以「哲學的態度」來詮釋，我們可以簡稱為美學的本質向度。有的偏重詮釋這些藝術現象與作品的生成法則、創作法則或偏重以「工程的態度」來詮釋，我們可以簡稱為美學的形式向度。有的偏重詮釋這些藝術現象與作品所想表達的意涵或偏重以「故事敘述」的結構或完整性來詮釋，我們可以簡稱為美學的意涵向度。不過所有這種詮釋的可能性卻都是建立在該藝術作品生成文脈與這特定人群的集體記憶之下才有意義。也就是說美學論述的成立是在其特定的文化社經背景的基礎上，才有意義。而人類所發展的各種文明至今所呈現主流文化（諸如：中國文化、西方文化、印度文化、西亞回教文化）確實也發展出頗有不同的價值觀、信念、意識形態來形成各種文化的審美取向（aesthetics orientation），並以此主導了受該文化孕育與影響的人們的審美品味，乃至於主導了美學論述的發展與演變。設計美學則為美學這個大領域裡注重設計藝術作品或眼睛看得到的設計藝術作品這一塊的一種詮釋性論述。

我們認為每一種文化都有其獨特的審美取向，而審美取向的成形與沈澱往往在該種文化載體（特定人群社會）轉型時刻。就人類學的時間長度來看，重要的社會轉型包括了人類組織與權力結構的重大改變、環境資源的重大改變、宗教的重大改變，乃至於生存機會的重大改變等等。我們循著文化載體（特定人群社會）轉型時刻的樣貌，來推定可能的審美取向，進而配合以設計作品實物來推敲當時可能的設計美學論述，如此一來才可能更貼切的描述設計藝術的發展乃至設計美學的發展。這樣的研究方法論通常就稱為文脈研究法（textlism），而文脈研究法則是建立在文化相對主義基礎上的歷史研究法之一，也是法國當代歷史學家福柯（Foucault，M）所揭諸的對立於系譜學歷史編排的考古學研究方法，或義大利

建築史學派塔夫理（Tafuri，M）所揭諸的對立於操作性批評的意識型態批評研究方法。基於上述設計美學史研究的特殊性，本小節先將本研究所常用的一些概念與觀點簡單的描述如後。

其一，審美取向

美術就是人類人文表述裡較具有固定美感的作品，人們在欣賞大自然事物或人文事物時之所以會有「美感」的體認，通常是因生理知覺乃至於更重要的特定文化群體的價值觀、風俗、習慣所制約，這特定文化群體的價值觀、風俗、習慣的制約狀況未必為所有的創作者與欣賞者所察覺，我們稱這些特定文化群體的價值觀、風俗、習慣在審美過程所自動發生的制約為「審美取向」。以最簡單的例子來說，幾乎所有文明在文明初韌期幾乎全都是「巫藝同源」，而以當代文明來檢視古代文明裡的藝術品時因技術的因素，「寫實」顯然不是藝術品成就的重要標準。這就表示巫藝同源所帶來「意象」形塑過程中，巫術與神意佔了審美取向的重要成分，而當代藝術裡巫術與神意通常佔不了審美取向的重要成分，而是各個時代的人造新神話取代了「巫術與神意」所佔的位置。

其二，美學知識三向度

如果我們跳脫西方文明的侷限，以人類各種主流文明所發展出的美學論述來看時，通常會體認到美學知識的累積會分別累積於本質、形式、意涵三大面向。我們可以稱為美學的本質向度、美學的形式向度、美學的意涵向度。

只是當今西方傳統美學由於強調蘇格拉底的美學思想源頭，到十八、十九世紀之際美學這門知識從哲學領域分離出來時由西方哲學家所形成的書寫習慣，而造就了西方美學史的書寫內容幾乎都在探討「美的本質」這一件事而已，如此形成西方文明裡的傳統美學論述（註一），而同樣在西方文明裡對藝術創作法則的探討，諸如：希臘時期亞理斯多德所著的<<詩學（探討希臘戲劇創作法則）>>，或羅馬時期維楚維思所著的<<建築十書（探討羅馬建築的創作法則，美感法則乃至於希臘建築柱式的象徵意涵）>>等美學的形式向度與美學的意涵向度論著，反而長期排除在西方傳統美學論述之外，直到二十世紀末，才又被西方美學家們「重新」納入西方當代美學的論域。但是如果我們放眼中國文明與印度文明對美的探討成果就明顯的與西方文明對美的探討成果，乃至所形成的知識與關注焦點就能察覺其間的顯著不同。中國文明在六朝時期（三世紀至五世紀）就高度關注美的意涵、美的境界與「道（美的本質）」之間的關係，同樣的印度文明在孔雀王朝至貴霜王朝時期（前三世紀至三世紀）就高度關注象徵美的程式化創作規則的結合的探討（美的意涵與美的形式），乃至象徵美與梵（梵天、道、靈性）之間的關係，這些都再再顯示中國與印度兩大文明發展進程裡，對美的探討是均衡關注於美學的本質向度、美學的形式向度、美學的意涵向度。

簡單的說，美學的本質向度累積人類美感如何發生、藝文創作如何與神話信念聯繫在一起、美本身到底是信念還是知識、審美活動與社會教育的聯繫等論述。美的形式向度累積藝文創作的生成法則、藝文創作的這些生成法則如何「保證」能帶來美感、藝文創作時所用「材料」的特性等論述。

美的意涵向度累積藝文作品為什麼要述說特定主題、藝文作品怎麼「圓滿完整」地述說特定主題、藝文作品作為人類最重要的人文表述時，建構了哪些神話？怎麼建構這些神話？為什麼這些神話能夠吸引人感動人等論述。

其三，設計美學
設計美學指偏重於設計品創作生成法則的美學，也指關注於造形藝術這個領域的美學。美學如果偏重於對藝文作品的解析時，通常美學的形式向度的知識就比較受到重視，但是設計美學知識的累積還是約略涵蓋了：本質向度的設計美學、形式向度的設計美學、意涵向度的設計美學。只是藝術家或設計家在養成過程時，最早該養成的能力是「創作技術」，所以設計美學的形式向度所形成的知識就特別受到關注，等到創作技術均已十分熟練後（通常就是傳統工匠裡，學徒出師直接接受委託創作後）才有餘力而更關注於本質向度與意涵向度的論述。

其四，巫藝同源
巫藝同源指巫術與藝術都是人類文明發展過程中重要的啟動階段，也指在人類文明萌芽時期巫術與藝術是結合在一起發展的。因為巫術與藝術都是文明初體驗時重要的人文表述，這種人文表述的對象往往是「難以名狀的神」、「逐漸淡忘其形體的祖先」或「難以理解的超自然力量」，巫術與藝術就在於「取悅」這些「神明」，企圖從神明靈動中獲取更大的「利益與幸福」。但是隨著各個文明的發展進程的不同有的文明從巫術進展出精緻的祭祀信仰與祖先崇拜，有的文明從巫術進展出精緻的宗教信仰與權力（英雄或神則是其替代品）崇拜，也有些文明從巫術進展出混合了巫術、宗教、祖靈乃至於世俗階級合於一體的複雜信仰與崇拜。而隨著各種文明的不同進展途徑，巫術與藝術也逐漸分離，但是巫術與藝術作為人文表述活動項目的共同基石：神話，卻往往還各自附著於「新」巫術（宗教、祭祀禮儀）與「新」藝術上，只是這時的神話可能是舊神話或是重新打造的新神話，乃至新舊神話混合的神話罷了。

其五，考古人類學與史學裡的時段概念
就考古人類學的觀點人類文明的歷史是經過人類不同的智能突破而創造出來的，這些智能的突破通常就以工具製造與應用、火源控制、生食熟食的轉換、語言出現、文字出現這樣的順序來逐步發展，其中又以工具製造及文字發明這兩項最為關鍵。所以就考古人類學來描述人類的歷史時通常就以舊石器時代、新石器時代、青銅時代、鐵器（金屬器）時代來作階段性的時段劃分，而進入青銅器時

代與鐵器時代時通常也處於語言逐漸定型及文字發明的年代,這意味著有文字紀錄可考的歷史出現。而就西方史學的觀點,歷史學的時段概念恰好就對應著語言定型及文字發明這兩個關鍵性的因素而劃分成神話時代、史詩時代、(文字文獻的)歷史時代。

其六,人類文明裡組織與權力型態

人類文明之所以崛起主因倒不止於人造工具或工具的利用,而在於人類的血緣群體跨足到更大的群體,或新的群體組織乃至權力型態的突破能引誘惑強制成立更大的群體。同時也是在人類跨足出血緣群體的組織型態後,才有所謂巫術藝術等人文表述活動可言,才有所謂權力型態可言。或是說正是人類創造性的提出可能操控超自然能力的設定之後,人類修練到將可控制的暴力化身為權力(直接影響別人、別族),並將權力定型化之後(人類組織才可能突破血緣群體),巫術藝術才誕生,文明才誕生。

就考古人類學而言,人類文明裡組織與權力型態也是歷經許多階段性的蛻變。其順序通常是類血緣性部落、氏族部落、暫時性部落聯盟、長期性部落聯盟、穩定性部落聯盟、小型王國、中型王國、大型王國(帝國)。通常在進入王國階段就不至於回復到部落階段,而類血緣性部落、氏族部落、暫時性部落聯盟、長期性部落聯盟、穩定性部落聯盟之間卻可能互為頂替,就像小型王國、中型王國、大型王國(帝國)之間可能互為頂替一樣。我們常稱小型王國林立的階段為「亂世」,而稱大型王國的階段為「治世或盛世」,其主要的判準就在於武力戰爭事件的多寡,通常與王國是否林立(多)成正比。然而若就史學的觀點而言,人類文明裡的組織與權力型態似乎「不應該」止於小型王國、中型王國、大型王國(帝國)之間互為頂替,似乎「應該」有更理想的人群組織與權力型態,所以才有柏拉圖提出的哲君制,亞理斯多德提出的奴隸主民主制、潛主制、暴君獨裁制,或其他文明所提出的政教合一君王制、家天下帝王制,或西方文明在啟蒙運動後所提出的君王制、共和民主制(依財產權)、共產民主制、社會主義民主制、君主立憲民主制、聯邦制、邦聯制等國家權力型態,其中除了君王制以外幾乎都是代議制的國民權力行使制度。不過不管是考古人類學上「描述性」的權力型態分類或西洋史學(政治學)上「理想性」的國家權力型態分類,事實上並沒有任何一種權力型態是具有「自然的正當性」可言,因為權力關係畢竟是一種人為設定,人類並不具有一種「超自然的能力」來具智慧的設想出一種「具自然正當性的權力型態」,更何況在人性上所含有的獸性(生物生存本能)通常致使人們不折手段的獲取權力,而文明的教訓就是「權力往往使人腐化,絕對的權力使人徹底的腐化」。這是我們試圖理解文明不同階段時各種權力型態與審美取向、藝文創作間千絲萬縷的複雜關係時所不得不具有的「意識型態警覺心」。能夠察覺特定文脈裡的這些權力關係,才可能較清楚的理出藝術與巫術的密切關係,才可能較清楚的理出新藝術(設計)與新巫術、新神話的密切關係。因為我們認為各個文明的

審美取向的沈澱與審美取向的調整，通常就是在權力型態初成期或權力型態轉換期，而人類的歷史裡這些時段正是舊神話粹煉（或破滅、拋棄）與新神話打造的活躍期，也正是一個民族的價值觀與宇宙觀的粹煉重構（重整）活躍期。

其七，人類文明裡各種經濟形態

藝文創作裡的造形藝術創作通常以人類的經濟形態與技術成就為其限制條件。另一方面，上述的人類文明裡的組織與權力形態，通常也是以該民族或該部落的技術成就與經濟形態為其限制條件。就考古人類學所累積的知識而言，人類文明進階過程裡往往經歷了不同的經濟形態，其間的順序關係大致為：採集經濟、游獵經濟、游牧經濟或遊耕經濟、定耕經濟、城市經濟。到了城市經濟階段通常也進入了文字歷史的階段，而經濟形態也就進入更為活躍的各級產業並存共榮的階段（一級產業農林漁牧礦，二級產業的加工，三級產業的商，乃至四級產業的政府管理金融教育等所有買空賣空的權力操作業）。

通常，採集經濟、游獵經濟、游牧經濟或遊耕經濟、定耕經濟、城市經濟這樣的文明進階狀態，除非遇到接近滅族性的自然災害或戰爭災害，否則是不會倒退而從起爐灶。所以，我們有理由判定中南美洲的印地安馬雅文明與印度哈拉帕、摩亨卓達羅文明是分別遭受到十四世紀歐洲民族殖民南美洲時滅族氏屠殺，以及西元前十四世紀西亞洲亞歷安人殖民印度時滅族氏屠殺的從起爐灶後果（註二）。另一方面，當兩種不同階段的經濟形態因大規模種族移民而「和平」相遇時，通常會呈現較低階段經濟形態向較高階段經濟階段快速學習與轉換的跳躍，甚至於漸漸轉化為同一民族，而不復辨認原民族的文化歷程痕跡，諸如：北美洲的印地安民族、北海道的蝦夷族、琉球的原住民乃至於臺灣的平埔族。

其八，設計藝術史寫作的真實性與史學派別

歷史寫作從來就不是「真實」的再現，但歷史寫作的閱讀則一直都有「真實」再現的呼喚。在西方史學的派別裡，十九世紀德國實證史學派或德國藍克文獻史學派與二十世紀法國年鑑史學派或法國福柯權力史學派間最大的爭辯就在於歷史寫作是不是「真實」的再現，與「正當性檔案」證據力何在？等爭辯。

德國實證史學派認為「官方文獻」就是「正當性檔案」而其證據力足以使真實再現，且由正當性檔案所編織出來的歷史就是真實的歷史，也是事實的真相。

法國年鑑史學派則認為「官方文獻」往往未必是「正當性檔案」，這種強調正當性檔案的官方文獻，通常只是暴力者扭曲事實的捏造文獻，所以其證據力往往只證明了文明裡醜陋暴力的刻意掩埋而已，依此所編織出來的歷史通常不見得是真實的歷史，更不是事實的真相，我們只有透過長趨勢的判斷，透過更多史料的支持，才可能編織出較為接近真實的歷史。

這兩種幾乎完全不同立場的史學方法論，到底哪一方更具有真實性與真誠性呢？這牽涉到不同民族與不同文化的際遇，而造成這些不同的立場乃至不同的對「歷史閱讀」的期望。總的來說，十六世紀至十九世紀的歷史際遇，德意志民族是個自認為飽受委屈小邦林立極度企盼「大一統」的民族，而法國民族則是個早已繼承西洋文明大一統，甚至在藝文表述及國土完整性上也都是領導西洋文明，乃至於安逸於「大一統」現況的民族。而十九世紀末至二十世紀的德意志民族卻完全忘記別的民族也可能「飽受委屈」，乃至於民粹式的動員民族力量，企圖達成德意志民族期盼下的「保有民族純粹性」的大一統，相對的因此而侵略佔領法國或屠殺猶太人，吉普賽人，也都有自編的「正當性」，甚至整個德國，無論皇帝、總統、領袖、軍閥、官員、學者乃至平民百姓也都堅信這種「自編的正當性」，或是說十九世紀德國實證史學派辛辛苦苦所建構起來的史學方法論，恰恰養成了整個國家的學者屈從於暴力，屈從於國家貪婪的神話，屈從於軍閥武夫所捏造的粗糙神話，而昧著人性良知替偉大的領袖背書而撰寫歷史，撰寫窮兵黷武的武夫領袖意志裡「該有」的歷史。所以，我們從這樣的文脈解讀下，當然可以理解法國年鑑學派是更具有真實性與真誠性，而德國實證史學派卻是高度運用「證據力的技巧」幫助掌權者假造事實，湮滅罪行，而塗抹「文明開化」的外衣而已。德國實證史學派的史學方法論往往培養不出具真誠心的史學家，相對的只會培養出「小丑跳樑式的政客型學者」，只會培養出日本的文部省官員，在戰敗五六十年後，還常常以學者的姿態試圖「證明」沒有南京大屠殺、沒有中國東北的活人人體藥物實驗室、沒有虐待殖民地的被征服者，這種史學方法論確實是史學之恥，人類文明之恥。

歷史寫作其實是一種「意義的寫作」，我們在歷史寫作的過程中只能靠更多的「證據」來發現權力的「偽證」，進而撥開權力的迷霧，描述出「逼近真實」的歷史。歷史學家其實從來沒有能力「重現真實」，只有以更真誠的心態，盡力「逼近真實」而已。藝術史的寫作，設計美學史的寫作也是如此。

其九，人文表述、神話、設計創作

人文表述有各種型態，諸如：巫術、薩滿教、祭祀、禮儀、世俗化的曆法（農民曆）、各式各樣的宗教、文學、經過包裝的商品、戲劇、舞蹈、各式各樣的設計藝術等等。而神話則是一種極其特殊人文表述，它最容易泛化在前述各種人文表述中的並以文學型態出現，也最容易內化為族群、民族或國家組成成員的價值觀與宇宙觀。甚至也最容易內化為消費者的價值觀與金錢觀，進而影響購買行為，或被民粹主義者當作動員群眾的暫時性工具，以達到鬥臭政敵乃至屠殺異教徒、侵略他國等諸般罪行實現，甚至這些民粹主義者的罪行在還沒受到「天譴」之前，還可以利用神話為自己的罪行披上一層道德的外衣。可見得設計美學研究裡，對各式各樣神話的理解是解開審美取向乃至「美感所由生」的最關鍵因素。事實上，

作為人文表述的神話、宗教、祭祀、藝術、巫術乃至於設計創作並沒有所謂進化、退化、進步、落後等評價可言。只有各種人文表述與各該族群的歷史進程，乃至於各該族群的集體意志的表述程度或集體記憶的重述（表演）輕重之間的適切性，或不同文明互相遭遇時，態度的平和性與選擇的自主性等議題才值得評估檢視。在設計美學發展的研究、分析、推論、描述與評價裡，當然也應把握這些原則，才不至於落入如德國實證史學派主張治學態度所堆砌出的意識形態障礙迷霧裡。所謂人類文明裡從巫術到萬物有靈教、多元多神教、一元多神教，最後「進化」到一神教的說法，正是西方文明為自己對外侵略找藉口，為被奴隸者貼上異教徒標籤所設定的一種意識形態障礙迷霧。所以，當我們試圖理解宗教神話與設計藝術創作的發展關係時，更應該具有意識形態的警覺性，才不致於將殖民者所建構的謊言當真，將侵略者所標榜的粗糙神話當真，描述出扭曲事實的歷史而不自知。

神話可以有各種不同的分類方法，在設計美學研究上則比較關注民族起源神話、宗教神話與當代後置神話這三種類型。民族起源神話通常關係到一個民族權力型態初成型時價值觀的沈澱；宗教神話通常關係到君權神授時期一個民族或國家權力型態轉換時價值觀的沈澱；當代後置神話通常關係到當代消費行為上，消費者的「明知為假卻寧信其真」情狀，這也是一種價值觀的形塑或沈澱。

1-2， 臺灣自然環境的範圍與變化

臺灣的地理環境位於亞洲大陸板塊的東南端與太平洋板塊交接處，在地球氣候史的最近一次沃姆（Wurm）冰河期時（約西元前十一萬年至西元前一萬年），臺灣與亞洲大陸是連在一起的陸地。

| 圖 1-1，臺灣地理環境的形成圖一 | 圖 1-2，臺灣地理環境的形成圖二 |

西元前一萬年左右地球進入間冰期，間歇性地球暖化造成海平面間歇性的提升，到西元前 8000 年前後臺灣海峽逐漸形成，但還留有從福建東山島至澎湖再至臺灣之間的眾多珊瑚礁小島，稱為「東山陸橋」。到西元前 6000 年前後海平面以提升至「東山陸橋」淹沒的程度，只剩較高且較大塊的珊瑚礁成為如今的澎湖列島與臺灣本島高于海平面（圖 1-1，圖 1-2）。這時的臺灣本島幾乎只有高山及西側極小塊的丘陵與平地，臺灣的河系也再重新調整階段。此後歷經了約 7000 年的「造河運動（即現在所稱的土石流與河川改道）」在西元 1621 年前後臺灣西南部河口沖積扇平原已經形成梅花鹿群聚的草原與平埔族營生的重要場所。1621 年後，持續的造河運動與臺灣海峽洋留所牽動的飄沙堆積，使得臺灣西部海岸線持續向西擴增，乃至形成目前臺灣的地理形貌（圖 1-3）。

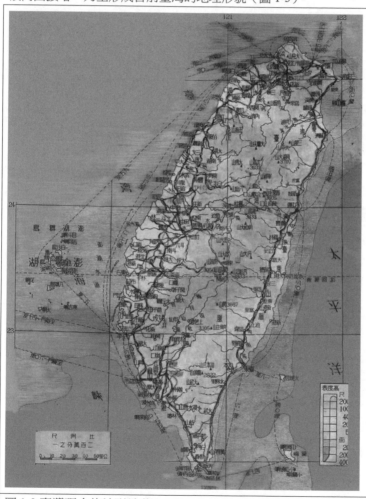

圖 1-3 臺灣現今的地形地貌

目前臺灣包括臺灣本島和蘭嶼、綠島、釣魚島等 21 個附屬島嶼以及澎湖列島 63 個島嶼。全島面積 35873 平方公里。目前中華民國有效治理領土所稱臺澎金馬則另計及廈門對岸的金門列島與福建閩江口的馬祖列島，總面積約 36006 平方公里。除臺灣本島以外，所有列島中以澎湖列島面積最大。

澎湖列島也稱澎湖群島，位於臺灣海峽，介於臺灣本島和福建省之間，東距臺灣本島最近距離 24 海浬，西距福建廈門約 75 海浬，是海峽兩岸海上的交通要衝。澎湖列島由澎湖本島和 63 個島嶼組成，面積為 126 平方公里。澎湖列島原是一個規模龐大的玄武岩方山，經過長期侵蝕後，地床漸低，後來基盤沉降，形成有許多離散島嶼的今日澎湖列島。

臺灣也一個多山的海島，山地面積佔了全島總面積的三分之二以上，東部和中部大部分地區主要是高山和丘陵，西南部主要是沖積扇平原。中央山脈、雪山山脈、王山山脈、阿里山山脈和海岸山脈，自東北至西南呈列於臺灣島，統稱為臺灣山脈。全島海拔在 3500 米以上的山峰有 22 座，海拔在 3000 米以上的有 62 座。

臺灣山系與臺灣島的東北——西南走向平行，縱貫中部，形成中間高、兩側低的地勢。高山多集中於中部偏東，形成東部多山地，中西部地勢下降，最後在西部海岸地區形成廣大的海岸平原。

濁水溪為臺灣第一大河流，全長 186.4 公里，發源於中央山脈的合歡山主峰與東峰之間的武嶺，流域面積為 4324 平方公里。高屏溪又名下淡水河，全長 170.9 公里，是臺灣第二大河流，發源於玉山山脈東麓和中央山脈的秀姑巒山西麓，流域面積 3256 平方公里。淡水河全長 158.7 公里，是臺灣第三大河流，主要支流有基隆河、新店溪與大漢溪，流域面積為 2705 平方公里。

雖然在考古挖掘上有舊石器時代東南部的長濱文化（約西元前 13000 年至西元前 4000 年）及北部的網形文化（約西元前 13000 年至西元前 6000 年），但較能認定為爾後臺灣原住民「祖先」的考古遺址應該是偏佈全臺的大坌坑文化（約西元前 5000 年至西元前 3000 年）（註三）。所以臺灣的現有族群大體上是數次重大移民的後代所形成。第一次重大移民現象約發生於西元前 6000 年至西元前 4000 年之間，這第一次的重大移民形成臺灣原住民的主要民族，同時也被考古人類學家們推定為南島語系族群。第二次重大移民現象發生於十七世紀初至 1895 年間，這次的持續性移民現象延續了近兩百年，主要都是閩語系的移民或是福建省的移民，但是基於清朝設籍條件因素、移民社會口音腔調認同取向、移民社會族群地盤爭奪因素、日本帝國殖民統治之需，所以這閩語系的移民就被劃分為福建系與廣東系兩支，臺灣光復後則改變福建系與廣東系為閩南人與客家人的稱呼。

第三次重大移民現象發生於 1945 年至 1950 年間主要有中華民國政府光復臺灣時接收臺灣所帶動的移民,以及中華民國政府因國共內戰遷移中央政府來臺灣時所帶動的移民,雖然這次的移民裡福建人與浙江人還是為數最多,但因總數上擴及大陸各省,所以第三次重大移民就被通稱為外省人,乃至其後代也被稱為外省人第二代。第四次重大移民現象發生於 1980 年代末迄今,這次移民主要是婚姻移民,而且以東南亞華僑、東南亞人民及大陸人的女性為主,這第四次重大移民就被通稱為「外籍新娘」,而這次移民普遍表示希望「正名為」臺灣新住民,這顯示第四次移民現象中,外籍新娘辛辛苦苦取得中華民國身份證後,再回頭來看現有的平埔族、高山族、漳州人、泉州人、客家人、外省人這六種族群,她們在理論與心態上只想將這六種族群通通稱為原住民。

臺灣目前總人口約 23,205,605 人(2011 年 10 月統計),可分為四大族群:臺灣原住民族、閩南人、客家人、外省人。在臺灣活動已有約 8,000 年之久的原住民約佔總人口 2%,其餘絕大多數為漢族。其中又分為「本省人」(85%)以及「外省人」(13%)。本省人主要為閩南人(70%)和客家人(15%),已經在臺灣生活許多代。外省人是指 1945 年臺灣光復時來臺接收的軍、政公務員及來臺經商謀職人員及其眷屬的後代,乃至 1949 年跟隨中華民國中央政府來臺的新移民以及其後代。由於混居及通婚,目前除了在部分地區如眷村外,本省人與外省人兩者之間已不易分辨。客家人主要分佈於北部的桃竹苗、南部的高屏六堆及東部的花東縱谷等客家地區,閩南人則平均分佈在臺灣各縣市。

中華民國政府(主管機關為行政院原住民族委員會)沿襲歷史上的稱法將臺灣原住民粗略劃分為高山族和平埔族兩大類,而傳統所稱的「高山族」實則包含了至少 14 個部族,其中傳統 9 族包含原統稱為高山族的泰雅族、阿美族、布農族、卑南族、排灣族、魯凱族、鄒族、 賽夏族及蘭嶼上的達悟族(舊稱雅美族),近年來太魯閣族、賽德克族則由泰雅族劃分出來,而撒奇萊雅族則由阿美族劃分出來。屬於平埔族的則有邵族與噶瑪蘭族也獲得承認。原民會在介紹臺灣原住民族與世界南島語系民族的關係時表明「臺灣原住民族屬於南島語系,不過,自從 Shutler and Marck 在 1975 年發表了一篇論文,並證實臺灣是南島語最有可能的發源地以後,國際遺傳學界即接受他的研究成果。尤其是在 Peter Bellwood 於 1991 年在《科學人》(Scientific American)雜誌上,關於這個問題的論文發表以後,「南島語的發源地在臺灣」這一個陳述,就幾乎已經是多數考古人類學者間的共識;後來他再提出,南島民族由亞洲大陸而來,於公元前 8000 年左右透過「東山陸橋」到達臺灣,此後發展出卓越的航海能力,且不斷分批移民至海外島嶼;在開始很長一段時間後,曾一時暫止,然後又持續移民,而無論是擇居於大島或小島,多遍佈於亞熱帶和熱帶地區。南島語族是世界上分佈最廣的民族;分佈地區西起非洲東南的馬達加斯加島,越過印度洋直抵太平洋的復活節島;北起臺灣,南到紐西蘭(未及澳洲大陸)。臺灣則是南島語族分佈的最北端。

近年來由於臺灣經濟以及生活水準的提昇，吸引世界各地許多族群來臺工作，其中以東南亞各國人民為主。近年來，部分臺灣男子與東南亞或中國大陸的女子通婚，她們在臺灣一般稱呼為「外籍新娘」（外籍女性配偶）或大陸新娘（中國大陸女性配偶）以及其婚生子女的新住民族群，已經隱然形成。這些女性，希望社會能稱呼她們為新移民女性或「臺灣媳婦」。由於臺灣人與東南亞國家人民或大陸同胞通婚（大部分是臺灣男性和東南亞或大陸女性通婚）日益增加，所以也有所謂的第五大族群或新住民的稱呼出現。依 2000 年的統計當年外籍新娘以佔當年臺灣新婚對數的 11%，更因這些外籍配偶大部分都很重視「傳宗接代」，所以，2000 年的粗略統計資料指出，由外籍配偶所生的嬰兒數則佔了總出生嬰兒數的 23%。顯然假以時日，這第五大族群會成為臺灣的第二大或甚第一大族群。

1-3， 臺灣設計美學史的時間分期

設計美學史研究宜立基於文化史之上，而文化史的描述則以各族群的人文表現，乃至於更仔細的描述以各族群人口數的比例所呈現的文化影響力與文化融合情境下的人文表現。臺灣現有的文化則是歷經四次大規模移民現象及一次半的殖民現象（荷蘭殖民統治臺南地區約 38 年、日本帝國殖民統治臺灣約 50 年）逐漸發展出來的。所以本研究將臺灣設計美學史分為以下五個時期。

其一，原住民時期（遠古~1621 年）
這個時期是臺灣第一次移民所形成的臺灣原住民文化成長期。就考古人類學所挖掘的考古遺址裡，最俱文化解讀線索的應該是新石器時代的大坌坑文化。原住民文化在這個期間也有再度對外移民，乃至於對外移民又復回流臺灣。或印度南部族群移民臺灣，並以矮黑人族群為名留存於部分臺灣原住民的集體記憶裡。由於臺灣原住民文化尚未發展出文字，所以從大坌坑文化至 1621 年，臺灣原住民的人口數到底是多少，並無明確的文字紀錄。但是就新石器時代人類文明對大自然資源的控制能力而言，臺灣原住民這段期間大致上呈現穩定人口數的狀況是可以推論得知，換句話說應與 1621 年至 1683 年間的人口數相一致的。

其二，顏鄭洋鄭時期（1621 年—1683 年）
十六世紀末臺灣就出現了新的暫時性移民,各種大小規模的商道集團常常落腳臺灣,到了 1621 年有一支商盜集團因緣會際的以墾拓集團的姿態定居在濁水溪沖積扇河口:魍港,正式開啟了臺灣第二次移民的浪潮。這個時期臺灣的人口有了新成分,而這個新成分裡最多的就是福建泉州移民,乃至於潮州、漳州、廈門、興化、福州等閩語系的移民,以致要這個時期結束時這第二次移民及其後代的人口數明顯的超過了臺灣原住民的人口數。

西元 1621 年至西元 1683 年劃分為一個時期主要就在於這個時期有多支商盜集團成功的在臺灣落腳,其中顏思齊鄭芝龍落腳於 1621 年的魍港,荷蘭東印度公司商盜特遣隊落腳於 1624 年的大員(臺南安平),西班牙菲律賓殖民總部商盜特遣隊落腳於 1626 年的雞籠港。並分別在臺灣局部地區形成有效的墾拓集團或殖民統治集團。1661 年鄭成功以明朝年號,以延平郡王王國的實力結束了荷蘭商盜集團的在臺殖民統治勢力。1662 年荷蘭商盜集團投降,自此以後又加速了福建對臺移民的趨勢,直到 1683 年清朝派施琅攻臺才結束了鄭明政權。

綜觀 1621 年至 1683 年這個時段,臺灣的經營者除了原住民以外,紛陳了顏思齊鄭芝龍的「政權」,荷蘭商盜集團的「政權」,西班牙商盜集團的「政權」以及最後較有效統治全臺的鄭明政權。所以,我們宜稱這個時期為「顏鄭洋鄭時期」,而不宜稱為「荷蘭至鄭明」時期。

其三,清朝時期(1683 年—1895 年)

清朝時期從 1683 年起算,結束於 1895 年共兩百一十二年。清朝派施琅攻打臺灣結束鄭明政權後,第二年即設臺灣府下轄三縣,上隸福建省。直到 1895 年因甲午戰爭戰敗簽定馬關條約割讓遼東半島及臺灣給日本。這其間由於臺灣隸屬福建省,由於在清朝時省內移民落籍條件較為寬鬆,所以清朝時期也是福建移民快速增加的時期。

這兩百一十二年間極為重要的事件有兩件,第一件是 1850 年太平天國崛起,臺灣已有能力組織團練支援清廷剿滅太平天國。第二件是 1883 年至 1885 年的籌備臺灣建省,臺灣省直隸於清廷中央。

其四,日本殖民期(1895 年—1945 年)

日本因戰爭而奪取了臺灣,雖然只有短短的五十年,卻因殖民型態稍有不同而分為早期武官總督期(1895 年—1819 年)、文官總督期(1919 年—1936 年)、大東亞戰爭期(1936--1945)。

日本殖民臺灣期間很清楚的執行其剝削殖民地支援殖民母國的任務與政策,所以只以不到臺灣人口總數百分之二的軍人及殖民官員與眷屬,來有效執行其任務。雖然在文官總督時期也推動過農民移民政策,但基於生活條件風俗習慣及耕作技術的不同,日本農民移民臺灣並不成功,其總人口數鼎盛時期還不到兩千人,為日本農民移民臺灣所開闢的農村,至今還以極富日本風味的地名,錯落在花東縱谷裡。而日本殖民統治臺灣時期所添加的新文化成分當然不是什麼神道教、日本天皇道統,而是殘花敗柳的變形日語以及沒什麼爭議的變形日本料理。

其五，中華民國時期（1945 年～迄今）

1945 年臺灣省光復，臺灣從此步入中華民國時期。中華民國因二次世界大戰的日本戰敗而接收臺灣，這是軍事用語。國際法的用語是侵略者因戰爭而獲得的不當利益都應歸還原主，雖然清朝已被中華民國推翻，而中華民國是清朝的國家法理繼承人，所以日本帝國對清朝發動戰爭所獲得的不當利益就該歸還給中華民國，所以政治上的用語就是臺灣省光復。

雖然中國對日抗戰最終獲得勝利，但是主戰場卻是在中國大陸，所以戰後中國可以說是民生凋零百廢待舉。卻偏偏這個時候國際局勢逐漸形成資本主義陣營與共產主義陣營，而清末崛起的軍閥勢力也躍躍欲試。所以很快的在中國就逐漸形成了上述新局勢下的代理人戰爭：國共內戰。

1949 年中華民國政府在國共內戰中逐漸失利，1949 年 12 月中央政府遷臺，臺灣也從反攻大陸與三民主義模範省的期盼中逐漸走向臺澎金馬的有效統治的「中華民國在臺灣」蛻變進程。中華民國在臺灣除了軍事上的戒嚴備戰外，主要的就是執行開放改革國家政策，對外開放於資本主義陣營的經濟貿易，對內執行較溫和的土地改革，主軸就是經濟建設。所以，除了 1972 年的退出聯合國事件以外，臺灣是在急速帶入美國文化之下邁出經濟建設的穩健步伐至今。

第一章註釋

註一：詳，楊裕富，2010，p.104。

註二：詳，楊裕富，2011，p.49、p.63。

註三：詳，王御風，2010，p.20。

第一章參考文獻

王御風，2010，圖解臺灣史，臺中市：好讀出版公司。

楊裕富，2010，設計美學，土城市：全華圖書公司。

楊裕富，2011，敘事設計美學，新北市：全華圖書公司。

第一章圖版目錄

圖 1-1 臺灣地理環境形成圖一（楊裕富繪製）；圖 1-2 臺灣地理環境形成圖二（楊裕富繪製）；圖 1-3 臺灣現今地形地貌。

第二章：臺灣的文化與神話發展

文化與神話是設計創作時最主要的主題材料，但在理解臺灣文化及神話的發展過程時，宜先對以下幾個事實與概念群先行辯證，才不至於引喻失義，嚴重的錯解歷史文化而不自知。或甚至如德國實證主義史學派一般，以作者的主觀意願來「錯按」文化成分，乃至扭曲神話的意義，而描述出不倫不類的歷史故事來。當然，這一章所探討與描述的也只期望盡量接近事實，而不可能是「事實」的重現。

其一，移民與殖民

雖然就字面而言，移民就是族群或人口主動或被動的大規模移居現象，殖民則是族群或人口被外族長期強制勞動生產，甚至被外族強制分散移居。但是，中西文化裡對移民與殖民卻有著頗不相同的歷史過程。目前一般歷史論述都引用西方文化裡殖民與移民的概念。然而，西方文化裡殖民與移民的概念確有很明顯的兩個歷史階段。第一個階段為希臘羅馬時期的殖民主義，大致發生於西元前五世紀至西元五世紀間。第二個階段為西方發現新大陸後延續至今的帝國殖民主義，大致發生於十三世紀迄今。

第一階段的殖民主義就希臘人或羅馬人而言就是「移民」，移民然後複製與自己種族雷同的後代。因為要複製與自己種族雷同的後代，所以才有「殖民」這個詞出現，但就殖民主而言卻是移民。那麼移民到新天地裡，新天地的「原住民」怎麼辦呢？通常這些「原住民」除了征服期間的屠殺以外，剩下的就以「奴隸」的身份販售於需要「勞動力」的城市或農村裡。希臘聯邦強盛時期雅典城的人口裡有將近四分之三是奴隸，由這些奴隸來提供各種生產勞務，才能夠造就出當時希臘城邦中優渥與悠閒的市民生活及「民主制度」，所以所謂希臘時期的民主制度應該稱為「奴隸主民主制」。那些因為被征服而流離失所的族群，有的留在原地，有的被運到城市販售進而成為奴隸，這些都稱為「被殖民者」只是有的留在殖民地，有的被打散後流離失所，有的被運到城市成為奴隸後存活下來。這些被殖民者有男有女有老有少，其命運通常不能自主，男與老通常沒有機會有下一代，女與少通常就被征服者以信仰、語言乃至於性爛交生殖出帶有征服者血緣的第二代奴隸。雖然這些第二代奴隸已經「二分之一」甚至「四分之三」或更多地「血緣複製了征服者的形象外貌」，但其命運卻是一如「新來的奴隸」一般。在希臘輝煌璀璨的藝術成就裡，百分之百都是由這些奴隸生產出來的，而在希臘長遠歷史裡，也有一兩位奴隸因藝術成就而從「奴隸的身份」轉變為「市民的身份」，可以說只有萬中一二的機會，不過其血緣裡或許早已「四分之三」是希臘族，且生活習慣語言信仰也都與當時的希臘人沒有任何的差別。羅馬時期的殖民與移民也是如此，只是手段更殘忍，屠殺更全面而瘋狂，而其奴隸便身為國民的條件差別，只在於羅馬帝國只注重軍功而不重視什麼雕塑繪畫這類的文功而已。目前留在羅

馬城裡的鬥獸場不知留有多少當時「北人（即日後的日爾曼人）」的冤魂，這簡直是人類文明之恥，但羅馬帝國文化裡卻當作帝國的驕傲與娛樂。

第二階段的帝國殖民主義卻是脫胎於羅馬帝國這種「人類文明之恥」的殖民方式。只是披上「上帝之愛或耶穌基督之愛」這種虛偽的外衣而已。第二階段的帝國殖民主義源自於西方文明對東方樂土裡遍地黃金、香料的想像與高度需求。而所謂當時航海大發現領航者的「英雄」，其實絕大部分都是貪婪無恥的地痞流氓（註一）。從十五世紀發展到二十世紀中葉的西方帝國殖民主義，雖然號稱為殖民地帶來什麼新文明、新希望、新福音，但真實帶來的卻是比羅馬人征服西半球時更多的屠殺、病菌、資源掠奪、生態破壞乃至於海盜瓜分贓物般的「世界正義」。而與第一階段希臘羅馬時期殖民主義的最大不同則在於注重「殖民效率」，講究以極少「流動移民（所謂的殖民官員）」、優勢的槍砲軍艦就能完成廣大地區的就地殖民與資源掠奪，在十五世紀至十九世紀這段期間，西方殖民者除非需要通常很少從東亞、美洲殖民地裡強制「奴隸」的奪取及貿易，因為羅馬帝國時期所流下來的傳統，非洲黑人的奴隸已成為這一時期最有效的「三角貿易」裡的勞動力的販賣來源。西班牙人在南美洲的殖民竟造成南美洲大量的種族滅絕與新南美洲種族出現，已經混合了西班牙族與印地安族的新種族卻只能說西班牙話，認西班牙人為祖先，甚至長期唾棄南美洲古文明。西班牙人、荷蘭人、葡萄牙人、英國人在東南亞及印度殖民時也不惶多讓，甚至企圖以「快速複製洋土混血」（註二）的新奴隸以達「以土治土」的殖民效率，只可惜這些「洋土混血」的人數相對於東南亞的人口而言，也是佔極少數，乃至二次世界大戰結束，殖民地紛紛獨立後，這些人靠山沒了，往往遭到「排擠與唾棄」，而起不了什麼作用而已。

總的來說，第二階段殖民主義下的歐洲對外移民主要有四種：第一種遭受宗教迫害的移民者，第二種海盜式的軍人，第三種海盜追隨者的傳教士與殖民官員（商人），第四種歐洲的犯罪者與地痞流氓。除了第一種以外，基本上稱其為歐洲文明下的人渣也不為過。但這四種人混合編組的從十五世紀起在亞洲、美洲，絕大部分都幹著殺人越貨的勾當，卻抬出神愛世人的幌子，道盡為世界權人類作功德的謊言，甚至於在軍事宗教帝國主義退場後，還一直實踐經濟殖民與文化殖民，甚至鼓吹後殖民主義，其目的何在？說穿了就是只為這些漂浮的移民乃至其殖民母國謀自身的利益，何嘗為殖民地的人民謀過福利呢？

中西文化裡對移民與殖民卻有著頗不相同的歷史過程，如果以中國文化裡的歷史過程裡，大概只有蒙古帝國經歷過顯著的對外殖民，而這種蒙古帝國的對外殖民情境與西方希臘時期的殖民方式約略可類比而已。甚至於中國歷史上的元朝也可以說是蒙古族對中國的殖民，只是除了軍事力量的強悍之外，蒙古族在文化上及人數上顯然比起漢族差得太多，所以元朝不到九十年後，中國也就結束了歷史上全部的漢人都被殖民的紀錄。中國的歷史長河裡倒是有諸多「移民」的紀錄，而

這「移民」的情狀大至也分成四種，第一種是政府強制移民屯邊或強制移民屯墟：
第二種是軍屯實邊或戰亂後的屯田開墾，這也是強制性的：第三種是政治軍事上
的流浪移民，主要形成於中國歷史上的幾次亂世，而通常都是北方向南方移民，
這第三種移民由於未必帶有「軍事優勢」，所以通常經過幾代也都快速的與新天
地裡的「原住民」透過「婚姻」而血緣混合：第四種移民則是從鄭和七下西洋所
帶動的商業移民或明清時期江南人口過剩下的對外移民，後者明清政府往往不鼓
勵甚至頒令禁止移民，所以通常是「自願性且臣服於移民地既有權力結構」下的
移民。甚至只是在新移民地找到人煙稀少之處從事墾荒的移民。

我們如果拿中西文明裡的殖民與移民的不同歷程來進行比較時，當然會發現西方
的兩階段的殖民及蒙古帝國對中國的殖民，都是人類文明之恥。而不會相信殖民
主義或後殖民主義是「神愛世人、啟蒙落後民族、帶領亞洲黃種人邁向歐洲白種
人般的進步發達、帶來全人類光輝」這類的鬼話與神話。

其二，原住民移民說

「原住民移民說」是相對於「原住民自發說」的一種推論主張，前者認為臺灣原
住民是福建一帶的百越族渡水移民臺灣，後者主張臺灣原住民是臺灣這塊地自發
出現原住民，或臺灣原住民的來源是不可考的，但臺灣原住民移民到東南亞乃至
整個南太平洋則是明確可考。臺灣原住民到底源自何處？向來有不同的推論主
張。但是臺灣諸多掛著學術研究聖殿光環的學者們及其論著在 2000 年之後，絕
大部分「自動」模糊原住民移民說，而讓「氣氛上」好像「原住民自發說」是一
種不爭的事實，甚至臺灣原住民自發說還可以推廣為：「臺灣原住民是南島族群
的發源地及發源祖先」，而年年舉辦南太平洋的「南島原民祭」或「南島文化節」。
這種不倫不類「我是你祖先」的南島與族群「祭祖」活動雖然在 2008 年之後間
歇性的停辦了。但至今明確主張「原住民自發說」的論著卻也還是充斥在大部分
的「學術」論著中，只有兩份較新的著作模糊的放棄「原住民自發說」，兩份則
主張「原住民移民說」（註三）。

巧的是不管主張「原住民自發說」的論著或主張「原住民移民說」的論著，幾乎
都會引用 1970 年代澳洲學者或美國國家科學院院刊的文獻，這些文獻最常被引
用的資料則是一張誤植或無源頭論的南島語系族群擴散圖（圖 2-1），而同樣的一
堆文獻裡最少被引用，甚至於「禁忌引用」的則是「臺灣原住民由福建移民來臺
說」、「東山陸橋形成時間說」及「大坌坑文化範圍擴及閩臺說」（圖 2-2）。

姑且先不論南島語族群來自何處，若只論南島語族群第一波向南再移民的時間點
是在西元前 4000 年前後，這個時間點的推論實在太值得注意了。因為從考古人
類學的挖掘實物證據裡，這個時期正是大坌坑文化的鼎盛期。而從地球氣候考
古學來看，西元前 4000 年前後卻正是臺灣海峽上「東山陸橋」被地球暖化海水

上升淹沒的時期，東山陸橋裡的福建東山島與臺灣附近的澎湖群島則因地勢較高成為東山陸橋現存的「遺跡」。而中國史書裡片段的記載都記錄了百粵族（即百越族）是善於製造小舟（可能是獨木舟）習於航行與水戰的民族。然而海水繼續上漲、東山陸橋的淹沒及因氣候變化造成洋流的變化，使得橫渡臺灣海峽的風險急遽升高，以及秦漢之後中國的武力強盛，乃至於這些所謂南島語族群的民族也就沒什麼機會自由進出中國福建了。

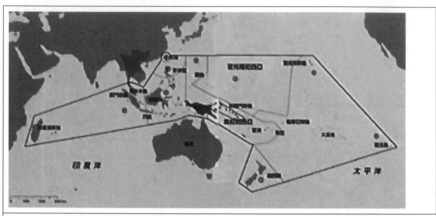

圖 2-1：南島語族群發自臺灣並逐次擴散至南太平洋與印度洋範圍圖

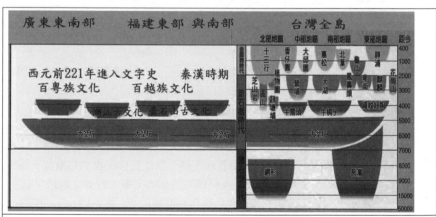

圖 2-2：大坌坑文化源自福建廣東東南部並遍及全臺圖

我們引述一些資料來說明南島語族群即源自福建古文化裡的「百越族」或「先百越族」當然並不是在還原歷史真相。而是在指出為什麼從 1980 年代起幾乎成為世界考古學界共識的兩份大量學術資料：「南島語族群（也有翻譯成南亞與族群）向南移民擴散說」及「南島語族群源自中國大陸說（有的認為是百越族，有的認為是泰族、傣族、壯族或白族）」，從 1992 年起在臺灣的「學界」幾乎都只「大

量」引用前者，而對後者幾乎都「視而不見」。甚至也有些學者明明在 1992 年前就引用過後者，但 1992 年之後的學術論文裡幾乎也對自己引用過的資料「視而不見」。如果套用法國年鑑史學派學者的說法，這種現象不正是德國實證史學派訓練下，因為「聽到領袖的召喚」、「自我想像權力再召喚」而患了局部集體失憶症吧，而嚴重的學者局部集體失憶症，卻正是民粹主義的溫床與德國納粹崛起的主因。

其三，征臺、棄臺、愛臺說

另一種輕微的學者集體失憶症就是臺灣史研究裡的清廷棄臺說。因為「清廷棄臺說」只是一種主張而無所謂論定不論定，沒什麼史學論證的價值。說以以較小的篇幅略行討論。清朝派福建水師提督施琅征臺是事實，征臺後不到一年便設一府三縣隸屬福建省之下也是事實，根本扯不上棄臺或愛臺之論述。所以「棄臺說」以史學論證的方式出現於學術界其源頭與用意就值得探討。

許毓良在<<清代臺灣軍事與社會>>一書裡即簡約的歸納前人對清朝治臺政策觀點為四種，分別是消極治臺說、防衛治臺說、理性治臺說、族群政治治臺說。其中消極治臺說最早的提倡者是日據時期日本帝國御用學者伊能嘉矩。我們稱伊能嘉矩為日本帝國「御用學者」其實是個「尊稱」，就像我們如今解讀諸多二十世紀初期德國諸多重量級的學者為「御用學者」一樣是個「尊稱」，絲毫不需另增貶意。

「伊能根據康熙二十二年（1683）年棄留臺灣的廷議，認為雖然以福建水師提督施琅為主的留臺派取得勝利，但受到棄臺意見的影響，使得清廷對臺實施嚴格的移民政策，並造成層出不窮的偷渡案件。日後的研究者抓住這一點再多作發揮」（許毓良，2008，p.1）。而這所謂「抓住這一點再多作發揮」就發揮成言之鑿鑿的「清廷棄臺論」，好像這些學者就站在康熙身邊親自耳聞「廷議」一般。除非康熙在盛年即患瘋癲症，否則作為一個理性統治者怎麼會有發動征臺然後棄臺的念頭與思維呢。

我們回過頭來想想，「棄臺說」以史學論證的方式出現於學術界其源頭與用意到底是什麼呢？伊能嘉矩「消極治臺說」是在為日本帝國治臺的合法性加上一層道德的正當性魔衣而已，因為日本帝國的御用學者不也常提出「興亞論、脫黃論」來為醜陋侵略者披上一層道德的外衣嗎？這些日後研究者的「抓住這一點再多作發揮」成為「清廷棄臺論」，其用意難道只是「尊重日本學者」或尊重學術研究嗎？而「清廷棄臺論」為什麼偏偏在 1992 年之後才「興旺起來」？我認為這只能是「輕微的學者集體失憶症」與「無形的警備總部戒嚴令發酵」所能解釋得了。

其四，漢人、閩人、臺人說

1992 年至 2002 年間到底有什麼「魔力」？我們並不清楚，不過很清楚的是一般民間對日據時期的賣國者的罵法開始有了變化，甚至於十年後會有一個自稱為臺灣文獻委員會的單位居然行文政府機關與教育機關，下令爾後不得用「日據時期」這種髒字眼，而要用「日治時期」或「日領時期」等文明的字眼，並要求不得用清朝而要用「臺灣清領時期」這等文明的字眼。民間罵法的轉變在於之前是罵這些賣國者禽獸不如的三隻腳或「漢奸」，之後同樣的賣國者卻被罵為「臺奸」。所以就時間的順序而言，要先成為「漢奸」而後才有資格成為「臺奸」，要先成為「清領臺灣」才有資格成為「日領臺灣」或「日治臺灣」。這當然是一則黑色笑話。卻道盡民粹主義者們如何苦心積慮的建構臺奸論述來替換漢奸論述，乃至於以洗刷自己身上與心靈上的缺失，否認掩飾自己的缺失。這些民粹主義者也還不知羞恥的透過半民間機構發佈「政府的行政命令」，躲在幕後執行假造的民意。

不過就歷史事實而言，1683 年至 1885 年的兩百零二年間，臺灣人就是福建人，科舉考試時是福建人，遷徙寓居時是福建人，經商買賣時是福建人，徵稅納糧時是福建人，就連歐洲商盜集團也稱呼在臺灣的鄭芝龍為福建人。只有民間族群爭奪地盤時客家人會自稱「漢人」，閩南移民的後代會自稱「河洛人」以自視為更具正當性的中國人而已。

然而 1895 年至 1945 年日本帝國殖民臺灣時，對臺灣人的稱呼加上許多有形無形的規定，甚至因此而達到分而治之的目的。所以，臺灣人被分成番人、廣東系漢人、福建系漢人，甚至福建系漢人還更細分為泉州人、漳州人，或合稱為「閩南人」，另外也改寫「河洛人」一語，改為近似音的「福佬人」。其實，在日本帝國的蓄意竄改稱呼下，皇民化時期燒掉祖先牌位改為日本姓的臺灣人，在日本人的眼中及日本帝國法律的淫威下，還是撤徹底底的臺灣人，撤徹底底的被殖民的奴隸，而不是日本國的國民或日本人。1945 年臺灣光復至今，臺灣人到底是什麼人？或許每個臺灣人都有自己的見解。再看看近十幾年來為數眾多的「外籍新娘」，辛辛苦苦的排隊等待歸化為臺灣人，辛辛苦苦的等待排隊拿到一張證明身份的國民身份證，上面不是寫著「中華民國國民身份證」嗎？「外籍新娘」不是想成為「中華民國」，難道會是想成為「中華人民共和國人」、日本人或美國人不成？只是自從 1992 年後歷次的選舉老是有臺灣人、新臺灣人、正港臺灣人、正港閩南人、假仙臺灣人等等的「臺灣人愛臺灣愛臺」的口水戰，想想，要當個「正港臺灣人」可還真辛苦，不是嗎？

從文字史開始，在臺灣生活的臺灣人最長久的（兩百零二年）「身份」就是中國人裡的「福建人」，所以解讀與描述臺灣文化史與神話史時，福建文化是不可或缺的一個重要成分。以下也針對臺灣文化與福建文化交集的部分的一些概念群簡單的解釋如後。

其五，宗教概念或宗教觀點

中、西、印、回四大文明的宗教概念與觀點或有共同處，但卻有更多的相異處。我們在理解自己的文化與神話時，大可不必以他種文化的概念與觀點來硬套自己的宗教與神話。西方文明裡所形成的一神教是最進化的宗教型態這種論述更是欺世大謊言，因為「一神教是最進化的宗教型態」只是基督教徒的一種傳教心願而已。將心願當作真理，甚至以這特定的心願當作對異教徒迫害的藉口在西方文明史裡不是血跡斑斑殘酷至極嗎？更遑論西方文明的中世紀不正是這一神教高度張揚的年代，卻怎麼照耀出西方文明最為愚昧與墮落的一千年呢？或許我們該恍然大悟，所謂「一神教是最進化的宗教型態」正是「基督教是最進化的宗教」的一種替代論述，更是迫害異教徒、蔑視他種文化、侵略其他文明乃至國家的重要藉口論述呢。我們從英國侵略印度奴隸印度近兩百年的歷史中，看著印度原有的最後帝國蒙吾兒帝國皇帝，在英國人一手捧聖經，另一手拿鴉片的情境裡，皇帝成了鴉片鬼，印度文明也就服從英國利益而改寫成墮落的印度，亟需白人來拯救的印度。我們從法國侵略越南的進百年歷史中，不是正是傳教士「英勇神聖」的介入皇室的奪權鬥爭，「仁慈愛心」的以拉丁拼音創造了越南文字，然後同一個傳教士一手控制這個皇室，可以決定皇室成員的生死，可以監禁越南皇帝、放逐越南皇帝到法國，最後搞到越南皇室家破國亡。這就是靠傳教士對「神愛世人」的體認，創造出「偉大的」殖民事業，不是嗎？我們再看看民國初年的五四運動，乃至延伸至 1930 年代的「新生活運動」，所謂的打倒孔家店、破除封建迷信，難道真的是發自於「愛國與救國」的熱誠嗎？其背後難道沒有「基督教是最進化的宗教」、「西方文明是最進化的文明」、「西方倫理、民主、科學是全人類應該共尊的普世價值」等等這些「邪惡幽靈」在作祟嗎？我們不必擁抱民粹主義式義和團也沒有貶低任何文明的意思，只是說明不能以 A 文明的價值觀套用到 B 文明的評價，也不能自以為是的選擇性檢取 B 文明的部分價值觀套用到 B 文明的評價。

如果從現實的權力結構形成過程中來檢視中、西、印三大文明的神話與宗教型態的話。我們大致可以判定西方文明是從希臘羅馬時期的英雄文化走到中世紀的神封文化再走到啟蒙主義之後的世俗文化。印度則是一直沈迷於神封文化。中國則一直都是封神文化。神封文化表示由虛構的神來建構人世間的價值觀，封神文化則表示人間帝王來封定人世間的價值觀與神世間的神明位階。所以中、西、印三大文明的宗教型態可以說是大異其趣，神話也就各有風姿而不必也不能以什麼「普世價值」的鬼話來統一解讀（註四）。

我們的傳統宗教是一種封神文化，是一種祀祠（祭祀與祠堂）的精緻化，或是說是一種祀祠宗教，有祭祀行為與祭祀的場所宗教就成立了，而祀祠宗教的自動性與包容性極高，所以在周朝時提出一種「天」的概念當作共同祭祀的對象，並將各種值得祭祀的神、仙、聖、賢一一排定在「天界」的不同位階上，不同位階配以等差的「享：犧牲」與儀禮，「天」則享有最高階的「享與儀禮」，周朝以後人

間權力最高掌握者就以「天子」自居,並唯一享有祭天的主祭者權力,乃至享有封神的權力。祭祀宗教是一種對死去的(人)神、仙、聖、賢的追思與分享,也就是請死去的追思對象繼續保有人間美食的意思,所以描述周朝開國過程的演義小說<<封神榜>>,最終會以武王封國姜太公封神作為結尾。其意思主要在表明武王伐紂推翻商朝後的論功行賞符合當時的「正義」概念,活著的功臣與姬姓家族就論功來封國,戰死的功臣則由軍師姜太公來封神,封國則食國,封神則尚享(每逢祭祀時,就來繼續人間香火與美食吧),周朝以後找不到姜太公來封神,那就找天子來封神吧。所有的宗教秩序都臣服於天子的人間權力秩序之下,所以祭祀宗教也可以稱為「天子教」。

祭祀宗教的自發性在於人人都可祭祀,最少可以自主的祭祀自己的祖先,更可自發性的祭祀對社會有功有德有恩的人。而祭祀宗教的包容性則在於以祭祀宗教的型態(乃至宇宙觀)來看待其他的宗教,認為所有的宗教都是祭祀宗教,都可以經過「天子」的認定而為祭祀位階找一個定位。這樣的宇宙觀在遇到「非人系統」時就提出「地」的概念而歸整了「擬人化的人格神」,進而完成了天地人的宇宙觀與道教裡的天官、地官、水官等三官「非人系統」的收編,進而建構了極其複雜卻井然有序的神譜。這樣的宇宙觀在遇到難以歸位的神祇及宗教時則更簡單,有請天子封神即可,天子不想封神時也可找父母官(都、州、縣官)來封「地方神」,父母官也不想封時,更可自力救濟創個宗教來封神,乃至傳統的神話多以「聖跡」、「顯靈」、「感應」、「演義」稱之,神話的主角多為真實歷史人物,神話的配角則多為想像的功能神或人格化的天地萬物來「充任」,以滿足祭祀者的祈願與呼喚「天理」彰顯的想像慰藉。

祭祀宗教具有極大的包容性,所以在傳統文化裡極少有「國教」、扶教、滅教的事件,更無宗教戰爭發生的可能性。祭祀宗教具有極大的自發性,所以祭祀宗教的「神明」就可無限衍生,並找機會融合到「天子教」這個大系統裡,這也是祭祀宗教發展到後來會有三教合一,乃至五教合一的各式各樣新興宗教出現的原因,而經過歷史的沈澱,這些各式各樣的「新興宗教」中,道教首先融合了當時各式各樣神階系統,並接受唐朝皇帝唐玄宗冊封為太師後,道教就以「天子教」的替身取得爾後民間宗教信仰的優勢,成為爾後各教合一新宗教參考範本。道教也因人間朝代的更替、傳教的地方化或帝王的喜好而有諸多衍生的教派出現,終於成為傳統民俗裡最為根深蒂固的宗教,乃至道教的道士成為祭祀宗教的重要陪祭者(主祭者則為天子及各地方官員)。

其七,儒、釋、道、巫的水乳交融
傳統的宗教在歷代中央或許也因帝王的喜好而有偏重佛教或偏重道教的情境,但民俗宗教裡卻是一種包羅萬象的「祭祀宗教」一支獨大。這種祭祀宗教一支獨大的情境,更造就了傳統知識份子對「儒、釋、道」三者融合詮釋的關注,其中道

教本來就是巫教（占卜、靈媒、乩身、法術、醫藥合為一體的宗教）衍伸而來的一種宗教，而中國南方文化自古以來就又是巫術、鬼神、風水、淫祀的故鄉（註五），宋朝時福建的知識份子（中了科舉的官員）尤其對「巫、儒、釋、道」四者的融合性詮釋予以高度的關注。所以，在福建的宗教信仰裡並不如北方知識份子所理解的「嚴格純粹的某教」宗教信仰，而毋寧是「巫、儒、釋、道」混合的宗教信仰。祠堂裡可以關公、觀音並存並祭，廟堂上也可以道士僧儒談笑生風。宗教不是揚善去惡與人為善，盡天下之善事，避天下之冤孽，給予人間溫馨的慰藉嗎？所以，善神只有多多益善，而斷然沒有仙佛衝突，或「我宗我派唯我獨尊」的道理。講究宗教的純粹性，講究宗教的唯我獨尊，其實是惡質宗教人間造孽的開端，我們看西方文明裡無窮盡的宗教戰爭，乃至於「以我信責令天下人皆信」的宗教態度，難道不是十五世紀至今西方文明人間造孽的血淋淋見證嗎？宗教研究的學者或一神教的信仰者有什麼資格批評「巫、儒、釋、道」共處一室，共享人間香火的祭祀宗教呢？

我國傳統宗教本來就是個大熔爐，特別是我國的南方民俗宗教更是個兼容並蓄的大熔爐，是對歷史上有功德或造福鄉里的聖賢之士加以懷念、祭祀、尚享並制度化、儀式化、神聖化而已，民俗信仰或祭祀宗教則更是許願還願，暫撫創傷的心靈而已，哪有什麼宗教的純粹性，信仰的堅定信、考驗性的企盼呢。這種「感恩懷念，兼容並蓄，暫撫創傷，善有善報」的宗教心態正是「老天有眼」的天子教的最大宗教功能，而「容巫入道」不但使民俗信仰造就出信徒的雍容大度，更造就出中國南方宗教、福建宗教能快速接合臺灣原住民原有宗教的情境。

2-1：原住民的文化與神話發展（遠古～1621 年）

2-1-1，原住民文化簡史

從語言人類學的觀點，大部分的西方語言人類學家在近百年的研究裡為東南亞建立了一套系譜學研究的語言祖先系譜，並依這一套語言祖先系譜釐清了所謂東南亞原住民的民族起源與發展系譜。這套語言祖先系譜以時間系列的語言樹呈現如後。

約在西元前 5000 年時有一種原型澳—泰語（proto-austro-tai）在中國東南地區生成，然後約在西元前 3000 年至西元前 3500 年間分裂出兩支獨力發展的後代分別是南亞語及發軔期南島語。其中南亞語衍生出卡岱語、苗瑤語、泰語為其後代，而發軔期南島語約在西元前 3000 年時在臺灣單獨發展成原型南島語，這原型南島語一部份就留在臺灣成為臺灣原住民的語言，另一部份則在西元前 2500 年前

後往南傳而形成原型馬來─波利尼西亞語，在西元前 2000 年時則在衍生出原型東馬來─波利尼西亞語及其後代：原型大洋洲語，而原型馬來─波利尼西亞語的另一傳播方向則直接衍生西部馬來─波利尼西亞語與中部馬來─波利尼西亞語，最後共同形成現今的南島語系語言族群(註六)。這發軔期南島語(initial-AN)在臺灣獨立發展成原型南島語（Proto-AN），並以原型馬來─波利尼西亞語為其後代，然後在衍生出整個南島語系族群，散佈於整個南太平洋與印度洋的推論，就是「南島語族的發源地在臺灣」這個論述的主要支撐點（或所謂證據）。

其實這種系譜學研究正是典型的德國實證史學派研究方法論，而這種語言人類學的研究在十九世紀研究的最大成果就是推論出印度人的祖先就是亞歷安人，因為現今的印度語是古梵語的後代，而古梵語又是亞歷安語的後代，所以現今印度人是亞歷安人的後代。但是這種系譜學研究無法解釋為什麼亞歷安人是白人而現今印度人卻是棕黑色人種。在 1970 年代印度考古挖掘發現西元前兩千餘年印度古文明即有高度的城市文明，而西元前一千四百餘年亞歷安人以幾近野蠻民族之姿入侵並大肆摧毀既有城市文明後成為「新印度的殖民主人」，證實了亞歷安人只是為數極少卻極兇殘的族群，武力控制了為數極大的印度原住民，並以自己的語言當作強勢語言強制推廣開來，才造成所謂的白種「語言祖先」生出膚色相反的後代。現今印度人絕大部分並非血緣關係上的亞歷安人後代，語言祖先系譜學的種族推論反而成為一種黑色的笑話。所以，這種系譜學研究的成果其實當作參考與輔助佐證的資料即可，當作學術研究的論證支撐點，其實不是有力的證據。

在推測臺灣原住民的歷史時可用的史料並不見得該以曾經殖民臺灣的荷蘭人、西班牙人、日本人對臺灣的研究調查資料為主，就像推測印度原住民的歷史時，就不該用英國在印度殖民官員或軍商學者的研究調查資料為主。而臺灣原住民的文字也不是起自荷蘭人所立下的拉丁拼音西拉雅語，因為當時的軍隊隨行傳教士只是以不太準確的西拉雅語音，以極其不順的語法書寫了簡要的傳教手冊與福音手冊，強制西拉雅人信耶穌得永生而已。因這種強制信教而推動的文字，爾後只有「地名」留存最久，並被西拉雅人繼續當作鄭成功乃至清朝初期地契的地名與簽名而已。目前研究「新港文書」幾乎完全無法依之推敲西拉雅人最重要的歌舞祭典的祭詞，更遑論當初荷蘭人也只有在安平臺南地區有過原住民語拼音文字紀錄而已。所以，聲稱「新港文書」為臺灣原住民確立語言文字化的起點是誇大其影響力的判斷，而不是事實的判斷。在本書裡我們主要以考古人類學的資料及臺灣外部的文史資料以及現存的原住民神話（史詩）來共同「織補出」無文字時期臺灣原住民史。

考古人類學的原住民文化遺址挖掘目前以得到的成果，依時間序的文化遺址分別是：
舊石器時代的網形文化遺址（13000B.C.—6000B.C）。

舊石器時代的長濱遺址（13000B.C.—4000B.C）。

新石器時代初期的大坌坑遺址（5000B.C.—3000B.C.）

新石器時代中期的牛罵頭、牛稠子、繩文紅陶等遺址（西元前兩千年前後）。

新時器時代晚期的圓山、芝山岩、植物園遺址（西元前 2000 年—前 500 年）。營埔、大湖、鳳鼻頭、卑南、麒麟、花岡山遺址（西元前 2000 年—西元前後）。

金屬器時代的十三行、蕃仔園、蔦松、北葉、靜浦遺址（西元前後—西元 1600 年）、大邱園、龜山遺址（西元前後—西元 1000 年）。（圖 2-2）

這些文化遺址裡大坌坑遺址（5000B.C.—3000B.C.）不但遍佈全臺，更遍佈福建東部與南部及廣東東南部，其時間範圍又涵蓋了西元前 5000 年至西元前 3000 年的間「東山陸橋」由浮至沈或海平面快速上升的這個關鍵時刻。所以據以推測以下兩個論點之一可能成立是合理的，論點一：臺灣原住民在大坌坑遺址時段前期與福建沿海廣東沿海原住民有充分的互動與往來，而在大坌坑遺址時段後期因臺灣海峽的完全成形（東山陸橋只剩下澎湖群島）而中斷了互動與往來。論點二：臺灣原住民源自福建沿海及廣東東南部的移民，而東山陸橋消失後則無法與原居地繼續互動與往來。

臺灣外部的文史資料中記載臺灣原住民歷史上的活動與事件最多與最早的並不是荷蘭盜商集團的文獻或西班牙盜商集團的文獻，而是中國史書、地方誌等官方文獻及 1980 年代後的東南亞史等資料。我們也依時間順序摘述如下。

西元前 3000 年左右排灣族、卑南族、魯凱族移民臺灣。（李壬癸推測）

西元前 306 年楚國滅越，越族族遷入閩或遷海外，可能入臺灣。（史記）

西元前後凱達格蘭族移民臺灣。（李壬癸推測）

西元一世紀柬埔賽附近崛起海上強權扶南國，為印度人殖民中南半島之始。（薩德賽著東南亞史）

西元 230 年吳國強制移民三千餘臺灣原住民於福建以充實戰備（吳書孫權傳）。

西元 610 年隋朝發兵征臺以崑崙人（印度人）帶路，擄數千臺灣原住民而返（隋書陳陵傳）。

西元七世紀至十三世紀間蘇門達臘地區多為印度移民的殖民地，其中最具還上強權的國家為斯里紫維雅（室利弗室），為頂替扶南末落後重建東亞通印度海上航線的國家（薩德賽著東南亞史）。

十世紀後（宋元之後）澎湖或已屬泉州或汛期駐兵以為常態，而民間對臺走私貿易亦多留有遺跡（如十三行遺址裡出土的開元通寶貨幣）。至明朝中葉後海禁政策下，福建商人至菲律賓、臺灣從事貿易已成常態，明朝海禁的時鬆時緊，福建商人鋌而走險，這些福建商人商隊就成為明朝文獻裡的海盜。而這種「海盜」明確的在臺落腳開墾則始於 1621 年的顏思齊鄭芝龍集團。

我們以上述的資料大致上可以推測臺灣原住民約在西元前 5000 年至前 3000 年間與福建原住民是具有考古人類學上的高度一致性的同一種族。也可由大坌坑文化遺址範圍的分佈來推測福建原住民在西元前 5000 年至西元前 4000 年間透過東山陸橋渡海移民來臺，成為第一波臺灣新住民。西元前 4000 年前後，東山陸橋消失，澎湖與臺灣間的海溝所形成的新洋流，使得當時小型舟艇的航海工具無法橫度臺灣海峽。自此福建原住民與臺灣原住民則各踏上不同的文化發展歷程。此時臺灣原住民因善泛舟與初步遊耕，加上此時臺灣西部河口沖積扇面積尚有限，所以已逐漸分化出平埔族（臺灣西部平地與丘陵地）與高山族（臺灣西部丘陵地與山地）。

西元前三千年前後臺灣又有一波新住民移民進入，分別是卑南族移民至南部丘陵地與山區，排灣族與魯凱族則移民至花東縱谷南段與附近山區。卑南族、排灣族與魯凱族在「語言人類學」的系譜追蹤下，被認為可能是大坌坑時期向移民出去的「種族」二度回潮移民臺灣。

西元前四世紀浙江越國被滅後，可能有些越族移民臺灣，但支持此說的「證據」頗為薄弱。在扶南國的影響下，西元前後至西元三世紀間再有一波眾多新住民移民臺灣，及少數的崑崙人移民臺灣，這一波眾多新住民可能就是凱達格蘭族，而少數的崑崙人可能就是「傳說中的」矮黑人。

西元 230 年臺灣南部約有千餘名原住民被強制移民至福建，西元 610 年臺灣北部丘陵地約有數千名原住民被「擄掠」至大陸。這兩次的非志願移民應該都使臺灣原住民分佈的地區起了重新調整的現象。另一方面，西元七世紀至十三世紀間長期的少數崑崙人移民臺灣與澎湖，這種現象有點像現今的「外勞」一般，這些「崑崙人」可能就是臺灣廟宇厝角上建築裝飾中「憨番扛厝角」主題的由來，也可能是「傳說中的」矮黑人及其後代。

西元十世紀至西元十六世紀間，除了澎湖以外，「臺灣外部的文史資料」中對臺灣的描述與記錄突然間成為斷層，臺灣保留了安靜發展的機會，然後就直接接上十七世紀豐富的文字史資料與實物遺跡。西元 1602 年陳第隨明著將領沈有容赴臺驅逐倭寇後，趁機留在臺灣西部地區 20 餘天進行考察。爾後陳第即以親自考

察資料寫成<<東番記>>一書。書中以「東番夷人」稱呼當時臺灣西部的平埔族，是當時對臺灣原住民最珍貴翔實的考察報告，全文引述如下。

『東番夷人不知所自始，居彭湖外洋海島中。起魍港（雲林北港）、加老灣（臺南鹿耳門），歷大員（臺南附近）、堯港（高雄茄定）、打狗嶼（旗津）、小淡水（屏東東港）、雙溪口（嘉義溪口）、加哩林（佳里）、沙巴里（金包里）、大幫坑（臺北八里），皆其居也，斷續凡千餘里。種類甚蕃，別為社，社或千人，或五六百。無酋長，子女多者眾雄之，聽其號令。性好勇喜鬥，無事晝夜習走。足蹋皮厚數分，履荊刺如平地，速不後犇（奔）馬，能終日不息，縱之，度可數百里。鄰社有隙則興兵，期而後戰。疾力相殺傷，次日即解怨，往來如初，不相讎。所斬首，剔肉存骨，懸之門，其門懸骷髏多者，稱壯士。

地暖，冬夏不衣。婦女結草裙，微蔽下體而已。無揖讓拜跪禮。無曆日、文字，計月圓為一月，十月為一年，久則忘之，故率不紀歲，艾耆老髦（ㄇㄠˊ；老年人），問之，弗知也。交易，結繩以識（誌；作記號），無水田，治畬（ㄕㄜ；用火燎原而後種植的耕作方式）種禾，山花開則耕，禾熟，拔其穗，粒米比中華稍長，且甘香。採苦草，雜米釀，間有佳者，豪飲能一斗。時燕（宴）會，則置大罍（ㄌㄟˊ），團坐，各酌以竹筒，不設肴。樂起跳舞，口亦烏烏若歌曲。男子剪髮，留數寸，披垂；女子則否。男子穿耳，女子斷齒，以為飾也。地多竹，大數拱，長十丈。伐竹構屋，茨以茅，廣長數雉。族又共屋，一區稍大，曰公廨。少壯未娶者，曹居（群居）之。議事必於公廨，調發易也。

娶則視女子可室者，遣人遺瑪瑙珠雙，女子不受則已；受，夜造其家，不呼門，彈口琴挑之。口琴，薄鐵所製，齧而鼓之，錚錚有聲。女聞，納宿，未明徑去，不見女父母。自是宵來晨去必以星，累歲月不改。迨產子女，婦始往婿家迎婿，如親迎，婿始見女父母。遂家其家，養女父母終身，其本父母不得子也。故生女喜倍男，為女可繼嗣，男不足著代故也。妻喪復娶，夫喪不復嫁，號為鬼殘，終莫之醮（ㄐㄧㄠˋ；再嫁）。家有死者，擊鼓哭，置尸於地，環福（烤）以烈火，乾，露置屋內，不棺。屋壞重建，坎（墓穴）屋基下，立而埋之，不封，屋又覆其上，屋不建，尸不埋。然竹楹茅茨，多可十餘稔（年）。故終歸之土，不祭。

當其耕時，不言不殺（不殺生），男婦雜作山野，默默如也。道路以目，少者背立，長者過，不問答，即華人侮之，不怒。禾熟復初，謂不如是，則天不祐、神不福，將凶歉，不獲有年也。女子健作；女常勞，男常逸。盜賊之禁嚴，有則戮於社。故夜門不閉；禾積場，無敢竊。器有床，無几案，席地坐。穀有大小豆、有胡麻、又有薏仁，食之已瘴癘；無麥。蔬有蔥、有薑、有番薯、有蹲鴟（ㄔ；芋頭），無他菜。果有椰、有毛柿、有佛手柑、有甘蔗。畜有貓、有狗、有豕、有雞，無馬、驢、牛、羊、鵝、鴨。獸有虎、有熊、有豹、有鹿。鳥有雉、有鴨、

有鳩、有雀。山最宜鹿，儦儦俟俟（儦ㄅㄧㄠ；野獸成群行走），千百為群。

人精用鏢。鏢，竹棅鐵鏃，長五尺有咫，銛（ㄒㄧㄢ；銳利）甚。出入攜自隨，試鹿鹿斃，試虎虎斃。居常禁不許私捕鹿。冬，鹿群出，則約百十人即之，窮追既及，合圍衷之，鏢發命中，獲若丘陵，社社無不飽鹿者。取其餘肉，離而腊（曬乾）之；鹿舌、鹿鞭、鹿筋亦腊；鹿皮、角委積充棟。鹿子善擾馴之，與人相狎習（親近）。篤嗜鹿，剖其腸中新咽（ㄧㄝˋ；填塞）草將糞未糞者，名百草膏，旨食之，不饜（厭），華人見，輒嘔。食豕不食雞，畜雞任其自生長，惟拔其尾飾旗；射雉，亦只拔其尾。見華人食雞雉，輒嘔。夫孰知正味乎？又惡（豈）在口有同嗜也？

居島中，不能舟；酷畏海，捕魚則于溪澗，故老死不與他夷相往來。永樂初，鄭內監（鄭和）航海諭諸夷，東番獨遠竄，不聽約，於是家貽（遺留）一銅鈴，使頸之，蓋狗之也。至今猶傳為寶。始皆聚居濱海，嘉靖末，遭倭焚掠，迺（乃）避居山。倭鳥銃長技（長槍），東番獨恃鏢，故弗格（無法打勝）。居山後，始通中國，今則日盛。漳、泉之惠民、充龍、烈嶼諸澳，往往譯其語，與貿易；以瑪瑙、磁器、布、鹽、銅簪環之類，易其鹿脯、皮角。間遺之故（舊）衣，喜藏之，或見華人，一著（穿上衣服），旋復脫去。得布亦藏之。不冠不履，裸以出入，自以為易簡云。

野史氏（陳第自稱）曰：異哉東番！從烈嶼諸澳（港灣），乘北風航海，一晝夜至彭湖，又一晝夜至加老灣，近矣。迺有不日不月，不官不長，裸體結繩之民，不亦異乎？且其在海而不漁，雜居而不嬲（ㄋㄧㄠˇ；淫亂），男女易位（指母系社會），居瘞（ㄧˋ；掩埋屍體的穴葬）共處。窮年捕鹿，鹿亦不竭。合其諸島，庶幾中國一縣。相生相養，至今曆日書契（曆法與文字），無而不闕，抑何異也！南倭北虜，皆有文字，類鳥跡古篆，意其初有達人制之耶？而此獨無，何也？然飽食嬉遊，于于衎衎（ㄎㄢˋ；自得其樂），又惡用（何需用）達人為？其無懷、葛天（中國古代傳說中的帝王葛天氏）之民乎？自通中國，頗有悅好，姦人又以濫惡之物欺之，彼亦漸悟，恐淳朴日散矣。萬曆壬寅冬（1602 年），倭復據其島，夷及商、漁交病（受其害）。 浯嶼沈將軍（沈有容）往勦，余適有觀海之興，與俱。倭破，收泊大員，夷目大彌勒輩率數十人叩謁，獻鹿餽酒，喜為除害也。予親睹其人與事，歸語溫陵陳志齋先生，謂不可無記，故掇其大略。』（明‧陳第）。

陳第在臺灣多留兩個月的「考察」其實察看了整個西臺灣重要的地區（圖 2-3，註七）

從陳第在<<東番記>>的記載可以瞭解當時臺灣西南部河口沖積扇平原已是麋鹿群聚的天然獵場，當時的平埔族部落型態裡已有祭祀、議事、教育用的大屋：公

廨，主要的生死大禮為穴葬後置屋其上。大部分的平埔族為母系社會，以狩獵捕魚營生為主，農耕則以旱田種禾（可能是小米）為主，釀造酒也是重要的農事之一，並未用獸耕，所以農業生產力頗低，但是耕作時有一定的禮儀與謹慎的態度，不能生氣的耕作，否則會歉收。風俗上部分族群有去齒紋身習俗，衣飾觀點與漢人不同，因漢人常來定居或交易，所以也會收藏漢人遺留下的舊衣，當「漢人、商人」來貿易時就穿上漢人衣服跟漢人做生意，「漢人、商人」走了，馬上又將「衣服」脫下，回復「原住民服飾」，但以漢人的觀點看上去像裸體一般。已有樂器（口琴）與歌舞。民俗敦厚，夜不閉戶。反而是漢人與之通商漸多，也有商人與原住民「悅好（應指漢人入贅原住民部落而生子女）」帶領出漢人習性，加上姦人（壞的商人）從事教唆乃至物質或情感上對原住民的「欺騙」，所以恐怕夜不閉戶質樸敦厚的風俗習性「將會」逐漸消失。

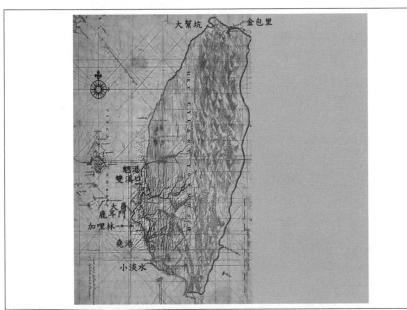

圖 2-3：十七世紀測繪之地圖標上「東蕃記」所載地名圖

陳第的最後擔心，就是十七世紀起原住民與外來移民（顏鄭道商集團、鄭明政權、省內移民（清朝）、國內移民（中華民國）及外來殖民政權殖民式（荷蘭人、西班牙人、與二十世紀初的日本人）的「開發」臺灣歷程。只是所謂「移民」通常只有大量人口移入與土地經營權的壓迫，而「殖民」則僅有少量人口移入，大量屠殺原住民（乃至屠殺漢人），然後也是土地經營權的壓迫以及更為強制性的宗教語言改造而已。

29

移民與殖民最大的不同，大概就是嚴格執行大屠殺的人數遠超殖民者的數倍甚至數十倍。甚至藉由屠殺戰俘來達到殺雞警猴與炫耀武力的效果。西班牙殖民臺灣北部時對友善的原住民的屠殺、荷蘭人在征服過程中對原住民的屠殺、對小琉球原住民的屠殺與當作奴隸運到南洋販售、郭懷一事件時對原住民與漢人近萬人的大屠殺。乃至於日本人殖民臺灣的「非戰爭時期」對原住民與漢人高達十數萬人的屠殺。乃至霧社事件時動用毒氣彈的大屠殺，這些極盡慘絕人寰的大屠殺後竟然強制移民曾為日警之妻室的原住民於琉球，並廣為宣傳日本帝國的人道主義，這就是殖民者「殺雞儆猴」式的文明開化吧。

相對的移民者則有較多的「欺騙」來達成對原住民的生活範圍的逐漸撤往丘陵、高地、深山乃至往臺灣東部撤離，（圖 2-4）。除了完全熟練漢人精耕模式與買賣法律模式的部分平埔族外，清朝時以「大蕃租」模式所擁有土地所有權的原住民居住地，往往也因漢人租戶的「移民」與商業聚集成鎮，而逐漸失去原住民的生活習俗與文化色彩，到了清朝中葉就開墾「進度」與人口數而言，原住民顯然已是少數民族中的少數民族了。

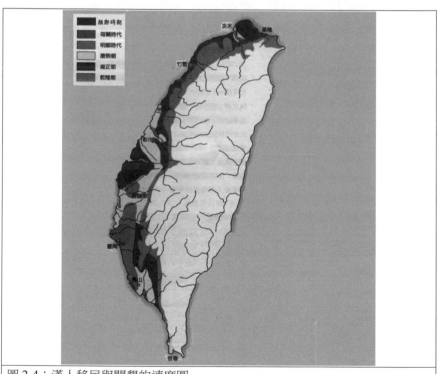

圖 2-4：漢人移民與開墾的速度圖

整體而言，現今原住民裡的平埔族人數雖多但多已逐漸從語言與宗教的消失文化色彩而難以辨認，原住民裡的高山族雖然在日據時期曾遭受強制往山下移民的遷村，乃至民國 68 年的水電現代化遷村（魯凱族舊好茶部落遷至新好茶部落）、民國 96 年的莫拉克臺風後的二次遷村，原住民裡的高山族卻較能保有原語言與原宗教。

雖然原住民族群的稱呼與平埔族高山族的劃分通常是「漢人對土著民族的區分，不是他們的自我分類」（註八），但自從二十世紀末「原民權力促進會」等組織的推動「正名運動」與相關部門重新開放原住民族名登記後，目前（2012 年）對臺灣原住民研究的結果以耕作、狩獵等營生型態及所居地形海拔高度等因素（註九）來分的話，共有平埔族十一族，高山族十族，分別是平埔族的：凱達格藍族、葛瑪蘭族、賽夏族、道卡斯族、巴則海族、巴布拉族、貓霧栜族、洪雅族、邵族、西拉雅族、雅美族（達悟族）、矮黑族與高山族的：泰雅族、賽德克族、太魯閣族、撒奇萊雅族、阿美族、布農族、鄒族、魯凱族、卑南族、排灣族。就文化史的角度來看高山族因選擇性的抗拒殖民者的「教化」而較能「完整」保存宗教及語言，而目前平埔族仍保有民族風俗祭禮及較完整的語言、部落權力親屬生產關係者，只有邵族與雅美族，保有祭禮與祭禮語言者，只有賽夏族，保有祭禮而未能保有祭禮語言者只有西拉雅族，其他凱達格藍族、葛瑪蘭族、道卡斯族、巴則海族、巴布拉族、貓霧栜族、洪雅族均已與漢人同化只保留了部分的神話而已，而矮黑族除了留存於許多原住民的歷史記憶以外，在 1635 年及 1636 年荷蘭盜商集團兩次對小琉球的進剿下被滅族式的屠殺殆盡。所以，現今對原住民的研究若以歷史的觀點而言，最多最早也只能記述到十七世紀的文化狀況，甚至於十七世紀至今原住民的遷移狀況、部落間婚姻融合的狀況、文化自身演化的狀況、受漢族影響的狀況、受荷蘭人西班牙人日本人殖民而強制改變的狀況都很難釐清了。以下則以行政院原住民委員會對各族的基本文化描述陳述於後。

阿美族，分佈於花蓮北部之奇萊山平原，南至臺東及屏東之恆春半島等狹長之海岸平原及丘陵地區，目前人口約有 188,797 人(100 年 04 月數據)，是臺灣原住民族中人數最多者。傳統社會制度以母系氏族組織為主，男性被招贅後共居於女家，有關家庭親族事務與財產由女性戶長做主，惟重要事務，如婚姻、分產則必由出贅之母舅返家共同決策；然而，部落性之政治、司法、戰爭、宗教等公共事務，則由男性組織之男子年齡階級組織處理。傳統祭儀以部落之豐年祭為主，其中過程以表達部落男子年齡階級新成員之加入意義為最重要。

泰雅族，分佈在臺灣中北部山區，包括埔里至花蓮連線以北地區，父系氏族組織，目前人口約有 81,848 人(100 年 04 月數據)。傳統生活以狩獵、山田燒墾為主。織布技術發達，技巧繁複且花色精巧，其中以紅色象徵血液，具有生命力，可以

避邪，故而喜好紅色服飾，有紋面習俗。社會組織以祖靈祭祀團體為主，最重要的祭儀活動為祖靈祭。歌舞動態活動以口簧琴與口簧琴舞為其特色。

賽德克族，原分列為泰雅族之亞族，父系氏族組織，經日據時期滅族式的屠殺後，至今人口約有 7,275 人(100 年 04 月數據)，擁有獨特的生命禮俗和傳統習俗，因崇信 Utux 的生命觀，而延伸出嚴謹的 gaya/waya 生活律法系統，並發展出許多特有豐富的文化，如文面、狩獵、編織、音樂、語言、歌謠與舞蹈。賽德克族視 Sisin 鳥為靈鳥，舉凡打獵、提親都聽 Sisin 鳥的鳴叫聲與行徑方向做決定。

排灣族，分佈區域於北起大武山、南達恆春、西到枋寮、東到臺東太麻里的中央山脈兩側父系氏族貴族平民兩階社會制度。人數將近 90,811 人(100 年 04 月數據)。傳統的貴族頭目為各部落的政治、軍事、甚至宗教領袖，自成一獨立自治單位，由於人口眾多，血緣關係較廣，盛行貴族近親聯姻的結果，使得某些地區出現少數貴族統領數個部落的超部落聯盟情形。物質文化上以琉璃珠、鐵器、銀飾等為貴重物品。傳統的陶壺雕塑及樑柱木雕，以百步蛇紋及人頭紋象徵貴族的崇高地位。

布農族，分佈於中央山脈海拔一千至二千公尺的山區，分佈廣及高雄縣那瑪夏鄉、臺東縣海端鄉，而以南投縣境為主。人口約有 52,824 人(100 年 04 月數據)。社會組織以父系大家族為主，戶中的人口甚至亦包括非血緣之同居人，故傳統家屋規模均較大。年中的祭儀行事曆以小米播種、除草乃至於收割等生長過程為主要依據，其中以除草之後祭儀中所唱的「祈禱小米豐收歌」，以精緻搭配宜之八部合唱聲勢最為壯闊。「打耳祭」為部落男子成長階段最重要的生命社儀。

卑南族，分佈於臺東縱谷南部，其強盛時期曾統轄東部族群七十二社。目前人口約有 12,357 人(100 年 04 月數據)，全族分居八個部落，有「八社番」之名。各部落間因起源傳說的不同，可分為：由「竹子而生」起源的卑南群和由「石頭而生」起源的知本群。傳統社會組織母系長女繼承制，以長女承家以及男性年齡階段組織為主。男子會所為政治中心及教育場所，未婚男性必須居住在會所接受軍事訓練以防衛部落，並依照年齡分為數個年齡階級。

魯凱族，分佈於高雄縣茂林鄉、屏東縣霧臺鄉及臺東東興村等地，人口約 12,183 人(100 年 04 月數據)。傳統社會組織分為貴族與平民兩個部分，貴族享有神話上血緣之優越性及土地所有權之經濟特權；平民則以發展個人領導能力，農產豐儲以及通婚等方法來提昇地位。繼承方式以長男為主。

鄒族，分佈於嘉義縣阿里山鄉為主，部分亦居住於南投縣信義鄉、高雄縣桃源、那瑪夏鄉二鄉，目前人口約有 6,840 人(100 年 04 月數據)。社會組織以嚴格的父

系氏族組織及大、小社分脈聯合之政治性組織為主，部落事務及祭儀都以男子會所為中心，稱為「庫巴」，結婚前的青少年必須居住於此，同時接受訓練，而女性則禁止進入。部落的祭儀以「戰祭」為最重要，其中整修會所、修砍神樹、迎靈、娛靈、送靈之祭儀過程繁複，音樂性及節奏性最為人稱道。

賽夏族，主要分佈於苗栗縣南庄、獅潭二鄉及新竹縣五峰鄉山區，人口約有 6,019 人(100 年 04 月數據)。社會組織以父系氏族組織為主，各氏族團體傳統各有其圖騰象徵物。清領時期紛改漢姓，逐以原圖騰譯為其姓氏之名，如「風」、「日」、「夏」等姓，祭儀活動以矮靈祭為其中最重要者，而族中歌舞精華亦以此為主，由於居伴地鄰近泰雅族，在物質文化上受其影響較多。

達悟族，分佈於臺東的蘭嶼島上，為臺灣唯一的一支海洋民族，人口約有 3,956 人(100 年 04 月數據)，島上有六個村落，由於生活環境的獨立，傳統文化保存得最為完整，部落間的糾紛都以親族群體相互協調解決，社會活動則端賴父系氏族群體（長老制）及魚團組織來管理。物質文化表現極為豐富，雕造板舟技術，打造銀器，捏塑陶壺泥偶之技藝均具特色。傳統的地下屋冬暖夏涼極具，全年的祭典儀式以配合捕撈飛魚之活動為主，視飛魚為神聖物，歌舞方面婦女的頭髮舞在各原住民族群獨樹一格，而男士們的勇士舞則是另一種力與美的表現。

邵族，分佈於南投縣魚池鄉及水里鄉，人口約 704 人(100 年 04 月數據)，相傳邵族的祖先因追逐白鹿而遷至日月潭定居，其部落社會組織是以父系外婚氏族為其文化特徵，受漢文化影響頗深，但其固有的成分依舊存在，每家之客室內側左牆腳所懸掛的祖靈籃，為不見於其他族群的文化特質，頭目平時是部落祭儀的決策者與社會事務的仲裁者，職位通常由長子世襲，最具代表性的音樂是杵歌和杵音。

噶瑪蘭族，過去居住於宜蘭，目前遷居到花蓮和臺東，人口約 1,258 人(100 年 04 月數據)。因為相信萬物有靈而延伸出特有祭儀文化與治療儀式。治療儀式由巫師擔任，先以酒請示之後，再祈求祖靈降臨治病，在治病過程巫師還需吟唱專屬的歌曲。

太魯閣族，人口約 27,071 人(100 年 04 月數據)，在距今大約三四百年前，從南投縣境越過中央山脈奇萊山，克服自然環境的險峻，沿著立霧溪山谷向東遷移，數百年來已經和南投原鄉發展出不一樣的民族風貌，他們曾經歷抗日最長的戰爭，長期以來，也曾胼手胝足的一起開創族人的未來。太魯閣族人除了擅長的狩獵、編織以外，目前還保有傳統的製刀匠和巫術，每年也都會舉辦祖靈祭。

撒奇萊雅族，原列為阿美族之亞族，主要分佈於花蓮奇萊平原，人口約 569 人(100 年 04 月數據)，經濟產業以漁業及狩獵為主。屬於母系社會，採入贅婚，從妻居，

情形與阿美族相同。「Miamaivaki 長者賜飯」是長老們祝福未成年青少年們的一種儀式,是特有的傳統。

2-1-2,原住民神話發展

2-1-2-1,原住民宗教采風

臺灣原住民是否就是語言人類學家所宣稱的南島語系族群,或南島語系族群是否就可接上大坌坑文化而如考古人類學家般宣稱為福建早期百越族渡海來臺的臺灣第一代移民,或再如語言人類學家般宣稱所有兩億三千餘萬人口的南島與族群其發源地就在臺灣?

我們只能說考古人類學家是以「物質基礎當證據」,語言人類學家則是以「神話當證據」而已。

整個南亞與太平洋、印度洋的種族何其複雜多樣,而西元前 5000 年至前 3000 年間所謂南島與族群「首度」向南擴散移民的期間,不但沒有任何證據支持「整個東南亞半島與太平洋、印度洋」是沒有其他族群已經在其上營生,相反的母系氏部落文化的族群少有「滅族式的對外擴張」,那又怎麼可能讓整個南太平洋到印度洋間的所有島嶼上的民族起源都歸為「南島語系族群」呢?十九世紀英國殖民地官員連「梵文梵語」都不通的情境下就可以「科學式」的證明雅利安語是印度語的祖先語言,進而強烈的主張印度人屬於被污染的雅利安語系族群,雅利安族是拯救印度文明進化的「領導民族」,領導祖先。而 1970 年代印度考古挖掘的物質證據則「證明」,雅利安民族是滅絕式破壞印度高度古文明(城市文明)的「罪魁禍首」,一時之間神話都變成了鬼話連篇。這種帝國主義御用學者的神話其實與「南島語系族群從臺灣為起始點向南擴散」的說法,一樣都是法國史學家福柯所稱的系譜學研究成果,也一樣都是語言人類學家「以神話當證據」的研究成果。更何況我們又怎麼能因為 1635 年 1636 年荷蘭殖民臺灣南部時對「矮黑人」滅族式的屠殺,而認為矮黑人不存在於臺灣原住民的「系譜中」,我們又有什麼理由將西元 1500 年前後由菲律賓北部島嶼移民至蘭嶼的達悟族認定為南島與族群向南移民後的再回流移民呢?

我們在認識原住民宗教時更不能隨心所欲的選擇性認定「證據」的效力,甚至違反常理般的調動「證據力」的優先順序,只承認語言人類學的證據,而不承認考古人類學的證據,只承認殖民帝國與用學者的學術證據力,而不承認三國史書、隋史、乃至明朝隨軍滯留考察的研究成果:陳第<<東蕃記>>的學術證據力。

在臺灣原住民的宗教研究上,筆者認為劉其偉所編著<<臺灣原住民文化藝術

>>、曾思奇所編著<<臺灣南島與民族文化概論>>等書對臺灣原住民信仰與巫
術，對臺灣原住民的宗教采風、巫術采風是較符合常理證據力順位的綜合性研究
成果。所以以下即以這兩本著作為主要引據，並先對臺灣原住民之巫術先行解釋
後，再來理解臺灣原住民的宗教。

臺灣原住民之巫術顯然與早期人類學對東北亞民族研究裡所稱的萬物有靈教或
薩滿教（Shamanism）有所不同，而與中國南方的巫教或福建的巫教更為類似。
在本章之首所解釋福建宗教信仰裡「儒、釋、道、巫水乳乳交融」時，曾說明道教
本來就是巫教裡占卜、靈媒、乩身、法術、醫藥合為一體式宗教的精緻版。而從
文化的觀點來看福建的巫教與臺灣原住民的巫教則可以說是擬人化的「占、靈、
乩、界、醫、畫」合一信仰，這種擬人化的信仰是以驗效為基礎而不是以鬼神為
基礎，所以這種巫教自然而然的會走向政教分離的路子，更會吸收他種宗教的宇
宙觀來完善擬人化的宇宙觀：「界倫」，也就是說靈有靈界、人有人界（現實生活
世界）、物有物界（除人之外的自然現象），各界各有倫理，互不侵犯。界倫的另
一個意思就是各界也都有其倫理，而這些各界中的倫理就如同人間的倫理一般，
所以也就有擬人化「功能神」分工任務與期待，違反這種擬人化功能神的分工任
務或期待時，各界也有各界獎善罰惡的倫理規範，而積善多多則修練與功德自
有「天條昭昭」，作惡多端則墮落與罪孽也會「報應不爽」。

如此理解之下，占卜為何事就了然於心，占卜就是天未示兆而人強求之或人強借
之。靈乩為何事也了然於心，靈者人界之外力，當靈也擬人般的分為神鬼二途，
乃至有更細緻的分法。乩童（或童乩）者「靈界」人世間的載體中屬人者，通常
也就是靈媒的意思，只是也會因先天后天賦修練之不同而有等級差別，等級高
者先天異稟後天勤修積功德，等級低者先天無稟後天練練「忍功瑜珈」，等級高
者負天命領天意可以請神容易旁邊辦事送神禮數，等級低者無所謂天命天意，靈
入汝身由不得你直到渾然忘我，送神難。所以要先講好（註冊好、修練好）是何
神之乩身。若為「物乩」則有桌頭解讀「靈跡靈畫」。如此理解之下，福建的巫
教與臺灣原住民的巫教乃至於傳統的道教也就沒什麼本質上的不同了。

臺灣原住民的泛巫教信仰下，靈大致分為：一，祖靈；二，天神及創造宇宙之神；
三，自然神；四，司理神（功能神）；五，精靈與妖怪（劉其偉，1995，p.56-57），
其中各族稱呼未必相同，也未必五類齊備，祖靈信仰卻是唯一各族均備，但祖靈
卻也未必是只有「祖先靈魂」這個概念，往往也結合了擬人化的物靈乃至於司理
神等概念甚至「創造宇宙之神」的概念。

臺灣原住民的泛巫教信仰下，靈乩就是巫師，多為女性，且略通醫藥（所謂民俗
療法之醫藥），而以施巫術為主進行靈療與醫療。巫師或靈媒到底是何等級則視
各族文化習俗之變化而定，而非巫師自我修練而定。另一方面，巫術通常也分善

巫術與惡巫術（或所謂白巫術與黑巫術，祝福解禳術與詛咒嫁禍術），善巫術通常屬於祖傳或「功德好命」之人傳之，惡巫術通常屬於「師徒傳」或「非命」之人傳之。另外，原住民文化雖在泛巫信仰下，但也有極其「理性與禮儀性」的一面，那就是各種祭禮與祭禮中的祭司，祭司常被現代文明解讀成如同「巫師」般的神職人員，但這種解讀應該是不正確的。「祭司以掌握、引導部落和氏族開墾、播種、除草、與間苗、收穫等生產及祭祀活動為職責，（通常）熟知歷史、天文、曆法，深諳歌訣咒語（祝禱詞）與舞蹈，被公認是部落群體中博學多才、溝通人神的智者。祭司一般由男性擔任，也有女性，均為世襲制」（曾思奇，2005，p.3）。所以，祭司的角色是等同於兼神職的「宰相、史官」與部落文化最重要的承傳者，而祭禮上的歌謠、咒語、祝禱詞則為為部落許願及對神及祖靈的讚美，只能說是對「神」的「告知者」而不是「溝通者」，所以與「靈媒」或巫師的職能並不相同，祭司算是「靈媒」的指導者規範者，而非靈媒的實踐者。

在泛巫教信仰下占卜有多種形式，如：鳥占（以鳥的鳴聲姿態視為徵兆，流行於大部分的原住民族群，但所選的鳥類及解讀則各族各有不同）、夢占（以夢的內容為徵兆，流行於大部分的原住民族群，但解讀則各族各有不同）、竹占（流行於阿美、卑南、排灣等族群）、水占（賽夏族）、草占（流行於平埔族及阿美族），乃至於較少族群所擁有的石占、土占、飯占、木占等（曾思奇，2005，p.183—185），大體而言自然觀察就屬於徵兆，加工觀察就屬於占，加工觀察並加上簡單祭祀（通常就是血祀）那就是請示神靈了。當然「示象」如何解讀，誰有解讀權，解讀後是否應驗，若不應驗是否可有另外解讀等，才是占卜術是否流行的文化主因。

臺灣原住民的祭祀活動非常之多，而各族群皆有的大致上就是祖靈祭、生產祭（如：務農部族的生產祭顯然比漁獵為業部族的生產祭來得多段而複雜）、豐收祭，乃至於人的成長過程中的生命儀禮也有不同等級與不同範圍的祭祀等，小範圍的祭祀則由族長或家長當司祭，全部落範圍者才由名分上的司祭領導祭祀的進行。祭祀在民俗宗教裡到底在表達什麼呢？各文化當然可以有不同的解讀，但如果放在擬人化的「占、靈、卍、界、醫、畫」合一信仰上來看，其實就是在宣告各界謹守「界倫：各界有各界的倫理」，以達「下界（惡靈、妖魔鬼怪）」莫侵，並請求「上界（祖靈、上天、善靈、上帝、或神仙）」賜福而已。透過祭禮的擴大舉行更可養成部落族群集體意識乃至集體潛意識，而司祭的另一職責則在於醞釀這種集體意識進入高潮，加深部落成員的體驗與感受，又要防止集體潛意識進入集體起卍（所謂惡靈入侵），使宗教儀式的正面效果出現，負面效果消失。

2-1-2-2，原住民神話與傳說采風

每一種文化的神話與傳說都可視為這種文化裡最重要的人文表述，只是臺灣原住民神話與傳說歷經演變，到文字採錄時由於大受漢民族的相處影響與原住民各族

間相處、鄰居乃至聯姻的影響，神話與傳說更加多樣衍生、複製、結合。所以本小節僅依兼顧平埔族與高山族、擴及藝文表現、多族共有、涉及民族起源、反應早期生活形態、及早採錄、與官方採錄等原則，選摘以下數則神話與傳說。

第一則：西拉雅族<<蕭社的阿立祖傳說>>
阿立祖在西拉雅人心目中的地位，相當於漢人的玉皇大帝，但卻不威武莊嚴，是個和藹可親的老人。阿立祖平常喜歡穿白色的衣服，也愛喝酒和吃檳榔，大部分的時間都在山林中遊走收服「向魂」(孤魂野鬼)，並將「向魂」納入壺水之中。這些壺水具有治百病的功效，社民若是生病的話，可以祈求阿立祖似給壺水。此外，從前平埔族的女孩子若是要纏足，也必須先向阿立祖請示；不過通常一家會有一個人不纏足，以證明這一家為平埔族人。

第二則：西拉雅族<<目加溜灣社的阿立祖傳說>>
從前，頭社的祖先在航海時遇到了大霧而迷失了前進的方向，正慌亂不知所措的時候，忽然天空中出了現太上老君的旗子，於是決定跟著旗子的位置航行，最後抵達臺灣，建立目加溜灣社。而太上老君就是所謂的「阿立祖」(或稱為「阿日祖」)，從此，也成為了社民的守護神。而當時祖先到達臺灣後，發現島上並沒有什麼可供食用的東西，而他們身上也僅剩下老鼠吃剩的種子，祖先們便將這些種子播種而獲得永續生存。到了後來，族人們為了感恩，每當收成時都會留下一些穀物給老鼠吃，成為「老鼠租」的由來。

第三則：西拉雅族<<新港社的阿立祖傳說>>
新港社隙子口的阿立祖分為老君和太祖，他們是公公和媳婦的關係，當公公去世時，媳婦非常難過，痛哭過度而結束生命。當時社民看到這種情況，認為兩個人必定有過不倫的情事，於是將兩個人合葬在同一棺木中作為懲罰，沒想到後來卻發生了三年的旱災，社民非常恐慌，於是又決定將兩人分葬。當開棺時，社民卻發現棺中只剩下公公的屍體，媳婦的屍體早已爬出棺外，以彰顯自己的清白。後來阿立祖知道這件事，便將老翁封為老君、媳婦封為太祖，並由媳婦掌管三十六營兵馬，作為新港社的守護神，所以新港社的守護神被稱為「三十六港腳阿立祖」。

第四則：凱達格蘭族<<北投社祖源傳說>>
採訪者：伊能嘉矩，受採訪者：潘有祕。
潘有祕（Poanyupie）：我們的祖先，是大約在兩百年前從唐山的「山西」移殖到臺灣的。當時的臺灣，人少蕃多，祖先一到臺灣，就模仿蕃人，就這樣變成蕃人。在北投附近的我們族人（即平埔蕃），共有兩千多人，其中二百人住在北投社。現在的臺灣人，是後來從唐山移殖過來的。我們的北投社，是大約在三十年前才歸附清廷的。

潘有祕（Poanyupie）：我們不知道開基祖的名字叫什麼。他們原來居住於山西地方，這地方出了一個妖怪，經常趁人家睡覺時，將每一個人所蓋的棉被取走，然後消失於空中。因此，平埔蕃日夜提高警覺，不敢睡覺，白天大家玩連手遊戲，而晚上則圍爐而已。這妖怪的名字叫 Sansiau（三消），不知經過了多久，還是不肯離去的樣子。社蕃彼此交換意見後，說：既然在這麼久的時間裡受盡了痛苦，倒不如舉族遷到其他地方，避開這妖怪。祖先就砍伐竹木，編造一隻竹筏，讓全族的人上船。出海時，也沒有什麼目的地，只是讓竹筏隨風漂流，過了若干白天與夜晚後，發現了陸地，高高興興地登陸了。登陸的地點，就是臺灣北部的鞍番港，也就是現在深澳這個地方。祖先在那裡定居下來，形成一個部落。後來人口增加了，無法容納眾多人，因此採集了一些當地的草莖，做成草籤，大家約定說：抽到長籤的人永遠居留於平地，抽到短籤的人，則進入深山峽谷內居住，不論抽到那一種籤，決不後悔。結果抽到短籤的人，進入深山峽谷，變成山蕃；而抽到長籤的人，便住在平地曠野，成為平埔蕃。後來平埔蕃企圖占有山地，山蕃看到這情形便大怒，說：既然已經占有平地，還不知足而想侵佔我們的土地，實在沒有道理。從此以後，他們山蕃一看到平埔族，就要殺人才會甘心，這樣 馘首的行為變成他們的風俗了。

第五則：凱達格蘭族<<北投社祖源傳說>>
採訪者：伊能嘉矩，受採訪者：未載。
祖先原居 Sansai（山西）之地，為了避難而航行於海洋，最後登陸於臺灣北部的深澳，子孫繁衍後建立各蕃社。
我們這一族在臺灣北海岸登陸後，居住於雞籠，我們把它叫做 Vvasai，後來子孫繁衍，分布到現居地。

第六則：凱達格蘭族<<八里坌社祖源傳說>>
採訪者：伊能嘉矩，受採訪者：李細年。
李細年（Lisoinien）：我們蕃社的祖先是唐山某一國王的駙馬，他的容貌醜陋極了，因此王妃很討厭他，想要疏遠他。父王只好送一些銀兩與米糧，若無其事四地讓駙馬乘船遠走。駙馬和他的兄弟共七個人，搭乘小船在海上逐波漂流，經過了一些時日，這隻小船抵達一個島嶼，也就是臺灣島的北岸。不久這七個兄弟在島上尋找平地居住。後來想要讓每一個人分配到一塊土地居住，約定以當地的芒草抽籤，假如抽到的芒草根有流血跡象，這一個人就進入內山居住；而假抽到沒有流血的，便留下來居住於平地。七個兄弟之中，有三個是豪傑，他們抽到了沒有流血的芒草根；而另外四個人比較笨，所抽到的芒草根流出多量的血，因此這四個人入山成為生蕃。在平地居住的三個兄弟便成為平埔蕃。當時平地都很荒涼，他們開墾土地後種植五穀，成為我們八里坌社的始祖。
七個兄弟駕船離開唐山（中國大陸），船漂流到臺灣北海岸登陸。子孫繁衍後在各地設立分社。

第七則：排灣族神話<<蛇生神話系列>>

七之一則：<<太陽卵生>>

傳說太陽神來到世間，產下一黃一青的卵，並且指定百步蛇保護它們，黃色的卵
孵出一男，青卵則孵出一女，這一男一女就是排灣族的祖先。還有一個說法是五
千年前太陽神產下四顆卵，其中兩顆被一條大青蛇孵出一對男女，即排灣族平民
的祖先，另外兩顆被一條百步蛇孵出一對男女，便是排灣族貴族的祖先。

七之二則：<<蛇生>>

很久以前，在阿瑪灣社有一位女神，她平日最喜歡盪鞦韆，有一天她盪得太用力，
結果鞦韆斷了，女神就沿著洞穴掉入人間。後來，便留在人間居住下來，並和瑪
家社的一位獵人交往。有一天，獵人口渴想喝水，女神便出門去河邊提水，在回
家的路上，女神撿到一顆百步蛇蛋和一顆龜殼花蛋，女神就把兩顆蛋帶回家。不
久，放在家中的兩顆蛋，各自孵出一個小孩，百步蛇蛋生出排灣族頭目(貴族)，
龜殼花蛋生出排灣族輔臣(平民)的祖先。又一說：太古時候，大武山上有許多竹
子中的一根，有一天忽然爆裂開來，從裡面爬出來許多小蛇。這些小蛇長大後都
變成了人，他們就是排灣族的祖先。

圖 2-5：蛇生神話與壺生神話的作品

七之三則：<<壺生神話>>

陶壺、琉璃珠及青銅刀為排灣族最珍貴的禮物，統稱排灣三寶，凡頭目家嫁娶聘
禮，必須有此三寶為媒介，尤其陶壺是傳說中排灣族始祖出生或孵化的地方，更
將其視為珍品，也只有頭目才能擁有。在不知名的年代，地名為卡藤的部落（即
今屏東縣泰武鄉），有位馬法溜氏族的男頭目，已年邁沒有子嗣，只有一位年輕
的婢女照顧他的生活起居，家中最寶貴的物品就是一件雙口的陶壺，因而擦拭陶
壺是婢女每天例行的重要工作。有一天婢女依例擦拭著陶壺，頃刻間天空黑雲密

佈,似颱風即將來臨,婢女突然發現壺中長出了一個如瘤狀的突出物,於是將事情告知了頭目,但頭目不覺奇怪,只吩咐婢女將陶壺擦拭乾淨就好。瘤狀物一天天長大,經過一段時日已滿出壺外。某日,當婢女在屋外協助頭目梳洗時,突然風起雲湧,四周頓時漆黑,嬰兒的哭聲不斷的由屋內傳出,俟天色回復明亮,二人入屋後才驚覺陶壺旁誕生一位全身髒黑的男嬰,婢女於是為男嬰清洗身子,但經過多次仍無法洗淨,最後依照祭天後的指示,以豬血清洗男嬰身體,才去除滿身污垢,露出通紅細嫩的膚色。

七之四則:<<百步蛇與公主神話>>

依據太陽卵生說之神話故事,百步蛇克盡其職守護著陶壺中排灣族始祖之卵,使其能夠順利孵化,因而排灣族人尊稱百步蛇為守護神,並浮雕為陶壺外部之圖騰。傳說中,遠古的百步蛇能言善語,蛇身在 2/3 處斷截沒有尾巴,並能隨時化為人形,但具有靈氣者才能看見其模樣。在陶壺生子神話口史發生後很長的一段時間,包霧目里先祖仍居住在卡藤部落(即今屏東縣泰武鄉),某年適逢小米豐收,亟需人手協助收割,恰巧有一位俊美的青年帶領了一群人來到部落,經由頭目詢問,才知道該男青年係達篤巴林部落(即今高雄縣茂林鄉)頭目的兒子,係經神鳥的指示,知道卡藤部落缺少人力,才帶領族人前來協助,但卡藤部落一些平凡者看到是一群百步蛇來到部落,因心生恐懼,於是將目睹情形告知頭目,但頭目天生具有靈氣,認為這是無稽之談。收割小米期間,青年與其族人住紮於部落遠處之空地,盡量不打擾卡藤部落居民的生活起居,收割小米時,也分開工作。某日,男青年到頭目家拜訪,巧遇頭目之獨生女,深深被其麗質天生的美貌及溫柔高雅的氣質所吸引,於是不定期前來探訪,沒多久二人即互生愛苗,並訂下終身相許的盟約。小米收割完成後,卡藤部落頭目為感謝青年的協助,於某晚帶領族人前往青年之住紮處慰勞,大家賓主盡歡,並喝的酩酊大醉,青年告訴頭目,其實他們是百步蛇的化身,為幫助人類而來到人間,也希望頭目將其女兒許配給他,他必定倍加疼惜,說完後,青年即化為彩紋炫麗的百步蛇,頭目被其善心與誠意所感動,於是答應這椿婚事,但唯一的條件是男青年必須入贅於頭目家,以便傳承頭目權柄。婚聘當天,滿坑滿谷的百步蛇前來道賀,並帶來排灣三寶、破洞鐵鍋及稀世珠寶做為賀禮,男女雙方在族人及百步蛇的祝福下結為夫妻,繼而繁衍後代。

第八則:魯凱族<<百步蛇王和 Balhenge(巴冷公主)傳說>>

相傳,遠古時候,原始而神秘的大鬼湖,住著一群蛇類,這群蛇類由一隻巨大的百步蛇統治者。百步蛇王 adalio(阿達里歐)告訴部屬們,他要娶一位賢慧而漂亮的太太,希望部屬們幫他物色,以便冊立為大鬼湖的王后。部屬們不加考慮就告訴 adalio,大武山中 dadolu(達德勒)部落的 Balhenge (巴冷公主),是最理想的人選。幾天以後,adalio 在晨霧中來到了 dadolu。暖洋洋的太陽剛剛爬上大武山頂,陽光翻越稜線,逐漸照亮這一帶的山區。緋寒櫻開花的季節,便是魯凱族

人播種的時刻，這一天 Balhenge 起個大早，與村裡的姑娘們聞言齊聲歡呼，神鳥的吉兆鼓舞她們的精神，到各自的家播種田裡。Balhenge 將小米撒在泥土上，用腳抹土掩蓋。撒完以後，她解下腰間的葫蘆，走向溪潤去提水，回到田裡播種，滋潤土地，好讓種子可以吸收發芽。這時，她忽然看到山頂上隱約出現一個影子，來去飄忽，行動如風，很快就來到 Balhenge 的身前。Balhenge 感到驚異，眼前出現一個前所未見的美男子。陌生人提著弓箭，曲身向她行禮，面帶笑容，開口唱著：「美麗的姑娘喲！紅潤的臉頰是妳勤勞的標誌，斐紅的櫻花將為妳垂下花朵，山風趕來親吻妳的秀髮，雲彩舞動妳的衣裙，妳是大武山諸神鐘愛的女兒。」

Balhenge 一時聽得痴了，心想這人歌唱的真好，便定神凝視他，越覺得他英俊煥發，很不平凡，就開口唱歌問他：「英俊的客人喲！你來自何方？為什麼從來沒見過，你是乘風而來？還是駕著彩雲從天而降？請你不要那樣看著我，你那灼亮逼人的眼神，看的我臉紅害臊。」陌生人聽出 Balhenge 羞中帶喜，接著又唱：「姑娘啊，妳不必害臊，我叫 adalio，來自他羅巴林，是神湖地區的頭目。久仰公主的聲名，想來跟妳作朋友，我已經觀察了一天，沒有任何姑娘比得上妳，請接受我的讚美。」

Balhenge 仔細聽他唱完，心想這個人果然來頭不小，正要答腔，忽然樹林中有笑語聲，幾位同伴也收工結伴找她。adalio 微微一驚，連忙搶話：「我現在還不方便跟妳的同伴見面，我必須走了，明天妳還會來這田裡工作嗎？我可不可以再來看望妳？」Balhenge 對他頗有好感，覺得他很誠懇、熱情，便點點頭：「我願意跟你作朋友。」adalio 高興笑了，一陣風般消失無蹤。經過小米播種日的邂逅，Balhenge 經常來到山田，經常跟 adalio 約會，兩人經常偕力工作。不久，他們的戀情還是被魯凱族人發現了。Balhenge 告訴 adalio：「adalio，如果妳真的喜歡我，我們就不能私底下約會，這不符合部落的規矩，你願不願意跟我回家，認識我的父母和族人？」adalio 點點頭，認為時機已經成熟，必須取得頭目夫婦的同意。夕陽餘暉染紅山邊的雲朵，Balhenge 跟 adalio 邊走邊談笑，慢慢的走回家裡。

朗拉路（Balhenge 的父親）和喬莫芝（Balhenge 的母親）得到通報便在庭院前等著。他們發現女兒身旁跟著一條巨大的百步蛇，大吃一驚，等他們走近，就問女兒：「Balhenge，小米發芽了嗎？妳為什麼帶著百步蛇回來？」，Balhenge 恍然大悟，這時她才知道 adalio 的真實身份。她想了一下，心中做了決定，她說：「爸爸、媽媽，請不要吃驚，這位是 adalio，來自他羅巴林，是當地的頭目，我們已經認識一陣子了，他是不會傷害任何人。」朗拉路仔細打量百步蛇，adalio 游走向前，點頭巷他們夫婦行禮，可是它無法與 Balhenge 以外的直接人溝通。朗拉路心想，Balhenge 被這隻百步蛇所迷惑，人蛇怎麼可以相戀，他說：「Balhenge，妳的朋友非常巨大，族人會感到非常害怕，妳不能再跟他來往，請他回去他羅巴林，不要再到 dadolu 來。」Balhenge 聽到父親不能接受他倆的戀情，覺得很失

望，但她不灰心，她向 adalio 講了幾句話，adalio 又向他們夫婦行禮，慢慢回去。

當天晚上 adalio 利用夢占，進入朗拉路的夢境，跟他溝通。朗拉路在夢中看見一位英俊的青年跟他說話，青年說：「尊貴的朗拉路頭目，我就是他羅巴林的 adalio，我真心與 Balhenge 相愛，思慕 Balhenge 的美麗與勤勞，如果你能答應我娶 Balhenge 為妻，那麼 dadolu 與他羅巴林就是一家人，我歡迎魯凱族人到他羅巴林來打獵。」朗拉路說：「我已經知道你是出眾的青年，將不會堅持己見，但是，根據祖先的規矩，你必須與魯凱族青年一起競爭。相傳，在大海之中，住著人類之母 Muakaikai（摩阿該以該以），她的眼淚變成一串串的 palichchi Mulimulhi-than（帕立奇、茉利茉利達安）琉璃珠。如果誰先找到 palichchi，加上許多鐵鍋、山刀、陶壺、熊、山豬和山羊，作為聘禮，我就答應小女嫁給他。」「好的，無論大海之路多麼艱難危險，我也要先找到 palichchi。」adalio 答應這些條件，化作一陣煙霧離去。

從此 adalio 駕著小船，由部下當水手，行航遍天涯海角，前後三年，歷經千辛萬苦，一度在一個暴風雨襲擊的夜晚差點喪失了自己的生命，終於在第三年的他找到了 palichchi Mulimulhi-than，回到了他羅巴林。不久，迎親的隊伍，浩浩蕩蕩的出發，延路絲竹音樂響徹山林，隊伍中人人挑著貴重的禮物，走向 dadolu 部落。魯凱族人是事先得到通知，部落裡張燈結彩，喜氣洋洋，大家爭著看這場婚禮。Balhenge 三年來忘望穿秋水，終於等到這一天。她穿著盛裝，環珮叮噹而響，頭上帶著百合花帽，表示她的貞節。朗拉路和喬莫芝始終凝視女兒，看到它一臉的喜悅無悔，不禁疼惜不已，adalio 游走過來，口中叼著 palichchi 琉璃珠，獻給朗拉路，他透過 Balhenge 的傳譯，告訴朗拉路說：「根據以前的約定，我帶來了 palichchi 琉璃珠，和其他的禮物，請你驗收。」朗拉路看見手上的琉璃珠，立刻感覺到它的光彩奪目，是最上等的 palichchi。於是，他相信 adalio 對他女兒的真情，便含笑受禮。「這是最好的 palichchi，我收下了，請按照我們魯凱族頭目的儀式結婚。」於是，adalio 偕同 Balhenge，向朗拉路和喬莫芝跪拜行禮，朗拉路將大冠鷲和帝稚的羽毛插在 adalio 的頭冠上，帶領他們倆走到中央柱前，祭拜祖靈。接著，雙方的親友在部落廣場跳舞，新娘也來到舞場中央，由她的好友，卡莉絲及派歐荷斯等陪同。她踩上藤圈，盪起鞦韆來。鞦韆架上的山蘇花，迎風招展，Balhenge 的身子在空中前後擺盪。從此 adalio 與 Balhenge 過著幸福快樂的日子。

第九則：泰雅族<<射日神話>>
射日傳說的故事廣泛流傳於泰雅族部落。相傳，太古時候，天上有兩個非常巨大的太陽。兩個太陽經常輪流出沒，沒有晝夜之分，有時兩個太陽還會一起出現。花草樹木相繼枯死，農作物無法生長，使族人生活陷入困境與危機。

一天，族長與族人共同商議必須射下一個太陽，否則非但族人不得安居，部族更將因此遭到滅絕。數日後，族長與耆老遂即挑選部落最精銳的三名勇士，前往太陽之地，把其中一個太陽射下。因太陽之地，路程遙遠，為做好萬全準備，勇士三人除攜帶乾糧用品，各背上一名嬰孩隨行。勇士們開始跨步前行，沿路播下果樹及小米的種子，以備回程所需。日復一日，年復一年，距離太陽的位置越來越近，但勇士們也逐漸老去。當三位老人死去後，他們出發前所背的嬰孩也已長大，並接續老人的工作，繼續前進。終於，有一天抵達太陽所居之地。三名年輕勇士稍事休息，準備第二天趁機射殺太陽。第二天黎明，三勇士在山谷口等待太陽出現。太陽一出來，三人連忙射擊，並射中了其中一個太陽。太陽流出滾熱的血，當場燙死其中一名勇士，其餘二人則被灼傷。

征服烈日的任務終於成功，二位射日英雄於是踏上歸途，邊走邊採食多年前長輩為他們播下的果實，果樹現在已經長得比他們還要高，至於小米則蔓植成一大片小米田。而當他們回到家鄉也已年華逝去，變成白髮稀疏、齒牙動搖的的老翁。自從那時候起，就有晝夜之分，人們得以日出而作、日落而息，不再受烈日的煎熬。而夜裡所見的月光，族人則認為那是被射死的太陽屍體。

第十則：賽夏族<<射日神話>>
古時後天上有兩個太陽，其中一個沉入西方時候另一個太陽就會馬上從東邊升起，也因此世界是沒有晝夜之分的。因為沒有夜晚所以族人們都無法好好睡覺，於是大家就商量派了幾個族裡的勇士去射太陽，而勇士們也不復眾望的達成任務，那射中太陽也就失去了熱量變成了現在的月亮了。

第十一則：賽夏族<<矮人矮靈神話>>
在賽夏族的傳統文化中，最具代表的就是矮靈祭，矮靈祭的由來據說是古時候賽夏人與矮人的一段恩怨，因為矮人的倖存者留下告誡和詛咒，賽夏族因為害怕，才舉辦祭典來祭拜這些矮人。

相傳在很久以前，有一群居住在 Maybalay 山（今新竹五峰鄉上坪溪上游右岸）半山腰岩洞內的族人，身高雖僅有 3 尺，但臂力強，而且擅長巫術，所以與之為鄰的賽夏族人很怕他們，不過，由於矮人能歌善舞，所以賽夏族人每年到了稻栗收穫舉行祭典時，都會邀請矮人一同唱歌跳舞。只是，矮人在歌舞之餘，經常藉機侵犯夏賽族的婦女，而矮人又善於隱身之術，所以賽夏人不易查到證據，往往在祭典過後，才發現有許多賽夏族婦女都懷孕了。因此，賽夏族人對於矮人的怨恨便日益加深。直到有一年的祭典，矮人又在調戲夏賽族的婦女時，恰巧被賽夏族人看見，賽夏族人已忍無可忍了，乃絞盡腦汁設想計策，於是，他們暗中把矮人回途時，常爬上去休息的枇杷樹先砍斷一半，再用泥將樹的缺口遮掩起來。果真，矮人們依著舊習慣，一個一個爬到枇杷樹上休息，就在矮人們都來不及反應

時,枇杷樹便瞬間倒下,矮人們一個一個都跌落深淵內而淹死了,只有兩個矮人倖免於難。這兩位矮人雖知是賽夏族人設計害了她們的族人,但人單勢薄也無可奈何,乃決定往東方離去,離開前,還將祭歌與舞步教授給賽夏族人。

只是,賽夏族人雖除去了心頭大患,內心卻感到不安,於是開始祭祀矮人,安撫他們的靈魂,以解彼此的仇恨。從此以後,就在秋收之後的月圓夜裡,賽夏族人不斷的唱著、跳著,邀請矮靈歸來,再一次與賽夏族人同樂,並在歌聲中請求矮靈的原諒與賜福。

第十二則:阿美族<<巨人族神話>>
傳說在很久很久以前,花蓮市的美崙山住著一群巨人,牠們大到讓人無法想像,一伸手竟然可以摘到天上的星星,一跨步更可越過太平洋,不僅身材高大,也很會變法術,是一群無所不能的怪物,牠們自稱 Arikakay。

Arikakay 在阿美族部落裡到處作亂,專偷部落的穀倉,不但會欺騙小孩,專吃小孩肚腸,還會欺負部落婦女。使得原本平靜的阿美族部落變得非常不安寧,人人提心吊膽,不敢出門。阿美族人為了消滅無惡不作的 Arikakay,保護部落的安全,於是,頭目召集了各部落最優秀的年輕人,接受嚴格的體能訓練,有長跑、短跑、射箭、刀術、摔角、撐竿跳遠…等。經過了一段時間,阿美族青年遂成為英勇、健壯的戰士,頭目滿意的點點頭希望能夠很快的打敗 Arikakay。這一天終於到了,頭目領著阿美族勇士們來到了美崙溪邊,一聲令下,阿美族勇士先是火攻,接著劍攻、石攻,沒想到 Arikakay 力大無比、刀槍不入,使得阿美族戰士個個死傷慘重,頭目為了保持戰力,只有無奈的宣佈撤退。

有一天頭目心情沉重的來到了海邊,滿腦子想的就是希望能夠想出對付 Arikakay 的辦法,靠在石頭上的頭目不知不覺的睡著了。睡夢中,遠遠的看到海神的影子,他對著頭目說:「我的孩子啊!Arikakay 是惡鬼,不是人類,你們的攻擊根本傷害不了牠們,除非你們使用一種叫做 polong(綑綁後的芒草)的植物對著 Arikakay 祭祀,否則永遠無法消滅牠們啊!」。頭目驚醒之後,趕忙的奔回部落,告訴部落的人,海神給了大家希望。雖然大家心存疑問,但是在沒有更好的法子之下,大家只有一試了。全部落的人經過了一段不眠不休的日子,依照海神的指示準備了一捆又一捆的 polong。這一次頭目帶著數千名的阿美族青年和一捆捆的 polong 再一次的來到了美崙溪,頭目雖然擔心害怕會失敗,但是他還是站在最前方,帶領著大家向南祭拜祖先,向天祭拜守護神,向東祭拜海神,祈求能夠順利成功。Arikakay 看在眼裡,心想這一次阿美族人又想做什麼了?這時候頭目一聲令下,大家高舉著 polong,準備對著 Arikakay 祭祀。說也奇怪,Arikakay 的領袖突然跪在頭目的面前,其餘的 Arikakay 也跟著跪了下來,抱著頭痛哭,牠們苦苦的哀求希望頭目能夠放了牠們,並答應不再危害阿美族人。這個時候,大家都非常

驚訝！心想，這跟 Arikakay 平常凶惡的模樣完全不同，仁慈的頭目看見誠懇的 Arikakay 願意改過，於是下令放下所有的 polong，大聲對著 Arikakay 說：「你們走吧！永遠不要再回來了」。

Arikakay 們匆忙的往海邊離去，這個時候牠們的領袖突然回頭對著阿美族人說：「為了感謝你們的不殺之恩，以後每年的五、六月，你們只要來到河邊或海邊，帶著檳榔、小米酒、麻薯、polong 祭拜，你們將會補到很多的魚蝦」。從此，Arikakay 消失了，每年五、六月河邊和海邊也一定會有很多的魚蝦。

2-2：顏鄭洋鄭時期的文化與神話發展（1621—1683）

2-2-1，顏鄭洋鄭時期文化簡史

2-2-1-1，顏鄭集團簡史（1621—1641）

十七世紀初的福建與臺灣：十六世紀福建嚴重的倭患雖然被戚繼光所平定（1564年），但是倭患的潛在因素：「走私貿易」的需求並沒有改變，十七世紀初改變的只是日本進入戰國時期，對中國貿易裡「海盜」的控制更有紀律，西洋的「海盜」更積極於開拓對中國的貿易，以及更多的福建移民與商人聚集於南洋的馬尼拉、巨港（三佛齊）、萬丹、巴達維亞或日本平戶，從事福建的走私貿易。

這些福建人之所以形成移民浪潮主要是明朝晚期的政治昏暗、國富民窮，以及相對於有限可耕地情境下福建的人口過剩。也有少數是被「海盜」擄掠到南洋當奴隸而在南洋存活下來，或本身就是海盜在逐漸失去戰鬥力後在南洋落腳下來。可惜這些繼鄭和下西洋之後的第二波南洋華僑命運卻十分坎坷，除了少數擁有商船的華人可以以商人的身份與各種勢力交手以外，大部分的華人已遭遇到西班牙、葡萄牙、荷蘭乃至英國的殖民勢力。在西方殖民帝國崛起的過程中，東南亞雖然是第二波掠奪的地區，但是此刻起五百年間，殖民帝國在眼中所看到的「非白人」基本上都是異教徒、賤民或奴隸勞工的後備軍，而南洋華僑只是會講華語或學習勞工技藝能力較強的異教徒、賤民而已。在 1596 年至 1621 年間馬尼拉華人區的諸多事件，就可以明瞭福建南洋移民的處境。1596 年西班牙在馬尼拉總督府曾有驅逐一萬兩千名華人回國的紀錄。1603 年西班牙馬尼拉當局展開大規模的屠殺行動，馬尼拉華僑從數萬人遽減到五百人，然而再經過二十年，華人在菲律賓的人數以達到三萬人，就 1621 年的估計，住在馬尼拉賤民區的華人（華人商人不算在內）多達二萬人（註十）。

顏思齊與鄭芝龍就是在這樣的情境下，在日本結成二十八兄弟會，於 1621 年在

臺灣魍港登陸,展開福建移民海外的新形態與新據點。新形態是福建海外移民可以不受日本的管制或不受西班牙人的管制,新據點是走私貿易不受管制的據點、墾拓的據點或南洋貿易航線中繼站的據點。由於是偷渡移民所以明朝可能的記載就是「盜」,由於有了商船做起走私生意,所以渡移民所以明朝可能的記載就是「商盜」,最後鄭芝龍在 1628 年接受招安,所以鄭芝龍就漂白為官,並主導了南明政權。但在鄭芝龍來看這一路發展都是在發展事業,只不過在 1628 年時將事業分成三部分,一部份在魍港可能由郭懷一主導,一部份在泉州由自己領導從是貿易與商戰,另一部份則是由武裝船隻所支持武力所取得「官職」掩護下繼續發展自己可以控制的軍隊。

圖 2-6:顏鄭初期所開鑿的七角井之一

圖 2-7:七角井之二

顏思齊與鄭芝龍在 1621 於魍港登臺後,最可能並留下記錄的活動就是移民墾拓。顏思齊並派二十八兄弟之楊天生到泉州招攬三千餘名墾戶在魍港附近建立十寨從事開墾與聚落商業,目前雲林縣水林鄉的顏厝寮即為十寨之主寨,而更靠近港口的興化店庄(後因淤積及河水改道而沖毀消失)則具街屋與警哨性質的前寨,可見得顏鄭集團在登臺之初確實以開墾「良田」為主。在這初墾階段鄭芝龍最為賣力,不但擁有與日僑商人李旦的良好關係,更在二十八兄弟會外再組成十八芝兄弟會從事戰技充實。1624 年前後鄭芝龍因李旦的推薦而任職荷蘭商盜集團的「通事」,這種通事的任務即在打劫中國走私商船漁船而擄掠漢人財貨為荷蘭盜商集團所用,並協助荷蘭人在安平的佔領(註十一),以實現李旦將臺灣視為平戶與福建走私貿易的中繼站或與荷蘭商盜集團貿易的據點。鄭芝龍如何執行這種劫掠中國走私船的活動並不清楚,不過李旦在 1624 年死後,鄭芝龍也沒有執行荷蘭盜商集團對他所賦予任務的必要了,鄭芝龍反而利用這些資源逐漸興起自立門戶的作為。1625 年秋天顏思齊在一次前往諸羅一帶捕鹿滿載而歸舉行慶功宴後,患瘧疾病死(註十二),鄭芝龍以實力順理成章的繼承為這批墾戶的首

領。鄭芝龍成為首領後對部下發出了四大禁令，分別為不可強暴婦女、不可傷害良民、不可隨便放火、不可偷割稻穀（註十三）。這顯示鄭芝龍在「自立門戶」後對「商盜墾拓集團」的改造，或是說在鄭芝龍的視野裡商盜集團與墾拓集團是分開的，商盜集團主要在保護由商盜集團所招來的墾拓集團，墾拓集團則從事生產支援商盜集團的對外活動，這在十七世紀的東亞時局裡就是「政府」的功能吧，而鄭芝龍的政府功能似乎表現得比當時福建或廣東的政府功能還來得更好，更有績效。而鄭芝龍的視野似乎更不止於此，所以在三年後的 1628 年就接受了泉州政府的招安，從「海防游擊」這個官職當起。不過很明顯的從後續的發展來看，鄭芝龍這個官職只是為了大力拓展鄭芝龍海上艦隊的一紙合法憑證，似乎並不受泉州知府的節制，反而能與泉州知府平起平坐。從此鄭芝龍就將主力據點移往泉州，而鄭芝龍的事業也順遂的分成墾拓、貿易、海軍三個部分名正言順的展開。

1628 年後的魍港開墾狀況史料紀錄非常之少。崇禎（1628 年—1644 年）初年閩、浙大旱，鄭芝龍向熊文燦建議，用海舶載饑民數万人到臺灣墾荒，每人給三金，三人合一牛。而從事墾荒者則 "以其衣食之餘，納租鄭氏"，因此鄭芝龍富甲八閩。可見得 1628 年後又有數萬閩浙飢民移入魍港地區從事開墾，納租鄭氏，當然 1628 年後的魍港地區是直屬於鄭芝龍的「政府」而不是明朝的「政府」了。這部分鄭芝龍的政府由誰領導，爾後到底如何發展並不清楚只，只是到了 1640 年代荷蘭盜商集團極力往北拓展佔領地的過程中，在 1641 年「征服」笨港的過程中發現郭懷一居然也通荷語，並認識史必克（一六二三年任荷蘭東印度公司駐平戶港商務館館長，後調任巴達維亞總督），荷軍於是極力禮遇郭懷一，並力邀郭懷一移居安平，任命郭懷一為安平漢人之大結首。所以 1628 年至 1641 年間鄭芝龍在魍港的政府大概就是由二十八兄弟會成員之一的郭懷一領導了。

顏鄭集團的歷史就荷蘭人而言到此告一段落（1621 年—1641 年），但是在郭懷一及鄭成功的認知裡就又不同了。最少在郭懷一的認知裡，漢人來臺開墾早於荷蘭人的來臺經商，而自己又是被邀請為漢人開墾的大結首，而與荷人所差別只在於是否擁有武力作開墾的後盾而已。不幸的是，荷人在臺向北佔領戰爭的過程十分順利，所以在自認為完全佔領臺灣後更加強了對漢人的管理與教化，包括規定漢人娶原住民為妻者一律要改信耶穌教，漢人不滿荷蘭人統治的情緒就一直愈加累積而不得消除，終至爆發了 1652 年「郭懷一起義」事件與「荷蘭當局屠殺造九千漢人男女」的事件。所以在郭懷一及鄭成功的認知裡顏鄭集團是到了 1652 年才告一段落吧（1621 年—1652 年），這種認知也是爾後鄭成功對荷蘭人宣戰檄文裡所宣稱：「此地昔為太師（指芝龍）練兵之處，今藩主親來收領，念爾等遠來，不忍加害，珠玉珍物惟爾所有，倉廩兵藏毋許擅用。若執迷不悟，明日當以薪硝火而城」的由來與依據。

2-2-1-2，荷蘭盜商集團在臺簡史（1624 年—1662 年）

十五世紀至十七世紀在歐洲的歷史裡是所謂的大航海時代，但在美洲、亞洲的歷史裡卻是一連串慘絕人寰的白人殖入侵民史，西方列強的殖民帝國由此展開，而殖民目的並不是以傳播耶穌基督的神愛世人為目的，相反的是以開拓貿易航線與保障帝國貿易航線的安全穩固為目的，殖民的後盾並不是西洋文明多麼先進，而是殖民母國的船艦武力與戰爭形態是多麼的殘酷，而殖民的動力則是當時歐洲商人與歐洲帝王的征服自然乃至貪得無厭的信念，當然不是耶穌基督信仰的信念。所以荷蘭在亞洲的殖民事業也就順著當時歐洲大航海時代造艦與海戰能力的消長而排名於葡萄牙、西班牙之後，然後又被英國、法國乃至於更後起的德國與美國所取代。

鑑於荷蘭商人在外開拓商業據點時的一致行動與貿易壟斷，在 1602 年荷蘭還是西班牙的殖民地的同時，荷蘭人透過「國家會議」，糾集了所有荷蘭商行與艦隊成立了「東印度公司（VOC）」，執行國家獨立（脫離西班牙而獨立）與亞洲貿易據點、殖民地的開拓。1602 年至 1618 年間荷蘭東印度公司在亞洲的勢力與業務基本上是在西班牙、葡萄牙、乃至於英國的殖民勢力夾縫中生存，所以在 1610 年，荷蘭東印度公司在雅加達建立了「獨立於」萬丹國的貿易基地。但是在 1618 年當雅加達荷蘭艦隊隨總督出外「貿易」時，雅加達荷蘭東印度公司的基地卻遭受到萬丹人、雅加達人乃至英國人的輪流圍攻，甚至都已經在進行投降協議，在這千鈞一髮的時刻，荷蘭東印度公司總督庫恩帶領了一隻龐大的艦隊返回雅加達，進而在與英國人的互相妥協下完全佔領了雅加達，1619 年庫恩建議董事會將此一新殖民地以他的出生地為紀念而命名為新霍倫（Nieuwhoorn），但是董事會卻基於當地仍有英國人的勢力，所以決定用一較中立的名稱而決定了巴達維亞城這個名稱。從此荷蘭東印度公司便在英國的妥協下以巴達維亞為中心展開新殖民地的擷取，乃至發動與西班牙、葡萄牙在亞洲殖民地與貿易據點的爭奪戰（註十四）。

1624 年荷蘭東印度公司在兩度佔領澎湖群島失敗後，接受李旦的建議並任用鄭芝龍為通事後進佔大員（臺灣安平）進而展開了在臺殖民史，李旦的算盤其實是十分明確的，在臺灣的魍港已有顏鄭集團開墾，顏鄭集團既有武力為後盾，鄭芝龍與李旦自己的關係又親密無比，臺灣如果能成為他對福建乃至於南洋貿易的中繼站與白手套，當然是貿易獲利的絕大保障，可惜的是 1624 年李旦在對福建相關官員的打點完成而回日本後就死了，1625 年顏鄭集團的顏思齊在捕鹿慶功宴後也患瘧疾而死，三年後鄭芝龍又將事業重心移回泉州，抽離了移民的武裝勢力，所以荷蘭盜商集團會在臺灣坐大也不是李旦當初所能預料得到。

荷蘭盜商集團在安平附近不斷的經營長達十六年後（1624 年—1640 年），才開始往北擴張，當時明朝的實力幾乎到了快被清朝取代的年代（1644 年），而西班牙

也佔領臺灣北部雞籠、淡水、宜蘭等地達十二年之久，西班牙在馬尼拉的殖民統治又呈現不穩的狀況，逐次從北臺灣調回軍隊，以增強平定菲律賓南部回教勢力的「叛亂」。所以荷蘭盜商集團就可以以極少的荷蘭兵力、較優勢的武器與所謂歸附的原住民助陣而在短短的兩年內從 1641 年佔領臺灣中部漢人勢力後，再佔領臺灣北部西班牙人勢力，完成了荷蘭東印度公司在臺灣的統一。

荷蘭盜商集團在臺灣的統治也在 1641 年後逐漸有了轉變，而在 1652 年後則有更大的逆轉。簡單的說 1624 年—1641 年是與福建漢人勢力競爭期、1641—1652 年是漢人原住民化時期、1652—1661 年是就地加強剝削時期。

1624 年至 1641 年間，荷蘭盜商集團在安平附近的擴大佔領其間，除了 1636 年的屠殺小琉球事件外，基本上都還是因故征服與和平征服。征服擴張「殖民領地」後所選定的經濟作物則為蔗糖優先，稻米次之，不及茶葉。因為當時蔗糖在歐洲與日本可賣得高價，荷蘭人也習慣配料食用，稻米則只有在中國與日本稻米欠收時期可賣得好價錢，而茶葉在平原地區並不適宜栽種。當然在這個階段荷蘭盜商集團也與顏鄭集團共同爭取漢人來臺開墾與經商，畢竟就農耕技術與勞力上，在當時勢取得優勢的。另外荷蘭人也強烈企圖在信仰上「改造」原住民，企圖透過信仰的改造而帶動「語言」的改造，但是信仰改造好像比較成功，但語言改造卻未必成功，所以乃至於有下一階段以西拉雅語撰寫聖經的「改造活動」，而留下所謂的「新港文書」。

1641 年至 1652 年間，荷蘭人鑑於宣示「完全統治」臺灣的姿態，所以逐漸企圖將漢人與原住民一視同仁，甚至於企圖將漢人的信仰改造為荷蘭人的信仰，雖然所謂耶穌基督的信仰未必是這些商盜集團中海盜的真實信仰，但是在當時這些商盜集團的眼中安上「異教徒」乃至安上「賤民」卻是安上屠殺正當性代名詞。所以在荷蘭人自認為完全控制臺灣後，殖民者的優越感與惡質性就完全展露出來了。對漢人的移民政策也改成殖民政策，其首要舉動就是加重人頭稅，其次就是獎勵受洗接受耶穌基督信仰可有不同程度的「優惠」，再次就是強制被殖民者放棄原有的信仰，乃至詆毀被殖民者原有的信仰。這最後的舉動在殖民者看來就是「同化政策」，也是散播耶穌基督的神愛世人理念，但是在被殖民者的體驗裡卻完全不是這麼一回事，因為被殖民者在被迫「同化」後，仍然是殖民者的奴隸而永遠沒有與殖民者平起平坐的身份與地位。

這個時期荷蘭盜商集團某種程度上確實「完全統治」了臺灣，所以這一階段殖民經濟裡就有了新的經濟作物與礦物選項（所謂種植園區栽培農業），那就是茶葉、樟腦與開採有限的硫磺礦，乃至漢人貿易中的頗為搶手的鹿皮與鹿膠。

1652 年的「郭懷一起義」事件就是在上述「再次強制被殖民者放棄原有信仰」

的舉動下所爆發開來的事件。

1652 年至 1661 年間，荷蘭盜商集團在屠殺了九千餘名漢人男女婦孺後，當然就變本加厲了對臺灣人的「壓榨與剝削」。但這一段期間在臺灣的漢人總數到底有多少，從當時荷蘭東印度公司臺灣長官對巴達維亞的報告書信中卻呈現許多難以置信的數據。「1650 年，臺灣長官費爾堡估計，在臺灣的中國移民已達一萬五千人。到 1661 年鄭成功發兵攻打臺灣為止，大員附近已形成一個除婦孺外擁有兩萬五千名壯丁的殖民區」（註十五）。這表示 1652 年屠殺九千餘名漢人後在臺灣的中國移民約有六千名，而經過九年，大員一地就擁有被殖民壯丁兩萬五千名，就當時的臺灣而言，被殖民的人口裡所謂的壯丁當然包括了中國移民與原住民，但是生活在大員（安平地區工商業發達地區）的壯丁應該多為福建的單身移民。這表示縱使在荷蘭人在郭懷一事件大肆屠殺漢人後，福建移民卻也還是不斷的湧入大員地區，但更可能表示荷蘭人對在臺漢人的估計是極不精確的或自以為是的。

1652 年後荷蘭人對在臺漢人的態度也有了極大的改變，從信任到不信任，或是說從表面的信任到表面的不信任。最明顯的事件就是任用何斌為通事（這時的通事就是大結首與包租人），並於 1659 年任用何斌為對鄭成功談判的東印度公司在臺代表，事後卻懷疑何斌私通鄭成功，其證據卻是包稅收入減少，而懷疑何斌將部分稅收給了鄭成功，而將何斌逮捕入獄並罰短漏的稅收。何斌遭此待遇後遂逃出臺灣，並備齊了荷蘭在臺情資與安平航道資料獻給鄭成功，為鄭成功驅逐荷蘭盜商集團及鄭荷決戰取得了必勝的契機。鄭成功在 1661 年發兵臺灣，很快的就攻下安平地區，只剩下熱遮蘭城堡（赤崁城）的困獸猶鬥，鄭成功採取圍而不攻的策略，終於在 1662 年熱遮蘭城千餘守軍舉白旗投降，結束了荷蘭東印度公司在臺灣三十八年的殖民歷史。

2-2-1-3，西班牙商盜集團在臺殖民簡史（1626 年—1641 年）
相對於荷蘭人在臺的殖民史而言，西班牙人在臺的殖民史就更為單純而簡短，單純是因為其目的就在於航道的保障及港口的佔領，簡短則在於西班牙在十七世紀時軍事實力已經逐漸趨於弱勢，特別是在亞洲的基地菲律賓的勢力越來越居於弱勢，終於在 1898 年的美西戰爭中，將菲律賓的殖民權利讓給了美國。

總而言之，1602 年時荷蘭在名義上也還是西班牙的殖民地之一，荷蘭東印度公司（VOC）的成立目的之一在於荷蘭脫離西班牙獨立的戰爭，也在於荷蘭與西班牙互搶在遠東的貿易據點。1619 年荷蘭東印度公司建立巴達維亞據點則是荷蘭與西班牙在亞洲軍事實力的轉折點，之前荷蘭海軍還有點怕西班牙海軍，之後西班牙海軍的實力就遠落後於荷蘭海軍了，荷蘭與西班牙之間的亞洲殖民地及貿

易據點的爭奪也是如此。在這樣的背景裡，1626 年西班牙在菲律賓的亞洲殖民總部出兵佔領雞籠，其主要目的並不在於拓展殖民地，而在於荷蘭艦隊抗衡以及給予西班牙遠東貿易航線安全的保障，所以西班牙殖民下的菲律賓及馬尼拉總部對北臺灣的佔領也是步步為營的，但卻也因此展開在臺灣北部殖民十五年的短暫歷史。

西班牙駐菲律賓總督斯爾瓦（Fernando de Silva）在 1626 年五月五日從馬尼拉派出北臺灣遠征軍，戰船進入臺灣東北角即先命名此處為聖地牙哥（Santiago），也就是現在習稱的三貂角，兩週後很快的佔領雞籠港在大沙灣附近建立中國人的城市，期望能如同當時馬尼拉一樣，能吸引中國人前來雞籠互市，並在雞籠港外之社寮島（即今之和平島）舉行佔領儀式，並在島上著手建設聖薩爾瓦多城堡。同年七月則另有兩次臺灣遠征軍的派遣，目的在奪取荷蘭在臺灣南部的土地，但是這兩次行動都是遇暴風而失敗折返馬尼拉。此後西班牙人在雞籠站穩腳步後，到了 1628 年才再度派軍艦佔領淡水，建聖多明我城堡（San Domingo），北臺灣航道上的軍事要塞基本上完全落入西班牙殖民勢力範圍。1628 年至 1632 年間則主要在征服雞籠港河口、淡水河口各原住民部落（基本上就是十三行遺址及附近的原住民部落），1623 年進入臺北盆地招撫原住民部落，1633 年藉故商船在臺灣東海岸遇難，西班牙駐社寮司令派遣二百名西班牙士兵與四百名原住民「士兵」攻打佔領蘭陽盆地、蘇澳、奇萊等地，至此北臺灣進入西班牙的「完全殖民期」，而這完全殖民期其殖民工作主要則在兩項：對原住民傳天主教與大肆招來漢人經商與開墾。

在 1635 年的情景，雞籠港內停泊二十二艘中國商船，北投山區也有漢人移居與原住民共同開採硫磺（註十六）。而西班牙人宣稱在 1630 年北臺灣土著即有三百名受洗，至 1636 年西班牙的天主教傳教勢力不僅向東已傳入蘭陽平原，向南也傳至二林社（即今彰化）（註十七）。這樣的殖民推進也引起在臺荷蘭人的不安，遂於 1629 年、1639 年次第派軍攻打淡水，雖然並未打敗西班牙在北臺灣殖民勢力，但終於在 1641 年趁西班牙抽調駐臺兵力回馬尼拉時，一舉佔領了北臺灣的所有西班牙軍事要塞。結束了西班牙人佔領北臺灣十五年又三個月的殖民歷史，西班牙人走了，荷蘭人來了原住民的改信天主教通通無效，通通還是「異教徒」，荷蘭傳教士在北臺灣又十分活躍起來，這次紅毛人要傳的是基督教。

2-2-1-4，鄭明在臺簡史（1662 年—1683 年）

鄭明的稱號來自鄭芝龍的兒子鄭森在 1646 年於福州接受隆武帝賜姓國姓朱，改名成功，1647 年再封忠孝伯，掛招討大將軍印，然後再封朱成功為延平郡王，而爾後鄭成功就一直奉明朝大統與記事年號，並於死後由嫡子（世子）承襲延平郡王封號，所以歷史上就將清朝建都北京後在南京、福州的政權稱為「南明政

權」，而將承續隆武政權的鄭成功及其繼承者的勢力稱為鄭明政權。

所以基於這種認識，鄭明政權在臺灣的歷史其實是直接承續了顏鄭集團在臺灣的勢力與歷史，而其關鍵人物則是鄭芝龍。

鄭芝龍在 1628 年接受明朝的招撫後，將事業分成在臺墾伐、海上貿易、海軍部隊三部分。從 1628 年至 1641 年鄭芝龍就是靠海軍部隊的擴張與控制，統領了臺灣海峽的主控權，進而這三部分的事業互相呼應，也互以為用進而坐大鄭芝龍的勢力與事業。但是 1641 年至 1646 年，鄭芝龍對事業的投機判斷也造就了顏鄭集團在臺墾拓的孤立，以及爾後歷史對鄭芝龍個人褒貶不一的不同評價。1646 年末，鄭芝龍企圖如同接受明朝招撫一般的接受清朝以「福廣總督」為餌的招撫。結果鄭芝龍與親信一行七人在談判過程中被「挾持」到北京，清朝宣稱鄭芝龍投降受封，並要求鄭芝龍的部隊一起投降，否則清兵持續增援進攻福建。為了防止遭到清軍的劫持，鄭成功在叔父鄭鴻達（鄭芝鳳）的幫助下逃到了金門。但是不久消息傳來，他的母親田川氏（翁氏）在家鄉安海受到南下清軍的凌辱，自殺殉節（註十八）。鄭成功就在 1646 年十二月一日高舉反清復明的大旗在烈嶼（今小金門）誓師抗清北伐，鄭芝龍舊部紛紛投奔，而形成以鄭成功為首的新興海上武力，也形成鄭、荷之間隔臺灣海峽而遙遙對抗。

從 1646 年至 1662 年的十六年間，鄭成功的反清復明志業是先盛後衰，勢力極盛期曾經光復南京，收復東南半壁江山，後衰則起於晚明將領的持續投降，乃至於清軍的持續增援，鄭成功的勢力則保有閩南一帶。1661 年鄭成功在何斌攜帶安平航道圖及荷軍在臺資訊後，決定攻打荷蘭在臺勢力，收復臺灣以增加反清復明的戰力縱深及實力。

1660 年鄭成功即將攻打臺灣的流言在荷蘭東印度公司總部及臺灣荷蘭當局傳開，鄭成功確藉由開放廈門臺南貿易航線談判來表現對臺灣荷蘭當局的「誠意」，並藉由信使的往來，擴大荷蘭東印度公司臺灣荷蘭當局長官達一與巴達維亞派來協防的指揮官范德蘭之間的矛盾。1661 年二月范德蘭與一群荷蘭軍官搭乘兩艘船離開臺灣，只留下了六百名沒有軍官的荷蘭士兵及兩艘大船、一艘三桅帆船、一艘傳信快艇及達一在臺灣防禦鄭成功的進攻。1661 年四月鄭成功令兒子鄭經率部分軍隊留守金廈後，親率百餘艘戰船，兩萬五千名士兵，發兵廈門踏上征臺之途。鄭成功很快的打下赤崁城，並對據守熱遮蘭城的荷蘭長官達一與數百荷蘭士兵展開包圍之勢，雖然達一也一方面急忙向巴達維亞求援，另一方面也發動參與殲滅郭懷一之變的原住民試圖背後襲擊鄭成功部隊，但是巴達維亞遠水救不了近火，動員原住民的蕃社聯絡人不是被鄭成功部隊攔截，就是根本動員不了，只有大肚蕃的阿狗德讓發兵救援荷蘭人，卻也被鄭成功部隊在途中設埋伏所殲滅。1662 年二月，彈盡援絕的荷蘭人接受鄭成功的君子協定，攜帶私有財產與航行

至巴達維亞的必要物資後有尊嚴的離開臺灣，結束了荷蘭對臺灣長達三十八年的
殖民統治。鄭成功從此接續了顏鄭集團乃至鄭芝龍在 1628 年所發展的三大事
業：墾拓臺灣、五行商隊、維持有戰鬥力的海軍，也開啟了鄭明在臺延續「明朝
道統」長達二十一年的歷史。

鄭成功去除荷蘭在臺殖民勢力後，隨即在臺實施軍屯，並要求來臺士兵之眷屬移
民臺灣。鄭成功來臺不足一年即病亡，在傳位其子鄭經時雖發生內訌，但鄭明政
權在臺二十一年卻絕大部分的時間裡都是鄭經續承延平郡王封號下治理臺灣，鄭
經重用陳永華，而陳永華的經營臺灣策略才是鄭明政權發展臺灣為中華道統與福
建文化風俗信仰的源頭動力。鄭經在 1681 年病死傳位其子鄭克臧，卻旋即被馮
錫范策動政變成功而由鄭克塽（註十九）繼承延平郡王封號。明鄭就在內鬥與內
訌中度過了最後兩年，1683 年清廷重用福建水師提督施琅發兵攻打澎湖與臺
灣，很快的就結束了內鬥與內訌長年的鄭明政權，隔年臺灣設一府三縣隸屬福建
省。

鄭明在臺二十一年期間有相當長的時段是同時有效統治了閩南地區（徵兵、課
稅、強制與誘導移民、武力控制閩南臺灣兩地對外貿易），所以在這二十一年期
間漳、泉、金、廈的漢人移民急速成長，到了鄭明政權結束時，臺灣的主流人口
顯然已是漢人了，雖然清廷攻下臺灣時下令遷回鄭明部隊歸原籍者多達一萬餘
人，但臺灣的主流人口還是漢人，或是帶有明朝正統觀點的閩南人，這也是下一
階段清朝統治臺灣初期，所處心積慮的政治軍事佈局與禁令（只准原籍移民，福
建省籍者奉核後才可以移民臺灣，而排除廣東、浙江省籍者的對臺移民）的主因。
同時漢人移民急速的擴增，一方面開發了臺灣的經濟，另一方面也擠壓了原住民
的生存發展空間，甚至於不得不逐漸開始漢化。雖然鄭成功來臺實施軍屯時即有
禁令不得於既有「蕃社」範圍劃定軍屯或移民開墾地區，甚至也有爾後清朝所施
行的「屯墾土溝界」好像劃定了原住民的保護區一般，但是在長久的漢人對臺移
民史裡，不但這「屯墾土溝界」是一條會移動的線，鄭明時期的「屯墾土溝界」
主要在劃分漢人與平埔族的勢力範圍，清朝時的「屯墾土溝界」卻是在劃分漢人
與高山族的勢力範圍。所以，開墾政策與撫蕃政策的兩路進行，不但快速的擠壓
了原住民的生存空間，也擠壓了原住民語言信仰風俗習慣的自然傳承，改變了原
住民的文化內容。

鄭明在臺二十一年除了將臺灣主流人口從原住民族改變為漢人或閩南人以外，更
重要的是鄭明政權上奉明朝年號、興建孔廟、開設太學與國子監乃至於鄉間的教
育體系，而鄭明的開墾部隊則將道教、福建巫教乃至福建的家鄉神「分靈」渡海
來臺，而形成當時最重要的宗教信仰與民俗活動。

2-2-2，鄭顏洋鄭時期神話發展

2-2-2-1，新住民宗教成為新添加的主流宗教

在 1621 年至 1683 年期間的臺灣，歷經了顏鄭商盜集團的「移民政權」、荷蘭商盜集團的殖民政權、西班牙商盜集團的殖民政權，乃至最後鄭成功的鄭明政權，所以表面上閩南的宗教信仰、西方基督教信仰（荷蘭）、西方天主教信仰（西班牙）、乃至於鄭明政權所強調的「道統」信仰，都是這段期間宗教神話的新成分。不過，這段期間內殖民者願意在地化成為新住民者應該說是極為稀少，所以基督教也好、天主教也好，都隨著殖民者的離去而煙消雲散，起不了任何影響力。只有大量移民的新住民所帶來的信仰，從頭（顏鄭）到尾（鄭明）持續的以參與者（而非管理者）的身份，形塑增添了臺灣宗教新成分，乃至於這新移民的宗教也因人口眾多的因緣，而成為臺灣主流宗教。更由於傳統宗教信仰少有「異教徒」及排他的性格，所以這新加的宗教成分並沒有排擠臺灣原住民原有的宗教信仰，而使這個時期臺灣的宗教信仰顯得更為「多采多姿」。

從祭祀的觀點來看，這新添加的宗教成分主要有：天子教（註二十）、道教、福建式佛教與福建式巫教（註二十一），其特點就是將祭祀行為納入國家體系，納入天子權力體系。鄭成功及鄭經、鄭克塽在臺就是以政權之姿延續明朝的正統而被後世稱為鄭明政權或鄭明時期，所以在國家祭祀上也就延續了天子教的祭天與代表正統或道統的祭孔，另一方面「因明太祖開國、明成祖靖難，皆引道士為助手，因而崇信道教」（註二十二），臺灣的道教於明鄭時期由福建傳入，自然以崇奉北極真武玄天上帝的武當山派為主流。陳永華輔佐鄭明政權時，除興建學校孔廟外，也廣建宮廟，「一秉禮記祭法之原則，對法施於民、以死勤事、以勞定國、捍大災禦大患者，皆加崇祀，對佛教亦未禁止。當時所建佛寺，皆祀觀音，如觀音亭、觀音宮、龍湖岩等都是」（註二十三），所以足徵當時以觀音信仰為主的佛教雖未成為主流信仰，但也適度的萌芽成長。至於民間主動祭祀者當屬福建式巫教與原鄉守護神，其中原鄉守護神信仰及媽祖信仰尤為興盛，而媽祖信仰則早在西元 1123 年宋徽宗宣和五年賜廟額「順濟」起，已由民間巫教色彩的海神祭祀，轉變為朝廷讚許的祭祀，而後屢受各代天子封號，至明朝末年早已成為「道教」諸神中極其重要的功能神了。

簡單的說，1621 年至 1683 年期間，由於福建渡海而來新移民人口驟增，這些新移民（即新住民）連同鄭明政權也帶來了玄天上帝信仰的道教、觀音信仰的佛教與已經逐漸道教化的福建式巫教，而這些新添加的宗教成分又都適妥的填入「中華道統觀念的天子教」信仰中，而與原住民的宗教信仰一起成為成為當時的臺灣宗教面貌，甚至也因新移民的人口越來越多，進而成為臺灣的主流宗教。

2-2-2-2，新添加主流宗教的神話

由於新移民在文化上的移植所帶出的這種主流宗教原本就已過度成熟穩定，加之這種主流宗教帶有巫教成分，但又統攝於無形的天子教中。所以從宗教與祭祀的角度來看這主流宗教與原住民的宗教就有互融互借的趨勢，而從神話的角度來看大概只有神話的改編與調整，而少有「造神運動」及因造神運動而衍生出的新神話，原神話的改編與調整主要則在如何統攝於（無形的）天子教，如何結合各種宗教於一體，讓不同宗教信仰間不再對立，不再敵視，進而互通互借水乳交融，就如同宋、元、明時期福建宗教信仰上的「儒、釋、道、巫水乳交流一般」。

為什麼宋、元、明時期福建的宗教信仰能達到「儒、釋、道、巫水乳交流」，這涉及傳統文化中宗教觀念與態度的圓融性，也與天子教與儒家思想共同組構出的「天道倫理觀」有關，而神話的改編與調整就在於如何配合天道而已。天道為何？在泛儒家思想裡，天道就是人道，天道就是忠孝節義，天道就是量力行善由衷行善，天道就是懲惡酬善，懲惡酬善的範圍則上自天子下至販夫走卒，沒有例外，沒有特權，不但善有善報惡有惡報而且一定是現世報，不會是什麼前世今生來世再報。

所以，神話的改編與調整也就朝向闡釋「忠孝節義之為善」與「奸淫盜欺之為惡」的現世報故事情節而展開，而以「聖跡」為名流傳下來。本書擇要這個時期重要的十則神話如後。

其一，玄天真武大帝神話（天公、上帝公）

玄天上帝本為漢民族星象學裡玄武星宿的人格化後的玄武神，始封於唐朝，唐太宗封為『佑聖玄武靈應真君』，歷朝歷代屢有累封，以明朝所封神階最高，分別為：明太祖加號『玄天上帝』、明太祖復封『真武蕩魔天尊』明成祖加封號『北極鎮天真武玄天上帝』。

玄武一詞，原是二十八宿中北斗七星的總稱。屈原《楚辭》之《遠遊》篇有句稱：「召玄武而奔屬」。玄武七宿之形如龜蛇，故注稱，「玄武謂龜蛇，位在北方，故曰玄，身有鱗甲，故曰武」。禮記載稱「前朱鳥，而後玄武」，朱鳥指的是南方七星，而玄武則是北方的七星，也就是北斗七星。古人以為北極星是治天界的神，權力很大，因而在漢朝即頗受民間敬重，直到宋朝才將北斗七星人格化。玄武七宿之中有斗宿。道教重視斗星崇拜，稱「南斗注生，北斗注死」，凡是人從投胎之日起，就從南斗過渡到北斗。人之生命壽夭均由北斗主其事。因此，人祈延生長壽，都要奉祀真武大帝。

傳說一，明太祖朱元璋曾獲真武大帝護佑而躲過敵兵追殺，登基後冊封其為玄天

上帝。朱元璋與陳友諒交兵落敗遁入武當山，藏身真武廟內躲避追兵。被朱元璋扯破的蜘蛛網，在他進入藏身後，竟又自行癒合如舊，得以騙過追兵耳目，平安脫險。因此，朱元璋登基後，立即下旨改建廟宇，重塑神像，獻上「北極殿」匾額，開封真武大帝為玄天上帝，從此明朝各帝均奉玄天上帝為護國神祇，民間則尊之為北極玄天上帝。明成祖朱棣崇奉真武，曾宣稱靖難起兵得勝乃真武相佑，朱棣更自詡為真武化身，御用的監、司、局、廠、庫等衙門中，都建有真武廟，供奉真武大帝像。

另一傳說二則為源於宋朝時代的民間傳說，玄天上帝原為一名屠夫，性情至孝，而以殺豬為業，直到晚年始悔悟自已的行業殺生太多，難積陰德，遂毅然放下屠刀，遁入深山修行。某日偶遇仙人告知「山中有婦人分娩，速去幫忙。」他急忙趕到河邊，果見一婦人抱嬰兒，請其代洗產後污物。但當他在河中洗濯時，卻見河中金光浮現，回首探視，婦人已不知所終。心中忽有所悟，認係觀音顯靈，以試探他修行的誠心，使得他更加堅定修行的決心。屠夫潛心修行多年，忽得神意暗示，欲除殺生之罪，須刀割己腹，取出臟腑洗清罪過。於是屠夫即赴河邊剖腹，任令腸胃流入河中（一說是屠宰所得的豬腸、豬肚），他改過修行的至誠終於感動上蒼，准其升天成仙，是為玄天上帝。但得道之後，其棄置河中的腸胃，胃變作龜妖、腸變作蛇妖，龜蛇兩妖四處作祟為禍人間。

這兩則神話一般學者判斷第二則傳說可能是清朝時為了抵制明朝國神真武大帝而特意編造而假借源於宋朝。天公信仰也確實在入清以後的揚佛教抑道教的總策略下逐漸降低設廟與祭祀的風潮，不過天公信仰卻更深化為民間信仰的許多習俗，諸如：喊冤時叫「天公伯啊！」，爭論時說「跟天公伯討公道」，乃至一般臺灣宮廟正殿外置的巨大香爐（過火用香爐）就稱為「天公爐」，意思即為道教儀式裡「告天，向天傳達訊息」的香爐。至於臺灣民間傳言，玄天上帝為了收服龜蛇二將，以自身所領的卅六天將為質，與保生大帝（或是呂純陽祖師）換取七星劍，故日夜以手提此劍，以免劍飛歸原主。則可視為神話的改編與調整，其目的明顯的在於聯繫所有的信仰，使所有神仙都有互動，而神祉就被納入同一個體系中，各安期位並各司期職，只是這一傳言將玄天上帝與保生大帝、呂洞賓置於對等神階，似乎略顯矛盾，也頗有矮化玄天上帝神格之嫌，應該也可視為清朝時為了抵制明朝國神的策略之一吧。

其二，媽祖聖跡

有關媽祖的記載，大約起於北宋。媽祖福建興化莆田湄洲島人，原是都巡檢林願之女，名默娘，生於宋太祖建隆元年(960年)，歿於宋太宗雍熙四年(987年)，享年二十八歲。林默娘初生時，紅光滿室，異氣氤氳。由於生而彌月，不聞哭聲，故名之曰默娘。林默娘八歲就塾讀書，喜燒香禮佛。十三歲得道典秘法。十六歲

觀井得符，能布席渡海救人。得道昇化以後，鄉人有禱常有感應救苦救難無數，鄉人遂建廟祭祀，有說建廟於興化莆田湄洲島者，廟旁尚有昇天井，有說建廟於閩江口馬祖島者，廟方傳說媽祖林默娘救兄救父而於馬祖島昇天。

興化莆田湄洲島的媽祖廟在宋徽宗宣和五年獲皇帝頒賜廟額「順濟」，宋高宗紹興二十六年獲皇帝封神為「靈惠夫人」，以後，南宋期間先後敕封達八次，興化莆田湄洲島的媽祖廟就成為名正言順的「祖廟」，由此分靈祭祀的媽祖廟也就逐漸遍佈中國東南與沿海地區及福建移民的東南亞。

媽祖之主要神跡是救濟海上遇難之生民。據傳，媽祖有隨從，千里眼、順風耳，能解救於千里之外。媽祖常穿朱衣，乘雲遊於島嶼之間。如果海風驟起，船舶遇難，只要口誦媽祖聖號，媽祖就會到場營救。

道教《太上老君說天妃救苦靈驗經》稱，太上老君封媽祖為「輔斗昭孝純正靈應孚濟護國庇民妙靈昭應弘仁普濟天妃」，這道教的《太上老君說天妃救苦靈驗經》就是神話演義與神話的調整過程。

《太上老君說天妃救苦靈驗經》稱，媽祖所救就是「翻覆舟船，損人性命，橫被傷殺，無由解脫」。後來，媽祖之職能略有擴大。同經還稱「若有行商坐賈，買賣積財，或農工技藝，種作經營，或行兵布陣，或產難」，「或疾病」，「但能起恭敬心，稱吾名者，我即應時孚感，令得所願遂心，所謀如意」。

其三，太上老君

太上老君，全稱「一氣化三清太清居火赤天仙登太清境 玄氣所成日神寶君道德天尊混元上帝」，簡稱「老君」。道教天神，傳說中的道教教主，為三清之第三位。又稱「道德天尊」、「混元老君」、「降生天尊」、「太清大帝」等。三清為玉清元始天尊、上清靈寶天尊、太清道德天尊。

老君是三清尊神中受到最多香火奉祀的神明，道教相信道家哲人老子是老君的化身，度人無數，因其傳下道家經典《道德經》，故稱老君為道德天尊，也被道教奉為開山祖師。許多道教祖師都自稱得到老君顯靈的啟示與教誨，如漢朝的張道陵、南北朝的寇謙之等。唐朝皇室更因同為李姓而尊奉老君為其始祖。

不是神話的老子。老子，姓李，名耳，字伯陽，諡曰聃，號為老子，楚國苦縣瀨鄉曲仁里人。在周文王為西伯時，曾召為守藏史，周武王時遷為柱下史，昭王時去官歸隱，駕青牛過函谷關。原為周康王所任命的大夫尹喜，精通天文星宿的學問，有天夜觀星象，知道必有大聖人將出函谷關，於是請求調任函谷關令，果然

見到老子騎著青牛，緩緩的向函谷關來。尹喜非常高興，便請老子在函谷關停留幾天，同老子請教「道」的學問，並求著書傳教。於是老子著作了一部《道德經》共有五千多字，是道教最重要的經典之一。

至漢代，五斗米道始祖張道陵天師，居鶴鳴山煉丹修道，尊老子為道家始祖，得元始天尊秘道而羽化，並自稱係由老子傳授其秘籙，乃奉老子為「開道之祖」，自此老子便成為道教教主。因此道教各宗派均奉太上老君老子為共同的祖師，祂為太上老君、太上道祖或李老君。

在臺灣道教正式儀式裡常懸掛三清道祖神像，但為太上老君設宮廟列為主祭祀神者則非常稀少，僅見 1971 年老君廟興建委員會於南投草屯建成的「太清宮」。不過，太上老君神話對平埔族之西拉雅族起源神話或許起了更大的互融戶攝的作用，而致有阿立祖即為太上老君或西拉雅族起源、遷徙時太上老君常伴左右予以點化及相助的傳說。

其四，關聖帝君

關聖帝君（164 年—220 年）名「羽」字雲長，本字長生，三國時河東（今山西解縣）人。為蜀漢大將，輔佐劉備成大業，曾大破曹軍，威震一時。官歷「前將軍」、「漢壽亭侯」，後吳將呂蒙襲破荊州，被殺。諡「壯繆侯」。因其為人忠直仁義，廣受民間崇祀，尊其為「關公」、「關夫子」。歷朝皆有加封，宋時封為「武安王」，明封「協天護國忠義大帝」，清乾隆間詔改其諡為忠義。亦稱為「關帝」、「關聖」、「關聖帝君」、「武聖」。

關羽幼年時，熟讀《左傳》，美髯，人稱「美髯公」。中平元年（184），關羽在家鄉犯法，逃亡到涿郡，時逢劉備在招兵買馬，與其相談，甚為投機，便投到了劉備的旗下。接著他隨劉備和張飛一起轉戰南北，參加數十次大小戰鬥，從來都不怕艱難。劉備顛沛流離，他也從無怨言。建安元年（196）劉備投奔曹操後，一次與曹操外出打獵，在眾人散開後，關羽曾要求劉備準他殺掉曹操，劉備沒同意。建安四年（199），劉備反曹，逃至徐州，由關羽鎮守下邳城，代理太守。建安五年（200），曹操攻破徐州，劉備、張飛敗逃後不知去向。關羽為保護劉備的妻子，被逼降曹。曹操對關羽甚為親近，拜為偏將軍。又讓張遼去了解關羽的真正想法，關羽明確地說：「我確實很清楚曹公對我很好，但我曾受過劉將軍的厚恩，曾發誓要同生死，這是不能背叛的。所以我最終還是要去找劉將軍，不過在我走之前一定要立功來報效曹公。」曹操知道後，深感關羽很講義氣，也沒有追究。官渡之戰前，袁紹派大將顏良率軍在白馬攻打曹操的東郡太守劉延，形勢危急。曹操派張遼與關羽為先鋒，前往解救。到了陣前，關羽遠遠望見顏良的麾蓋，即策馬速衝上前，斬顏良首級。大破顏良。曹操知道後，為留下關羽，上表漢獻帝封關

於為漢壽亭侯。

建安五年（200）底，關羽知道了劉備的下落，即封其所受的賞賜，留書，掛印告辭而去。曹操的部將們都主張追擊關羽，但曹操說：「各為其主，不追了。」

關羽在汝南找到了劉備，又隨劉備轉戰南北，建安十三年（208），曹操在赤壁之戰兵敗之後，劉備憑藉關羽，張飛，趙雲的武力，趕在東吳之前，收復了江南諸郡，劉備封關羽為襄陽太守，蕩寇將軍。建安十六年（211）劉備入蜀，留諸葛亮與關羽鎮守荊州，約一年後又調諸葛亮等入蜀，獨留關羽坐鎮荊州。

建安二十年春，孫權向劉備要荊州不成，便派呂蒙奪取了長沙，桂陽二郡，并圍攻零郡。同年五月，劉備率軍五萬到荊州，欲奪回二郡，令關羽率兵三萬到益陽。這時，東吳也做好了迎戰的準備，又用計騙降了一直堅守零陵的郝普，佔領零陵郡。東吳大將魯肅也率軍屯益陽。魯肅在益陽時，邀關羽相會，關羽按約將軍隊停與百步之外，只帶二三各隨從單刀赴會，並全身而退。

此後東吳一直想攻佔荊州。建安二十四年（219），劉備稱漢中王，認命關羽為前將軍，假節鉞（符節及斧鉞，古代出兵征討時，天子授給大將以示威信的信物）。七月，關羽不顧來自東吳的威脅，率軍攻打樊城的曹仁。並派人深入曹魏的佔領地區策反，擾亂敵人後方。曹操派大將于禁助戰，關羽借漢水淹曹魏七軍，生擒于禁，威震華夏，曹操打算遷都以避關羽之銳。司馬懿等建議聯合孫權，要孫權從關羽背後襲擊。曹操採用此策。孫權派呂蒙等做好了準備，並在十月出軍，而且將要進攻的戰略告訴曹操。但曹操的謀臣董昭卻認為，應當把東吳的打算洩漏出去，這樣可以讓關羽早日退兵，而且也可以讓關羽和東吳相鬥，曹魏作收魚人之利。曹操命人寫成文字，用箭射到關羽營中。但關羽看到了之後，猶豫不決，又耽誤了時間。關羽的手下守南郡的太守糜芳，將軍士人平常皆受關羽的輕視感到不滿，孫權派人來誘降，二人便投降了孫權。吳軍以蜀軍將士的家屬為人質，出兵配合曹軍，前後淹擊蜀軍，蜀軍潰敗。關羽僅帶著少量的隨從向蜀軍控制的上庸撤退，他們日夜兼程，連續數日未休息，十分疲累。在接近蜀境關羽竟被吳軍的一個小將馬忠生擒。關羽被擒後，堅決不降，被東吳斬殺，死時約五十六歲。

關羽的「封神」起自宋徽宗封關羽為「忠惠公」，隨後又加封為「武安王」，至明神宗時因道士張通元之請進爵為帝，明神宗即封關羽為「三界伏魔大帝神威遠鎮天尊關聖帝君」，簡稱關聖帝君。關羽的生平乃至的崇拜主要起自於羅貫中的<<三國演義>>，在羅貫中的筆下，關羽的一生，最重情義，誓言。自年輕時投奔劉備，便終生不變初衷，至死不渝。他是我國「義」的典型。關羽如此而成為中華「演義」第一人，廣受人們的崇拜，甚至各種宗教神話演義的互相調整下，關羽也是唯一被佛，道，儒三家崇拜的神，佛教把他當成是護法。道家、儒家把他

當成是「忠義」的象徵。明鄭時期，臺灣崇信關帝僅次於北極真武玄天上帝，當時全臺共有關帝廟七所，「鎮北坊關帝廟（今臺南市）更有寧靖王書『古今一人』匾額一方」（註二十四）。

其五，開漳聖王

開漳聖王為陳元光。陳元光（657年－711年），字廷炬，號龍湖，光州固始（今河南省固始縣）人。福建漳州人與臺灣和新加坡的漳州移民後代，均尊稱其為開漳聖王。

陳元光13歲那年隨父親嶺南行軍總管陳政出征到福建，治理嶺南地區。唐高宗儀鳳二年（677年）四月，陳政卒於任上，陳元光襲職，代父領兵，封玉鈐衛翊府左郎將，平息廣東陳謙與「蠻僚」首領苗自成、雷萬興等「寇亂」，閩南一帶遂安定。陳元光被晉階為正議大夫，詔封為嶺南行軍總管。當時陳元光所處的漳州屬「地極七閩，境連百粵」，是少數民族與漢族混居的區域。陳元光認為僅憑武力鎮壓是「兵革徒威於外，禮讓乃格其心」，而且「誅之不可勝誅，徙之則難以盡徙」，「功愈勞而效愈寡」。於是先呈請皇帝為征勞將士添加婚粧在當地設戶完婚，於是數萬將士逐漸「就近娶蠻僚女性為妻」，這就是閩南俗諺：「有唐山公，無唐山姆」的由來，並依此而更穩定了漳州潮州兩地的軍事與開發。

在武則天專權期間，陳元光再度呈請皇帝在泉州、潮州之間設郡縣，以加強對該地區的統治。唐垂拱二年（686年），武后下詔，准奏在原綏安地段創建漳州，轄漳浦、懷恩二縣，漳浦附州為縣，任命陳元光為漳州刺史兼任漳浦縣令。平閩此後，陳元光平定閩粵三十六寨，建堡屯兵，安定邊陲。使北至泉州，南至潮州，西至贛州，社會安定，百姓安居樂業。後來把中原地區先進的生產方式和耕作技術引進到這個地方，種植水稻和麻、甘蔗、香蕉、荔枝、龍眼、花卉等經濟作物。唐睿宗景雲二年（711年）11月5日，苗自成、雷萬興之子又於潮州聚眾反抗朝廷，敵眾潛達岳山。陳元光聞訊率輕騎抵禦，因援兵晚到，被敵將藍奉高用刀殺死。漳郡黎民，聞之如喪考妣，為之哀號。其子陳珦守制三年。先天元年（712年），繼任漳州刺史。

唐先天元年（公元712年），唐玄宗賜贈陳元光為豹韜衛大將軍，臨漳侯，諡忠毅文惠，後又追封他為潁川侯，賜「盛德大祀之坊」，這死後的天子追封就是「封神」之始。到了南宋末年，這位自封為道教「教主道君皇帝」的天子：宋徽宗賜與陳元光「威惠廟」匾額。宋孝宗加封陳元光為「靈著順應昭烈廣濟王」。明朝又改封他為「昭烈侯」。但漳州地區人民一直都尊稱陳元光為「開漳聖王」，崇祀他的廟宇遍及閩臺及東南亞一帶，僅漳浦境內「聖王廟」就有近百座，臺灣也有100多座「聖王廟」，歷代香火甚旺。

開漳聖王為典型真人真事功績遺留民間，受鄉民自動祭祀而成的「神仙」。也是典型的鄉土神，漳州對外移民到了新天地幾乎莫不移靈分祀或「分靈移祀」開漳聖王，鄭明時期最主要的鄉土神就是開漳聖王，而清朝以後臺灣的閩西客家移民與潮州客家移民漸多，「三山國王」及「韓愈」也就在入清後成為更新一代的鄉土神。三山國王本為山神崇拜轉化為人格神崇拜，韓愈祠中韓愈的崇拜則為潮州人懷念韓愈在潮州刺史任內對潮州治水患、重開發、興教化的功德而自動立祠祭祀。

其六，觀音

觀音信仰是鄭明時期唯一廣受祭祀的佛教神祉，其引入臺灣則是明顯的福建佛道不分風氣的移臺重現。是以民俗神的角色入祀民間家宅。

觀音菩薩生平事蹟難以考察，其因為佛教原是從佛學與釋迦摩尼信仰轉變而成，佛學在成立之初，釋迦摩尼告誡弟子開智慧了生死，切勿「偶像從拜糾纏婆羅門」，但佛教的演變過程卻是「反其道而行」，從印度本土婆羅門教中，從傳教的路程中，不斷的收編「在地神話」而形成佛教特有的三世佛、諸協侍菩薩、十六羅漢（即釋迦摩尼的十六位弟子）、天龍八部護法（即天王、金鋼）、飛天等等極其複雜的神階（佛家語果位）及宗教信仰。當佛教勢力龐大後，眾多傳教士（僧侶），更有自立門派傳徒久而久之被門徒、徒子、徒孫拱為天王，進階羅漢，進階菩薩，乃至自吹自擂為「活佛」者至今也是所在不少。

換言之佛學在佛教化之後所形成的「經書」與「僧侶聖跡錄」，多半只能以「神話」角度來理解，而不能以「史詩」角度來理解，更不能以歷史上的真人真事來理解。

觀世音信仰在傳入中國後，觀世音一直以「男性」形象來型塑偶像供拜，直到宋朝之後才以「諸佛菩薩本無男女之相」而「依大眾之願」成為「女性」。

《悲華經》敘述阿彌陀佛於過去生中曾為轉輪王無諍念，是名為公主，不眴出家之後，即號「觀世音」；在久遠的將來，阿彌陀佛涅槃後，不眴將候補成佛，號「普光功德山王如來」。據《悲華經》卷二記載，觀世音本名不眴，是無量劫前轉輪王無諍念的長女，因為其在寶藏佛前發願：「願我行菩薩道時，若有眾生遭受種種苦惱恐怖，退失追求正法的信念和力量，墮落到沒有光明的大黑暗處，身心不安憂愁孤獨貧窮困苦，沒有人可求請求保護，沒有依靠也沒有屋舍。如果他能夠憶念我，稱念我的名號，那求救的音聲被我天耳所聞，被我天眼所見，如是一切苦難眾生，若我不能為其免除如此種種痛苦煩惱，則我終不成就阿耨多羅三

藐三菩提佛果。」依大乘佛教眾多派別來看，觀音信仰比較像淨土宗，只要心唸阿彌陀佛，即就西方淨土。只要心唸喃吾觀世音菩薩，即應救苦救難。所以，觀音信仰就會如此深入民間成為民俗神。

圖2-8：歷史學者石萬壽考證鄭明時期所流傳下來的神像。

圖2-9：鄭明時期從福建請回臺灣的觀音神像與太子爺神像。

其七，太子爺、五營兵將

太子爺信仰與五營信仰在臺灣中南部特別興旺，甚至於臺灣民俗信仰裡的降乩諸神裡往往以太子爺最多，濟公禪師次之，這就是「佛、道、巫」水乳交融的典型案例。

依蔡香煇的考證，太子爺信仰為兩位歷史人物的合一，第一位是托塔天王李靖的第三個兒子李哪吒、李羅車、李納吒，也稱三太子，統帥宮廟五營神兵的中壇，故又稱為中壇元帥、中壇太子、哪吒元帥、哪吒太子。第二位是鄭成功的孫子鄭克臧，在鄭經赴閩興兵時曾以「太子」身份監國，監國期間頗有功德，而致民眾自動立祠紀念，也稱太子爺。

<<三教源流搜神大全>>卷七裡對李挪吒的生平描述算是<<封神演義>>與<<北方毗沙門天王隨軍護法儀軌>>兩者神話故事的調整版。<<三教源流搜神大全>>卷七裡指出：「哪吒本是玉皇駕下大羅仙，身長六丈，首帶金輪，三頭九眼八臂，口吐青雲，足踏盤石，手持法律，大喊一聲，雲降雨從，乾坤爍動。因世界多魔王，玉帝命降凡，以故托胎於托塔天王李靖。母素知夫人生下長子金吒，次木吒，帥三胎哪吒。生五日化身浴於東海，腳踏水晶殿，翻身直上寶塔宮。龍王以踏殿故，怒而索戰。帥時七日，即能戰，殺九龍。老龍無奈何而哀帝，帥知之，截戰於天門之下而龍死焉。不意時上帝壇，手搭如來弓箭，射死石記娘娘之子，而石

記興兵。帥取父壇降魔杵西戰而戮之。父以石記為諸魔之領袖，怒其殺之以惹諸魔之兵也。帥遂割肉刻骨還父，而抱真靈求全於世尊之側。世尊亦以其能降魔故，遂折荷菱為骨、藕為肉、絲為筋、葉為衣而生之。授以法輪密旨，親受木長子三字，遂能大能小，透河入海，移星轉斗；嚇一聲，天頹地塌；呵一氣，金光罩世；磚一響，龍順虎從；槍一撥，乾旋坤轉；繡球丟起，山崩海裂。故諸魔若牛魔王、獅子魔王、大象魔王、馬頭魔王、吞世界魔王、鬼子母魔王、九頭魔王、多利魔王、番天魔王、五百夜叉、七十二火鴉，盡為所降，以至於擊赤猴、降孽龍。蓋魔有盡而帥之靈通廣大、變化無窮。故靈山會上以為通天太師、威靈顯赫大將軍。玉帝即封為三十六員第一總領使，天帥元領袖，永鎮天門也。」

鄭克𡒉為鄭成功長孫，鄭經長子，陳永華女婿。「三藩亂起時，鄭經率師西征，臺灣軍經政事，一委陳永華經理。永華持己廉正、法嚴約束、夜不閉戶，百姓樂業。後見經諸弟，微有恃勢，佔奪民田。永華雖屢過止，似若艱於破面執法。遂以『元子登十六，聰明特達，宜循君行則守之典』，請元子克𡒉監國。經允其請，乃於永曆三十三年（康熙十八年）四月初六遣禮官鄭斌齋諭抵臺灣，同鄭永華立克𡒉監國。此後諸叔不敢橫為，百姓喜有天日。至永曆三十四年（康熙十九年），鄭經敗回東寧，怠忽政事，遂委政克𡒉。至永曆三十五年（康熙二十年）正月，鄭經逝世，克𡒉實秉國政兩年。鄭經逝後馮錫范擁其婿克塽發動政變，殺克𡒉。克𡒉生前，因勤政愛民，百姓受其惠者頗多，故逝世後百姓亦尊為神而祀之。故嘉慶臺灣縣志卷五，外編，遺事記載云：

『陳烈婦者，永華季女，鄭經長子欽舍（克𡒉）婦也。……與欽舍合葬郡治洲仔尾海岸間。……既葬，臺人常見監國乘馬呵殿往來，或時與烈婦並出，容服如生，導從甚盛，人以為神云。』

即為其例。克𡒉卒年十八，生前雖有秉政之實，卻未曾正式繼承延平王之封爵。逝世後，自不得比照其祖父一稱為王。臺灣民間所祀太子爺，應即克𡒉之神」（註二十五）。

李哪吒為拖塔天王李靖之三子年幼即擅取降魔杵大戰諸魔領袖，自罰割肉刻骨還父，遂稱三太子。鄭克𡒉為延平郡王長孫「元子」曾有年幼擔負監國，有恩德於百姓，雖遭政變殺害，百姓思念立祀遂稱太子爺。兩位神祇有雷同的遭遇，而入清後，延平郡王太子等明朝封號視為忌諱，也藉由三太子之祭祀暗比太子爺。另一方面，鄭明時期軍屯開墾頗多「荒地」，遂有無形五營鎮守之習俗，而內五營多請具伏魔經驗的神祇鎮守，李哪吒乃為百姓指望之戰神，遂以中壇元帥之名領「兵」鎮守五營，永保平安。所以說五營習俗，乃至三太子信仰在臺灣中南部特別興盛，其來有自。

通常五營安營安寨由紅頭道士（師公）主持。「在比較偏僻的鄉村或新闢聚落，

為使民眾安心定居,(所以)聘請道士至該地,以五方旗(五色紙旗)、劍、莿毬、天罡尺、金鈸等器具作法。道士先唸咒請神,招集五營兵馬、三十六天罡、七十二地煞、陰兵陰將等降臨,指揮捉捕凶神惡魔,將其拘禁於一處,使之不能在外作祟,稱其為安營」(註二十六),安營所請主要領軍神祉即為中壇元帥三太子。

其八,不是神話的其他:孔子

臺灣對孔子的祭祀始於明永曆十九年(康熙四年,西元 1665 年)陳永華所請,鄭經建孔廟,至明倫堂,為學院所在,延至今日,全臺灣共有孔廟三十所。由於子不語怪力亂神,所以孔子沒有神話,只有史實事蹟。

孔子(前 551 年 9 月 28 日-前 479 年 4 月 11 日),子姓,孔氏,名丘,字仲尼,魯國陬邑(今山東省曲阜市)人,中國春秋末期的思想家和教育家,儒家的創始人。也是平民教育的創始者,所以後有至聖先師的封號。孔子一生除了致力教育以外,也熱衷於輔助「治國」,不過懷才不遇只當過魯國司寇的小官,周遊列國之後致力於回復周朝的禮樂制度研究,終於成為儒家的集大成者,開創了春秋戰國時期最重要的學術派別:儒家。晚年顛沛流離凡十四年,前 484 年,年近七十歲的孔子被季康子派人迎回魯國尊為國老,但未受魯哀公的任用。這段期間孔子專註於教育和古籍整理。哀公十二年冬,孔鯉(孔子的兒子)先孔子而死。哀公十四年,顏回先他而去。孔子有所感慨:「昔從我於陳蔡者,皆不及門也。」哀公十四年夏,齊國陳恆弒其君,孔子齋戒沐浴三天,向哀公懇請伐齊,哀公讓他「告季孫」,孔子又向季孫請求出兵,結果遭到拒絕。前 479 年,孔子逝世,終年七十三歲,被葬於曲阜城北的泗水岸邊。眾弟子為其服喪 3 年,子貢為孔子守墳 6 年。回首一生,孔子說:「吾十有五而志於學,三十而立,四十而不惑,五十而知天命,六十而耳順,七十而從心所欲,不踰矩。」

孔子集華夏上古文化之大成,在世時已被譽為「天縱之聖」、「天之木鐸」,是當時社會上最博學者之一,並且被後世統治者尊為孔聖人、至聖、至聖先師、萬世師表。孔子和儒家思想對中國和朝鮮半島、日本、越南等地區有深遠的影響,這些地區又被稱為儒家文化圈。孔子和儒家思想對中國和朝鮮半島、日本、越南等地區有深遠的影響,這些地區又被稱為儒家文化圈。

2-3:清朝時期文化與神話發展(1683 年—1895 年)

在 1683 年至 1895 年臺灣納入清朝天下後的兩百一十二年的歷史中,史實為何?史論為何?史評為何?好像眾說紛紜,但是歷史寫作的偏之一偶則為治史之失察,甚至失察到違反史實的地步。所以在描述臺灣清朝時期簡史之前,我們宜先

澄清一些治史的觀點與立場。

臺灣納入清朝天下後歷史的事實雖然只有一個，但是進行中的歷史卻明顯的有三種觀點與立場來指導，那就是朝廷的觀點、福建省的觀點及臺灣的觀點。換句話說，1683 年至 1895 年歷史的發展當然不會只有臺灣的觀點。更不用說是絕不會有日本帝國的觀點，日本帝國的觀點要到了 1895 年之後才有機會主導臺灣歷史的發展。

但是如今坊間的臺灣史寫作乃至學術研究的臺灣史寫作，卻頗多以日本帝國的觀點來描述 1683 年至 1895 年的臺灣歷史，這樣的歷史描述當然與史實不符。或是只以臺灣的觀點來描述「清廷的腐敗」與「福建省的無感」，這些描述當然偏頗。

以日本帝國觀點來描述 1683 年至 1895 年的臺灣歷史，首推光緒十六年（1890年）日本駐福州領事上野專一來臺考察後的報告。「謂臺灣物產之富、礦產之豐、一切日用之物無所不備，誠天與之寶庫也。然以臺灣政治因循姑息，貨置於地，坐而不取，寧不可惜。若以東洋政策而論，則臺灣之將來，日本人不可不為之注意也。」（註二十六），這種觀點則與日本帝國學者的清廷棄臺論或清廷消極治臺論互為倡和，而致有連橫臺灣通史卷三開頭語之：「康熙二十二年秋八月，清人既得臺灣，廷議欲墟其地。靖海侯將軍施琅不可，疏曰（云云）」說法，甚至引以為棄臺論與消極治臺論的張本與史實根據。這樣的歷史描述當然只是日本帝國的觀點，而不是史實。以清朝的宮廷權力運作實況而言，康、雍、乾三代尚稱威猛而昏庸則始自同治，所以「廷議欲墟其地」只是各種可能性中最荒唐的一種情狀，施琅也不必等到「欲墟其地」才上疏力陳，而康熙的決策才是重點，廷議只是康熙「洞悉朝臣心計」的手段之一而已，怎麼會將意見之一描寫成決議的樣子呢？毋寧是文學手法，藉以襯托施琅愛臺、清廷昏庸而已，顯非史實。

只以臺灣的觀點來描述「清廷的腐敗」與「福建省的無感」則見諸更多的一般著作與學術著作。諸如：「清廷派駐臺灣的官吏，是形成移民反抗最大的主因。他們對移民只有壓迫而沒有助益，平時愛好留戀在大煙館與妓院之間，衙門辦事則向移民強所紅包，苟且成性，一心一意只想累積財富，三年一到，就趕快逃回唐山大陸。」（註二十七），清廷派駐臺灣的官吏在已有結論的觀點下進行史實的描述確實是很可怕的，各個成了地痞流氓身穿官服的衣冠禽獸了，這顯非史實。又如僅以消極治臺的建立、臺灣的祖先是偷渡客、清代臺灣三大民變、臺灣人的開墾與商業精神這等章節來描述盛清時期的臺灣（1683 年—1840 年）（註二十八），恐怕也只是「清廷的腐敗」與「福建省的無感」陰影下的部分史實挑著講而已。在「清廷必然腐敗」的結論下，甘國寶兩任臺灣總兵，流傳出民間劇目，臺灣府知府蔣元樞捐出奉祿興修孔廟提倡文風，甚至因公積勞成疾，臺南鄉民還為之塑像立祀，離任不久即去世。這些「清廷派駐臺灣的官吏」以當代的標準來看都是

功在鄉里,卻「選擇性的忽略」。如果配合著前引「他們對移民只有壓迫而沒有助益,平時愛好留戀在大煙舘與妓院之間」,那才真是故意「誤」讀史料,無語問蒼天。而目前卻更有以學者之姿著書疾呼清廷是殖民臺灣,日本帝國是「領有」臺灣的顛倒史實的主張,那就不是什麼德國實證史學派嚴謹史學方法論所能置喙一二的問題了,應該是先有結論後有推論的歷史寫作吧。

所以,本書對臺灣清朝時期簡史的描述,希望能兼顧清廷的觀點、福建的觀點、臺灣的觀點,而對清廷盛衰、臺灣墾拓、福建省的文治等史實進行簡單的描述,有時不免涉及評價,但都僅供參考而盡量與史實分段敘事。

清廷的盛衰就歷史評價而言雖可有各種不同的論斷,但是 1850 年太平天國崛起卻是個清廷盛衰的明確分界點。這個分界點看起來好像很突然,就是個起義或造反。但是清朝整個權力結構起了不可逆轉的變化,滿洲貴族引以為傲的上馬奪天下,下馬治天下的能力好像瞬間消失了,其實這種瞬間只是個假象,這是積累了多少對漢人的歧視,積累了多少旗人、八旗兵的驕縱蠻橫的結果。簡單的說,1850 年前是個強盛的大清帝國,吏治武力都算清明強盛,1850 年之後則是慈禧太后忙於奪權遠勝於望治心切,吏治武力都算色厲內荏兼昏庸有之。

臺灣的墾拓則是個快速而激變的過程,原因可能不單單在於漢人墾民的農耕技術與吃苦耐勞,更多的原因可能是福建墾荒經驗的移植始自顏鄭集團,以及臺灣入清後設為福建省的一府,並指定與福建間的通商對口而造成福建發展經驗的快速順利移植。所謂的清廷消極治臺說,完全不能解釋為什麼在清廷限制移民的情境下,臺灣的人口會成長得那麼的快速。康熙二十三年春「許開海禁,設海防同知於鹿耳門,准通商;赴臺者不許攜眷。(施)琅以惠、潮之民多通海(賊),特禁往來。是年建臺灣、鳳山兩儒學」(註二十九)。雍正十年「大學士鄂爾泰奏言:臺灣居民准其攜眷入臺,從之,於是至者日多,皆有闢田廬長子孫之志矣」(註三十)。換句話說在 1683 年至 1895 年的兩百一十年間,只有 1683 年至 1732 年的四十九年間「可能」禁止廣東省潮惠兩地移民來臺(並未禁止福建省移民來臺),赴臺者不許攜眷指的是兵弁、吏僚與商人而不見得是福建的移民,而其餘的一百六十三年間多是「臺灣居民准其攜眷入臺」,計畫性移民開墾臺灣的政策甚為明顯與明確,怎麼會有「臺灣人的祖先是偷渡客」(註三十一)的事實與論點呢?清朝的設籍落戶制度是定居二十年始可申請設籍落戶,這關係到徵糧、徵稅與駐軍人數,更關係到科舉考試的分榜錄取,如果開發中的福建省政策性的加榜錄取,那麼想必有擠破頭的巧詐設籍事件,可見得「設籍落戶」是有必要管制的。總之,1683 年至 1895 年的兩百一十年間,清廷積極治臺的時候多,乃至駐臺灣官員勤政愛民愛臺灣的更是不少,「兵弁、僚吏、商人」等流動性人口「平時愛好留戀在大煙舘與妓院之間」容或有之,但消極腐敗吸毒嫖妓還談不上。合法的開設鴉片煙舘與慰安婦舘是在日本殖民臺灣的 1895 年至 1945 年,而不是

1683 年至 1895 年。

福建省的文治，另一種說法就是福建省的文風。由於朱熹在福建的推動書院興學。以致於宋元之後「閩學」成為理學的代名詞，福建成為理學之鄉，明清之際福建更有東海鄒魯（儒學聖地）的美譽，不但刻書印刷業十分發達，官民書院林立，連帝王時代人們極其重視的科舉功名的錄率取及錄取名額，在明清兩朝也都輪站全國前三名，簡單的說，「文風鼎盛」。當時臺灣設為福建省的一個府，文風鼎盛也逐步影響了臺灣府，乃至於在康熙三十三年（1697 年）的陳夢球取得進士開始，清朝在臺錄取文科進士多達 36 人，或是說於道光三年（1823 年）的鄭錫用取得進士開始，清朝在臺錄取土生土長的臺灣進士多達 33 人。可見得臺灣在清朝的蓄意開發下，在福建省的風氣浸染下，在道光年間就已然從墾拓社會轉變成文風鼎盛的社會了。論 1683 年至 1895 年期間的臺灣發展只以「移民墾荒」的角度來凸顯臺灣社會的草莽氣息，確實是與史實不符，更容易抹煞了臺灣藝文之美，甚至抹煞了臺灣對全國的貢獻。最少從乾隆七年的詔書：「雖素稱產米之區，邇來生齒倍繁……。蓋援撥運四府及各營餉之外，內地採買既多，並商船所帶，每年不下四、五十萬（石）；又南北各港來臺小船，巧借失風名色，私裝米穀，透越內地。彼處概給失風船照，奸民恃為護符，運送遂無底止」（註三十二）。可以得知乾隆年間除福建四府的官糧及福建各地的營餉（稻米上市換貨幣）外，光是官方許可的航運買賣，每年賣到內地的米穀就不下四、五十萬石，而當時四府裡最為缺糧就是泉州府，官糧並非官員的俸鉤，而是徵糧至易缺糧地區，伺機拋售以平抑穀價的儲糧。可見得到了乾隆時期，臺灣的產米對福建省乃至泉州府的貢獻有多麼大了。產米是個精緻農業，當然不是「草莽氣息」所能致力，臺灣先民努力耕耘敬業知足則更非「草莽氣息」所該形容。

2-3-1，臺灣清朝時期簡史

入進入清朝以後，臺灣的發展面臨到更為劇烈變化的未來，更涉及到主體性的議題，這主體性的議題指的是臺灣人到底是哪一種人這種極為「民粹主義」式的議題。只是我們不必用民粹主義的角度來看這個議題，分析這個議題。

「關於臺灣社會的轉型，學者之間曾有過『內地化』與『土著化』的激烈爭論。基本上，『內地化』派著重臺灣之同化於中國內地，『土著化』派則強調臺灣漢人移民對臺灣這塊土地的認同。……有趣的是，這兩派都認為臺灣社會『轉型』了，時間在一八六零年左右，距離割臺四十年不到」（註三十三）。

只是筆者認為所謂「學者之間曾有過『內地化』與『土著化』的激烈爭論」卻是個狀似學術研究的假議題，因為『內地化』這個詞是日本文化所創而轉化為中國

當代所借用的一個詞。就日本而言「內地」相對於外島，所謂的「內地化」就是外島的日本化。很可惜的福建省與中國東南沿海在二次大戰期間也曾經被日本帝國殖民過，乃至於戰後中國許多所謂的「知日派」也沿用了「內地」與「內地化」這種詞彙於福建省與臺灣省的關係上來，但這種沿用卻是一種不倫不類的沿用，甚至錯誤的以「行政長官制度」來「統治臺灣」，而造成一些歷史悲劇。

日本帝國為什麼要用「內地」V.S.「外島」這樣的概念呢？因為「內地」V.S.「外島」這樣的概念可以為「殖民母國的地痞菁英」V.S.「土著」這一對羞恥的概念遮羞而已。殖民主義者強調外來的少數殖民者不是地痞，而是優秀的殖民者，所以具有將土著改造為殖民者的文明開化的樣子。而二十世紀時「殖民母國（的地痞菁英）」V.S.「土著」已經是一對遭受譴責的字眼，所以就另外找了一對名詞「內地」V.S.「外島」或「內地（日本）」V.S.「本島（臺灣）」的字眼而已。相對的在全球的學術研究底蘊裡從來沒有出現過「內地」V.S.「土著」或「內地化」V.S.「土著化」這樣的詞類，不用說從 1683 年起，福建與臺灣的關係更不是少數的福建人殖民者 V.S 多數的臺灣原住民的關係。更不用說所謂「土著化派則強調臺灣漢人移民對臺灣這塊土地的認同。」這種詭辯式的議題了，這種議題只是拿來指控內地化派的「不認同臺灣」而已，而「內地化派」卻只是個胡謅的假敵人，拿來對「政敵」扣帽子用的而已，學術研究真是糊塗至此嗎？恐怕不是。

如果我們以「人口數」來看這個議題的話，1683 年臺灣就已經激烈的「內地化（福建化）」了，而到了乾隆四十七年（1782 年），臺灣社會進入另一層次的轉型，開始了「泉州化」的過程，到了咸豐元年（1851 年），臺灣社會就清廷的角度來看就又再進入「仕紳化」的轉型過程，而且這次的轉型還很成功，能夠以「義勇團練」來為清廷效命，為打敗「太平天國」盡一份心力。

我們認為所有的社會型態乃至於社會轉型都可以用「權力結構」或「實質利益爭奪」的轉變來解釋。臺灣入清以後的社會轉變應該可以用耕作權力的爭奪、城市商業地盤的爭奪、功名科舉的爭奪來劃分為三個時期與三種社會型態。

第一個時期農業社會的形成：移墾社會到定居臺灣
（康熙 22 年至乾隆 47 年，1683—1782）

「（康熙）二十三年春，文武皆就任，乃大計稅畝。有田七千五百三十四甲，園一萬零九百十九甲，戶一萬二千七百二十七，口一萬六千六百二十六人。琅奏請減賦，下旨再議。於是奏定上則田每甲徵粟八石八斗，園四石，每丁徵銀四錢七分六厘，著為例」（註三十四）。

然而經過約一個世紀，「現存乾隆二十一年至五十五年的人口編審，把這些資料

都保留下來。………從乾隆三十四年（1769）以后，臺灣人口突破七十萬；乾隆四十二年（1777）躍升至八十餘萬，乾隆四十六年（1781）增至九十餘萬。當臺灣人口到達八十萬時，其實已經開始對臺閩的米谷供需產生壓力。北京中國第一歷史檔案館典藏一份清單，記載著乾隆四十四年、四十五年、四十六年（1779年至1781年），臺閩貿易的船只航次、數目與運谷統計。這三年運谷分別為77280、82160、75200石，這與乾隆六、七年（1741、1742），動輒四五十萬（石）到八九十萬石的數目不可同日而語」（註三十五）。我們也可以在前引資料許毓良的《〈清代臺灣軍事與社會〉》中查到臺灣田園開墾數，乾隆三年為52913甲、乾隆九年為53184甲、乾隆二十一年為52345甲。而推估乾隆三年可養活人口約十四萬人（註三十六）。

很顯然的從康熙二十三年到乾隆三年的五十五年間漢人從1萬六千餘人快速上升到十三萬人（扣除清朝其間原住民人口一直為持在一萬餘人），已墾地從一萬八千餘甲上升為五萬兩千餘甲。顯示這段期間漢人移民的快速與農業社會的形成。然而乾隆初期之後顯然墾地開發的數目遇到了瓶頸，而漢人移民仍然不斷的從福建進入臺灣，以致乾隆四十六年時漢人高增至約九十萬人，然而臺灣的糧谷增加卻十分有限，乃至從臺灣徵糧運入泉州府的官糧從乾隆六、七年的「動輒四五十萬（石）到八九十萬石」降到了乾隆四十五年、四十六年的八萬石或七萬石左右。

我們從連橫《〈臺灣史〉》的四項重要記事，判斷清廷十分重視臺灣農業社會的形成，而從乾隆初年開始，臺灣西部以然從農業社會開始冒出工商社會（較大的聚落）的雛形，且這時臺灣東部農業土地開發已逐漸遇到瓶頸。

「康熙七年下詔指出：雖素稱產米之區，爾來生齒倍繁，土不加闢，偶因雨澤愆期，米價即便昂貴。……庶民番不至缺糧，港路易可肅清。該部可傳諭知之。……

乾隆十一年，詔准臺灣人民攜眷入臺

乾隆十二年，詔以臺灣丁銀配入錢糧完納。

乾隆二十三年，詔廢通事、社丁之例。禁私墾。

乾隆二十五年，詔許臺灣居民攜眷同住。

乾隆二十九年，詔禁福建人士入臺冒籍考試。

乾隆三十三年，漳人吳漢生入墾蛤仔難。

乾隆四十七年，淡水、彰化漳泉籍民分類械鬥。」（註三十七）

在乾隆十一年與乾隆二十五年的兩次詔書「臺灣居民攜眷同住」，顯示移民政策上希望增加家庭移民而不是增加「單身漢移民」，甚至乾隆年間移民來臺可能不必定居二十年才可以申請在臺設籍，可能一經移民批單來臺定居就可在臺設籍，否則也不至於頒詔禁止福建人士入臺冒籍考試的禁令。這些都顯示康、雍、乾三代的積極治臺，希望將臺灣發展成另一個「農業的福建」，發展成能解決泉州缺糧時可順利供糧的新天地，同時也希望較快速的培養出臺灣籍的士族（經科舉考試增加臺籍錄取名額，而達到培養臺籍士族的目的）。

乾隆二十三年的「廢通事、社丁之例。禁私墾」，則顯示大部分的平埔族已經明顯的「漢化」了，所以無須「通事」代為「翻譯傳達」，乃至代為徵糧組丁，平埔族此刻以多由朝廷「賜姓」而與漢人無異，漢番的界線重新調整，嚴禁漢人進入「生番界線」內私墾。所以乾隆年間所劃定的番界必定幾經推移，逐漸往「內山」逼近。而番界外則為「漢人農民的天下」。我們從乾隆二十五年（1760 年）的土牛紅線往土牛藍線的推移，就可以瞭解清廷與福建省的這種「積極治臺」。希望將臺北盆地或彰化臺地都開發成良田千頃的意圖。

這種穩定的農業移民與土地開墾當然十分成功，否則也不至於在臺灣人口高達九十萬人的乾隆四十五年還可以有八萬石的餘糧運往福建。但是也在如此這般穩定的農業移民中引進了不少福建的單身城市移民：「羅漢腳」。乃至在向番界推進的最大地區：臺北與彰化爆發了第一次嚴重的漳泉械鬥。

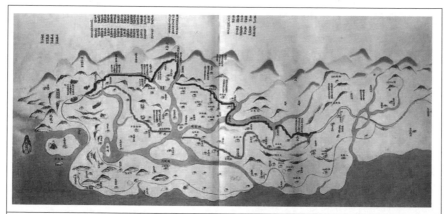

圖 2-10：乾隆十五年所劃定的紅線與乾隆二十五年所劃定的藍線，臺北盆地圖

圖 2-11：乾隆十五年所劃定紅線與乾隆二十五年所劃定藍線，彰化臺地地圖

第二個時期商業社會的形成：聚落地盤的爭奪到漳泉械鬥的落幕（1782—1850）
1782 年臺灣的彰化與淡水同時發生了第一次頗為嚴重的漳泉族群分類械鬥，從
此臺灣就經常發生械鬥。「許達然統計清代臺灣發生過的 137 次械鬥，其中分類
械鬥有 66 次，姓氏械鬥有 37 次，職業械鬥有 23 次，泉籍內鬥 1 次，客家內鬥
1 次，不詳者 9 次。……按照臺灣臺灣械鬥的發展，大抵在同治朝以後逐漸減少，
然而該階段卻是臺灣人口數量最多的時候，（可見得用人口密度或人口數多寡作
為械鬥頻繁的原因並不成立）」（註三十八）。

在描述清中期的械鬥時我們往往會有錯誤的印象，總認為臺灣第一批的移民多是
偷渡客，多是羅漢腳，而這種「羅漢腳，構成了清代（臺灣）社會的主要份子。
這也使清初臺灣與中國的治理風格明顯不同，發展已久的中國大陸，地方鄉間多
半由中過科舉、當過官的鄉紳們主持地方事務，而臺灣此時還沒有這種鄉紳階
層，大家只好比拳頭大，因此社會械鬥變亂不斷，地方領導者多為帶著流氓氣息
的豪強。這些隻身在外、靠勞力賺食的遊民，為了保護自己，循著結拜集結黨的
習性，形成小圈圈，再加上漳、泉、粵壁壘分明的地域觀念，雙方往往動不動為
了細故就大打出手，嚴重者甚至釀成兩大集團的械鬥事件，清朝官員更書下三年
一小反、五年一大反的形容。而清代初期在臺的官員，操守自然是也好不到哪兒
去，時常造成官逼民反的事件」（註三十九）。這種印象式的歷史描述，我們只能
說這叫做「竹篙鬥菜刀」。首先，械鬥主要發生在清中期的臺灣而不是清初期的

臺灣；其次，羅漢腳當然不是清代臺灣社會的主要份子；其三，清中期地方領導者也不是帶著流氓氣息的豪強（在都市聚落裡地方領導者因該是善於算計的商人）；其四未必有事實支持清代初期在臺灣的官員，操守自然也好不到哪兒去，時常造成官逼民反的事件。

我們毋寧用商業社會的形成及臺灣初步的城鄉差異形成來理解 1782 年至 1850 年的臺灣社會，才能清楚的看到這一階段臺灣社會權力結構轉變的全貌。

1782 年漳泉械鬥同時發生在彰化與淡水，這就說明了乾隆二十五年所新增的「墾拓區」吸引來了大量的移民，包括批單核准的家庭移民與非計畫性的移民：偷渡者。清中期的社會主要份子當然是清早期移民定居五六代的農民、家庭式新移民、以及新近形成的城市聚落裡的家族，特別是城市聚落中的商人與大墾戶家族，而不會是偷渡者。然而偷渡者並無批單上的「墾區與墾地」，只能在城市裡謀得無一技之長的粗工，或是尋找機會成為佃農，或是受雇為家丁，再不成則落腳在廟裡、同鄉會館裡等待有一頓沒一餐的臨時工，這些偷渡客通常也不怕官府查，官府查到了反正不能落籍，所以也沒啥丁稅田稅可徵，說不定還可以當些臨時工，找機會混個準官差來幹，落籍也只不過在官方登記個原籍而已，而清中期的臺灣比起原鄉福建鬧飢荒的機會還少得太多了。

然而，清中期的臺灣西部農地已逐漸面臨供給「緊張」的局面，臺灣西部的商業地盤與群聚地盤也面臨以泉併漳的局面。操泉州口音的商人社會與聚落居民已經默默的劃分泉州人與漳州人界線，反映在這個時期的商業地盤爭奪與聚落地盤的爭奪上就是唆使「羅漢腳」為同鄉的勢力伸張與效命。我們從械鬥發生的地點多在臺灣中北部，從彰化鹿港的居民結構乃至於新莊諸多漳州移民的痕跡，就可以瞭解清中期械鬥的主流是漳泉地盤爭奪，羅漢腳只是被唆使的工具而已，怎麼會是這時期社會的主要份子呢？

械鬥的主流就是漳泉械鬥，波及閩客械鬥，械鬥在西元 1850 年前後就走進了尾聲，因為臺灣漢人族群已完成「泉州化」的過程，也造成爾後的新族群：「河洛客」與只會講泉州話的臺灣福州人與臺灣興化人。百年後才形成的「閩南沙文主義」雖然也將漳州人包括進來，但很明顯的將客家人排除在外，而閩南沙文主義的幼苗與胎記卻在這個時期早已成形，只是看爾後的臺灣人怎麼去看待而已。因為所謂「閩南沙文主義」並不見得都只有閩南人參加，它只是一種「比較文明的爭地盤方式」而已。它呈現在土地開發上就是「資本合夥武裝開發」。

道光十五年（1835）臺灣北部最大的墾隘組織：金廣福大隘就是當時政府所鼓勵而成立的民間防番墾拓組織。金廣福等於是個商號，金代表資金合股；廣代表廣東人；福代表福建人。雖然最後金廣福是由祖籍廣東的姜秀鑾所主導，但「商號」

上卻一直以「結合廣東人與福建人的資金：金廣福」為名號。「姜秀鑾曾統率隘丁，與賽夏族有過大小十餘戰，隘丁墾民傷亡數以百計。由於姜秀鑾的勇往邁進，終於開拓了今日的北埔、峨眉、寶山一帶（的）番地，為北埔姜家奠下基業。用今天的概念來說，金廣福的拓墾是武裝拓殖」（註四十）。武裝拓殖的過程中崛起的家族通常就是所謂的豪強家族：豪族。金廣福也是個商號，所以金廣福也是個商族，金廣福又以農業開發為目的，所以金廣福也是典型的大墾戶。總而言之，「金廣福」是清中期臺灣社會組織的代表，大墾戶的崛起，商族的崛起，豪族的崛起代表，這個過程裡姜秀鑾、姜家與其他墾戶才是社會的主要份子，羅漢腳往往只能是受雇的隘丁而已。

臺灣社會的發展到這一階段已經完成了成熟的農工商兼具成熟的社會，下一階段則快速的形成仕紳社會，然而仕紳社會的形成過程中，這泉州人獨大的氣息卻也面臨了許多挑戰，最重要的挑戰仍然是語言腔調的提法。臺灣的泉州人在仕紳化的過程中逐漸向福州官話靠攏，這當然是一則笑話，但也是事實，只是這個提法不是歷史描述的主軸而已。下一階段歷史描述的主軸是臺灣的士人越來越多，終於很快的就完成了仕紳化的過程。

第三個時期士紳社會的形成：士族、墾戶、豪族的崛起（1851—1895）
1850 年太平天國崛起就清廷而言是清廷與滿州民族走下坡的分界點，但就臺灣的社會而言卻是仕紳社會形成的里程碑。近代臺灣的兩大林家：霧峰林家與板橋林家也都是在這個階段從墾戶豪族擠身為當官的士族。

歷史霧峰林家的祖籍源自閩南漳州平和縣五寨鄉埔坪村，1746 年渡海到臺灣定居。最早的一輩是第 14 世林石，曾隨林爽文起義抗清(1786 年)。被捕過世後，第三代林甲寅從原先大里杙（今大里區）移居阿罩霧（霧峰），開始了族群的經營。其後代以林奠國、林定邦為中心分為兩支，林奠國後代被稱為「頂厝」，林定邦後代則為「下厝」。1853 年，小刀會起事，部分成員於 1854 年轉而來臺，滋擾北臺灣沿海，並趁勢攻佔雞籠（今基隆市）。北路協副將曾玉明徵召林文察助戰。林文察選擇與臺灣客家人和解，並與義民軍合作共同抵禦。1884 年，林家在霧峰的經營隨著土地開墾，商號的建設，規模越來越大，當時家族中的林朝棟，曾率姻親李惟義的 2000 多人鄉勇在中法戰爭中立功，被清朝賜官，正式晉身為士族。1890 年代，霧峰林家因掌握全臺灣樟腦的外銷，利潤相當可觀，使霧峰林家勢力更為大增。

林家是福建漳州府龍溪縣白石堡吉上社人，開臺祖林應寅於清朝乾隆 49 年（1784 年）攜長子林平侯渡海來臺灣於臺北新莊落腳。林平侯後來經營米業、鹽業，在林爽文事件中物價暴漲因而糶米致富，並且捐官入仕，曾任新竹縣丞、後升柳州

知府,從此林家晉身為士族,後辭官專心營利,又因新莊泉州人聲勢太盛,舉家遷居桃園大溪,轉而成為大墾戶。林平侯遺囑死後取「飲水思本源」之義將家產分為「飲記」、「水記」、「本記」、「思記」、「源記」五記,分別給林國棟、林國仁、林國華、林國英與林國芳五個兒子及其後代。其中分得「本記」、「源記」兩部分的林國華與林國芳為同母兄弟,將其商記合併為林本源,遷居板橋。沈葆禎奏請撫墾後山及山區時期,板橋林家曾大力幫助。光緒 10 年(1884 年),中法戰爭波及臺灣,清廷派欽差大臣劉銘傳以巡撫的身份主持臺灣防務,林維源捐助餉 20 萬兩銀圓,並協助劉銘傳幫辦臺灣防務及出任墾務大臣,一躍為「紅頂商人」,再經劉銘傳而得與在燕京權傾一時的李鴻章、盛宣懷等人相識。光緒 16 年(1890 年),出任太僕寺正卿。1894 年慈禧 60 歲大壽,一切典儀以乾隆 27 年皇太后七旬慶典辦理,用銀 700 萬兩,戶部撥銀 400 萬兩,各省、官等報銷,其中以各人名義進奉最多的為太僕寺正卿的林維源 30,000 兩。並因此而獲「聖旨褒揚」,成為當時最懂得對朝廷捐錢的「士族」。

霧峰林家與板橋林家只是這個時期臺灣社會仕紳化的頂層案例,但卻不是仕紳化的主流案例。臺灣士族的形成還是遵循漢人的傳統、「天子教」的傳統,透過讀聖賢之書取科舉功名累世而來。整個清朝臺籍進士百餘人中,有一半以上是在這個時期產生的,進士的科舉功名就是直接派官,若以率取率而言,每一名進士(京城的殿試錄取)的產生代表其後已有十名舉人(福州省城學臺試錄取),百名秀才(地方鄉試錄取)的「功名」。這些舉人、秀才雖然未必有當官的機會,但在清廷的「隔省派官」的政策下,反而最易永留鄉土,通常舉人秀才也最容易成為書院教諭、山長等地風文風的主要推動者,更是士紳的主流代表。「由於臺灣各地開發先後不一致,大致來說,以南部為先,中部、北部次之,東海岸一直到割臺都未見士紳階層的形成」(註四十一)。

科舉功名人數是士紳社會的一種指標,只是臺灣的士紳社會畢竟是以漢人的傳統、「天子教」的傳統為其主要內涵,而更明顯的說就是以「閩學」、以朱熹的儒學為其主要內涵,而以書院為其指標。

目前座落於彰化員林鎮的興賢書院,創建於清道光三年(1823),由當地恩貢生曾拔萃等捐建,係由 1807 年所建的「文昌祠」擴建而成,並由當地廩生邱海開班授徒,開啟員林文風,邱先生過世文教暫歇,直到光緒七年(西元一八八一年)秀才邱翠英等人目睹書院頹壞,再募金改建,之後又歷經數次增修,民國四十二年書院學田遭徵收頓失財源,書院乃漸衰敗。而之所以取名「興賢書院」,推測即為以朱熹曾經教學過的武夷山市五夫裡三市街之籍溪坊的興賢書院,取同名而定。興賢書院正殿祭祀五文昌為:文昌帝君、關聖帝君、朱衣神君、孚佑帝君、魁斗星君。其中朱衣神君即為朱熹。而福建民間也多見立孔子、關公、朱熹畫像於書院、藏書樓等場所而稱「三夫子」之習俗。

這 1851 年至 1895 年的士紳社會人口統計則為約 250 萬人（1850 年）至約 400 萬人（1895 年）（註四十二）。臺灣的經濟雖然已經士農工商齊備，但良田供糧的壓力還是有的，在西部平原、丘陵、臺地都已「佔領」開發的情境下，土地開發的新形態就成為埤塘灌溉水系的建立與農耕技術的改進。臺灣清朝時期的三大古圳：瑠公圳、八堡圳、曹公圳就分別興建於 1738 年、1703 年與 1837 年。其中曹公圳則是典型改旱田為水田的範例。設隘開墾、引水開發、農技改良似乎都以都在這個階段走到了極致。這麼說來士紳社會的經濟壓力是否有新的形態來舒緩呢？

1885 年臺灣設省直隸清廷，不必再透過福建省才轉呈清廷中央。而首任臺灣巡撫劉銘傳即以「引進外資、新式工業、開山輔番、自強自救」為總目標，燃起了臺灣現代化的第一把熱火。設隘開墾的模式改變了，因為「隘」則麼設都是一種「武力敵對」，交通的模式改變了，幾乎所有新的交通事業：鐵路、電信、郵政、海關在臺灣都急速的展開；臺北城的建設速度與內容也改變了，建城引入衛生下水道系統、引入南洋資金興建商業樓房；自立自強能改變新式的武器與防衛系統，卻改變不了清廷的衰微與繼任者的派系鬥爭，邵友廉的繼任臺灣巡撫很快的就將劉銘傳所推行的「新政」逐漸冷卻與擱置，直到 1895 年割臺為止。

臺灣發展到了 1895 年，面臨的不是傳統的改朝換代與變天，面臨的是做人價值觀的徹底的改變，從當個中國人改變為日本新得戰利品：殖民地底下的被改造者，不管你願意不願意。

2-3-2，臺灣清朝時期神話發展

2-3-2-1，道統與宗教
清朝臺灣的宗教不能只以「宗教」來說明，因為整個清著臺灣，以漢人為主的道統觀念：天子教成為最主要的上位宗教或無宗教之名的宗教，在天子教的籠罩下才有一般宗教的傳播。就祭祀民俗上也是如此，平埔族原住民的祭祀信仰很快的更加融入於「儒、釋、道、巫」合一的宗教形態裡。只不過清朝在接受了藏傳佛教之後，有意的行塑出「佛教」的新形貌與地位，而改變了「儒、釋、道、巫」合一的成分比重而已。另一方面，基督教與天主教則因鄭明時期的「興學校、建廟宇、禁淫祠。天主教非中國固有信仰，亦被查禁。此後直至清咸豐八年（1858），將近二百年間西洋宗教無法在臺灣立足」（註四十三）。我們先說明這兩百一十二年間的宗教發展，再描述這兩百一十二年間的道統民俗化的一些事項。

佛教在清朝的臺灣因為清廷的提倡而佔有極佳的傳教優勢。施琅攻臺收臺後，雖

然改明寧靖王府為天妃廟（媽祖廟），但臺灣設府後，所有重要的廟宇幾乎全數收歸僧侶進駐，道士雖然不能說是掃廟出門，但道士在臺灣也從此逐漸淪為江湖術士，遊走民間而不是流連仙境與駐留道觀。所幸佛教僧侶進駐重要廟宇，並未擅改主要祭祀對象，乃至廟宇名稱與主祭祀神尚多能吻合。只是佛教勢力也逐漸增強，更促成臺灣宗教上的「儒、釋、道」三教合一的氣氛與民俗信仰上的「儒、釋、道、巫」水乳交融而已。這「儒、釋、道」三教合一的氣氛也促成齋教的傳入臺灣。「康熙年間（齋教）金幢派蔡文舉門下最早（傳入臺灣），龍華派則於乾隆三十年（1765）於臺南安平海頭設立善化堂」（註四十四）。但因齋教受乾隆末期白蓮教亂的牽連，所以總是戒慎秘密傳教，至日據初期龍華派竟有佛堂二百餘堂，這種俗稱「菜堂」的齋教，秘密傳教下竟能聲勢之大，可見清朝臺灣宗教信仰上的包容性與民俗性。

咸豐八年天津條約下臺灣亦為通商口岸之一，天主教與基督教也從此得以正式在臺灣傳教。事實上，此後天主教菲律賓聖多明我教派從 1856 年起以高雄為中心，基督教長老教會馬階牧師從 1883 年以臺北蘆洲為起點，以淡水為中心企圖重新銜接荷蘭據臺時所建立的耶教傳教勢力，但至 1895 年為止，成效應該算是不彰，教徒連同神父、牧師、修女大致未超過千人之譜。

我們以歌仔戲裡的兩則戲目：「嘉慶君遊臺灣」、「甘國寶過臺灣」來說明這種道統民俗化的一些事項。

戲目「嘉慶君遊臺灣」起源於記載康熙五十二年春「詔以協辦大學士福安康領侍衛大臣海蘭察，率漢滿弁兵赴臺，遂復彰化，俘（林）爽文、大田，南北俱平。」（註四十五）歷史故事改寫。戲目「甘國寶過臺灣」起源於福州名將甘國寶兩任臺灣總兵（1759、1765）期間所留下的許多「民間傳說」。這兩則戲劇的內容與史實之間當然有許多距離，這距離就是「戲劇文學」、「神話」與「事實」之間必要的改寫與修飾。諸如：福安康只是乾隆後期一位受到重用的滿清貴族，但民間卻「傳說」福安康是乾隆皇帝的「私生子」，所以就是「太子」，而乾隆之後為嘉慶，所以福安康就是嘉慶君了。又如：甘國寶為雍正十一年（1733）殿試二甲第八名（即當年全國第六十八名）武進士，由於貧寒出身頗受人間冷暖，所以為官時頗能體恤民間疾苦而屢有「政績」，雖為武進士出身卻頗好文墨，以指虎畫留名福建畫壇。但戲劇裡卻認為甘國寶為混混出身，屢以「小聰明」度過人生難關，甚至因此而婚姻美滿、屢獲機會升遷高官。

這兩則戲目對史實的改寫與修飾其目的當然很明顯，前則透過拉抬主角的地位來拉抬清廷對臺灣的重視，後者透過拉低主角的出身來「拉近」官員與百姓的距離，並闡揚所謂「英雄不怕出身低」的權力潛規則，更以「小聰明化解大災難」使戲劇更加俱有感染力。這兩則戲目中的「嘉慶君遊臺灣」是否為漳州戲或泉州戲傳

來臺灣還很難考證，但「甘國寶過臺灣」則很明確的是福州戲（福州評話）直接傳至臺灣成為歌仔戲的戲碼。而「甘國寶過臺灣」更明確的含有「福州沙文主義」的色彩，只是這些福州沙文主義是福州累積了近千年福建省會的實力而成，不是摻或了「排他主義」色彩的沙文主義，所以往往不露痕跡而已。我們簡單的追溯一下這種良性的福州沙文主義到底如何影響臺灣文化，又怎麼形成。

臺灣在清朝的兩百一十二年裡有兩百零二年間省會是福州，所以向福州靠攏，乃至這種無傷大雅的「福州沙文主義」自然而然的也會在臺灣受到歡迎乃至發酵。而甘國寶祖居福建古田縣而在福州發跡後定居福州，並兩次到臺灣當上臺灣最高武職：臺灣總兵。這在清盛期的「隔省任官」潛規則而言實在太稀少也太珍貴了，太珍貴在於總算有個高官講得清清楚楚的福建官話，而不是北京官話、廣東官話或浙江官話。所以甘國寶在臺灣的任職「政績」會流傳福州流傳臺灣。

這福建官話或福州官話是怎麼形成的呢？

「清代統治者為了統治的需要，大力提倡朱子學，壓抑王學，使朱熹的理學盛行。福建被乾隆皇帝稱為理學之鄉，福建書院比之明代又（有）了發展，數量增加到115 所，另有正音書院 47 個。正音書院是為閩人學習官話而設的」（註四十六）。但是由於師資與長期官話延續的問題在福建所推廣的官話並不是北京官話，而是東南片官話，簡稱福建官話或福州官話。福建官話與北京官話是可以口語互通的，而福建官話與福建俗話也是可以口語互通，清朝就是憑著「官話正音」而讓全國除了少數民族之外，語言可以互通。官民之間可以互通。簡單的說，清朝的官話就是「文言文」的唸白，因全國的漢語隨地衍化的結果在清朝時定為可以互相聽得懂得四種腔，而以中原與東北稱為北京片，另外則有西北片、東南片、西南片，總稱四大官話，俗稱「官腔官調」。福建官話又稱福州官話屬東南片的一個分支。

這無傷大雅的福州沙文主義又是怎麼形成的呢？福建從南宋之後因朱熹的貢獻而成就了理學與閩學，理學與閩學是個可互換的名詞，但宋元明清經歷了四朝，則又推陳出新的出現了「侯官文化」。

「近代侯官文化的出現，可以說是中國文化史上的奇蹟，但至今尚未有人對此進行過探討，即：地處一偶，遠離全國政治文化中心的彈丸之地侯官（福州），在極短的時間裡崛起一批傑出的人物，如：林則徐、沈葆楨、林昌彝、嚴復、林紓、郭柏蒼、劉步蟾、林永升、葉祖珪、薩鎮冰、陳衍、方聲洞、林覺民、（林森）、林旭等。令人驚嘆的是這些傑出人物門類齊全，有政治家、軍事家、教育家、文學家、外交家、思想家、翻譯家，幾乎囊括了各個領域，故有"晚清風流出侯官"之說」（註四十七）。侯官文化就是福州文化，是全省各地向省城匯集融合的化學

變化結果，福建省只是接續「閩學」而後特別突出而已。

就宗教信仰而言，所有的宗教其起源都有所謂的歷史事實，這些歷史事實的教訓向上提升就成為教義、經典，向下傳播就成為神話、藝文。而這向上或向下的推動力到底是什麼呢？筆者認為就是「文化」，那文化又是什麼呢？放在臺灣的歷史裡臺灣文化又是什麼呢？筆者認為最少在 1683 年至 1885 年的兩百零二年間就是道統、宗教的世俗化，以及價值觀上向福州、向北京的靠攏，簡單的說就是福建文化的在地化、臺灣化。

傳統戲劇、小說、歷史故事、神話之所以稱為演義，就是指道統的世俗化。把人情義理推演清楚，把忠孝節義「講清楚說明白」就是「演義」。理解了這個觀點，對下一小節新增的神話就會有既熟悉又理所當然的感受了。

2-3-2-2，新增的神話

其一，陳靖姑與七娘媽

據傳，臨水夫人（767—792 年）姓陳名靖姑。一說寧德古田人，一說福州下渡人。傳說她與林紗娘、李三娘義結金蘭，並一起赴閭山學法，師承許旌陽真人。三姊妹得道之後，合稱三奶夫人。臨水夫人能降妖伏魔，扶危濟難，有伏白蛇、捉小鬼的功績。二十四歲時，因祈雨抗旱、為民除害而犧牲。傳說臨水夫人在保婦護幼上頗有奇效，因而被人民稱為「救產護胎佑民女神」。臨水夫人從唐朝封為「崇福昭惠臨水夫人」後歷經：五代，封「天都鎮國顯應崇福大奶夫人」。南宋宋理宗封「崇福昭惠慈濟夫人」，並賜「順懿」廟額。清乾隆皇帝尊稱其為「太后」。清道光皇帝封其為「順天聖母」。臨水夫人是福建閩江流域民眾崇奉的女神，其他的信徒則遍佈臺灣、浙江、江蘇以及東南亞；因源於福州，故福州信徒視其為鄉里的守護神。其他地區的信徒，則多視其為婦女、兒童的保護神，類似於「七娘媽」，臺灣有主祀臨水夫人的廟宇一百三十幾座，其中頗多陪祀七娘媽者。

七娘媽就是織女，織女下凡遊玩，因故與人間的牛郎譜出戀曲，卻又因故分離。根據臺灣臺北市艋舺龍山寺簡介牌介紹：臺灣民間信仰，每年七夕，七星娘娘會把人世間未婚的成年男女製成名冊，向天庭呈報。月老神收到名冊後，按照個性、善惡、興趣與條件抄寫成一本配偶名冊，然後用紅線綁牢男女二人之足，使合適的男女配成一對佳偶。閩南、臺灣常尊稱織女為「七娘媽」，認為她是婦女、兒童的保護神，故在閩南人、臺灣人 16 歲當年的七夕之日，會集合眾多滿十六歲者，為七星娘娘舉辦大型祭典，感謝「七娘媽」十六年來的庇佑，稱作「作十六歲」，如今臺灣臺南仍盛此俗。廣東、港澳則暱稱織女為七姐、七姊姊。

另外道教信仰的福建閭山派中，有一批道士，奉臨水夫人等三位結義女神為宗師，以紅頭巾作為標記，稱作「三奶派」、「夫人派」，又稱「紅頭法師」。而另一部份道士則將法主真君奉為宗師，並以黑頭巾作為派系之標記，臺灣人稱之為「烏頭法師」，閩南語俗謂「死歸法主，生派夫人」。

其二，三山國王廟與韓愈

相傳唐代文豪韓愈被貶為潮州刺史時，當地洪水泛濫成災，居民向這三座山祈求止雨，果然雨過天晴，韓愈便奉這三座為三山神。到了北宋時期，三位山神屢次顯靈助宋軍平亂，宋太宗就分別賜封三位山神為清化威德報國王（大國王，巾山國王）、助政明肅寧國王（二國王，明山國王）、惠威弘應豐國王（三國王，獨山國王），合祀為「三山國王」－神職為代天巡狩監察天尊。三山國王各自姓氏及聖誕分別為：巾山國王：大王，姓連名傑，字清化，聖誕是農曆二月二十五日。明山國王：二王，姓趙名軒，字助政，聖誕是農曆六月二十五日。獨山國王：三王，姓喬名俊，字惠威，聖誕是農曆九月二十五日。

三山國王的「真實所指」為現廣東揭陽市揭西縣河婆鎮北面的三座山——獨山、明山、巾山的三位山神。祖廟位於今廣東省揭陽市揭西縣縣城旁，當地舊稱霖田都，故該廟多被稱為霖田祖廟。 三山國王的有不少傳說，一說是宋太祖趙匡胤借得三山的神力幫助，後才將劉張之亂平息，遂封三山國王。根據各種資料以及田野調查認為臺灣的三山國王廟在 170 座左右，多為潮州客家人聚居的城市，同時大部分的三山國王廟也都兼祀韓愈牌位，屏東潮州與彰化市則直接將韓愈牌位與神像列為主祭祀神，而稱為韓愈祠。

韓愈（768 年－824 年，唐代宗大曆三年至穆宗長慶四年，年五十七），字退之，出生於河南河陽（今河南孟縣），祖籍郡望昌黎郡（今河北省昌黎縣[1]），自稱昌黎韓愈，世稱韓昌黎；晚年任吏部侍郎，又稱韓吏部。卒諡文，世稱韓文公。唐代文學家，與柳宗元是當時古文運動的倡導者，合稱「韓柳」。蘇軾稱讚他「文起八代之衰，道濟天下之溺，忠犯人主之怒，勇奪三軍之帥」（八代：東漢，魏，晉，宋，齊，梁，陳，隋）。散文，詩，均有名。著作有《昌黎先生集》。

韓愈在任職邢部侍郎任內因諫言迎佛骨的迷信而觸怒唐憲宗，遭貶官流放潮州擔任潮州刺使。到了潮州之後，韓愈用心治民興學、又藉以工抵債釋放奴婢，與潮州大顛和尚成為好友。韓愈卒後，當地乃建韓文公廟供奉。後來在潮州又寫〈祭鱷魚文〉，往河裏扔了一豬一羊，據聞鱷魚就此絕跡。事實上，後來宰相李德裕、宋朝陳堯佐在潮州時，看見鱷魚仍在。潮州任內，韓愈上書謝帝之恩，敕令改任袁州（今江西宜春）。潮州人懷念韓愈對潮州開發文教之功，不但將最主要的河流改稱韓江，也為韓愈立生祠來表達對韓愈治潮州的懷念，久而久之從此衍生出

潮州移民建韓愈祠，視韓愈為潮州人的守護神的習俗。

其三，五帝瘟神信仰

五福大帝又稱五福王爺、五方瘟神、五毒大神、五靈公或五靈官，本掌管瘟疫之瘟神，後被奉為民間的逐疫之神，也被福州人奉為鄉土守護神。這種「逐疫五神」類信仰對流行與閩南的王爺信仰也有直接的影響。而據說八家將則是源於五福大帝的幕府神將，專司五帝出巡或王爺出巡的前導，負有緝拿凶神惡煞之責。

五方瘟神是很早就有的信仰，在《三教源流搜神大全》紀錄：「昔隋文帝開皇十一年六月內，有五力士現於凌空三五丈，身披五色袍，各執一物。一人執杓子並罐子；一人持皮袋並劍；一人執扇；一人執鎚；一人執火壺。帝問太史居仁曰：『此何神？主何災福也？』張居仁奏曰：『此是五方力士，在天上為五鬼，在地為五瘟。名五瘟，春瘟張元伯、夏瘟劉元達、秋瘟趙公明、冬瘟鐘仕貴，總管中瘟史文業。如現之者，主國民有瘟疫之疾，此為天行時病也。』」

清代衙門，時常禁絕此類信仰，故善信往往又改稱為五顯靈官、五顯大帝等名，與馬天君信仰混合。臺灣日治時期，因西來庵事件，總督府查禁臺南西來庵神祇，信眾遂改稱五顯大帝等。而華南沿海先民每逢瘟疫流行，便祭祀瘟神，以求驅除瘟疫。清代中葉，臺南流行瘟疫，以福州人為主的官兵，便自原鄉福州白龍庵分靈五靈官前來，設置臺南白龍庵。因白龍庵多為福州軍人奉祀，人潮洶湧，不利於鄉民祭拜。泉漳士紳遂自臺南白龍庵迎請神位，另建臺南西來庵。白龍庵為五福大帝出巡所需，於是組織了家將團，作為主神護衛。依目前所見，如首創家將團體的臺南白龍庵如意增壽堂與分衍西來庵吉聖堂都稱什家將，此一陣頭傳至嘉義地區後則多稱為八家將。

另外，福州民間傳說五福大帝最早為福州一帶的地方保護神。這項傳說成為王爺信仰中「五瘟神系」的由來。福州人傳說，所指五人為張元伯、鍾士秀、劉元達、史文業和趙公明。相傳五士人為朋友，青樓曉唱，酒肆夜遊，因見瘟鬼於井中施放疫毒，乃以身投井留書示警而死，後人感念其捨身救人，建廟祀之，後經玉皇大帝封張為顯靈公，鍾為應靈公，劉為宣靈公（也稱劉主公），史為揚靈公，趙為振靈公，合稱為「五靈公」，專為陽界驅除瘟疫，保境安民。一說，早期一村內，因張、鍾、劉、史、趙五個少年，發現了井水有毒，就以身試毒，均身殉死。民眾因而得知，一村保全，因這件大善行，因此玉帝封他們為五毒大神。

臺灣民間信仰，從《福州白龍庵扶鸞記事》之說。記事：五人為泉州府五縣之秀才，瑞桐張元伯，螺陽鍾士秀，銀同趙公明（或作趙光明），武榮劉元達，清溪史文業。此五秀才赴閩都應舉人試，夜宿福州府南門外瘟神廟。夜半忽見金光閃

耀，瘟神乘輿出，廟內鬼差大呼「三山城當難，本部堂奉上帝敕，來收劫數中人。」命水猴、水鳥、蛤蚌、鱸魚、水蛙五妖怪，在五井中投放瘟毒。五人意將此事告知鄉民，但恐他人認為是怪力亂神之說，乃決議犧牲自己，各投一井，並且留書以示警。五人成仁後，託夢告知鄉民原委，並說玉皇大帝因五人捨身之德，已封為「五福王爺」，主宰瘟疫，巡按天下，賞善罰惡。鄉民為報恩情，故建廟祭祀之。

其四，水仙尊王

水仙尊王，簡稱水仙王，是中國海神之一，以貿易商人、船員、漁夫最為信奉。各地供奉的水仙尊王各有不同，以善於治水的夏禹為主。各地奉祀的水仙尊王各有不同。一般為伍子胥、屈三閭等人，或其他英雄才子、忠臣烈士與大禹合併供奉，稱為「諸水仙王」。水仙諸王的名單如下：

伯益：夏禹助手，據說首先鑿井。
寒奡：夏朝時，寒浞之子，力大無窮，能陸地行舟。
伍員：吳國忠臣，字子胥。被陷害而自盡，遺體被吳王夫差丟入河底。
屈原：楚國愛國詩人，不被楚懷王、楚襄王重用，國勢敗亡，自沈於江。
項羽：秦末起義軍領袖，號稱西楚霸王，與劉邦相爭失利，烏江邊自刎。
王勃：初唐四傑之一，《滕王閣序》作者，年少渡江溺死。
李白：唐朝大詩人，傳說其醉於水裏撈月，溺死。

臺灣在清盛期所開發的「港市、河市」通常都有「水仙宮」的興建，祭祀對象除了大禹以外，也都從水仙諸王裡選擇組成奇數而一起祭祀。如，臺灣奉祀水仙尊王之名廟，嘉義新港水仙宮，奉祀大禹及上述之伍員、屈原、王勃、李白。至清末期，水仙信仰逐漸被海神媽祖信仰所取代，所以目前擁有所水仙宮的城鎮多分佈於臺灣中南部，而少見諸臺灣北部。

在前述的神話與廟宇中，陳靖姑信仰及三山國王信仰都有「原鄉守護神」的色彩，特別是陳靖姑信仰及更早傳入臺灣的媽祖信仰，更有分靈與祖庭的概念。而臺灣民俗信仰裡除了上述的神話與歷史典故的傳述以外，更多的神話就是鄉土神及原鄉守護神分靈而匯聚的廟宇及神話，以下則介紹祖廟分靈的神話信仰。

其五，祖廟分靈：保生大帝信仰

保生大帝為中國閩南、潮汕地區及臺灣、東南亞華人所信奉的醫神，俗稱「大道公」、「吳真人」、「花橋公」。

據文獻記載，保生大帝為北宋閩南人士，本名吳本（「本」音ㄊㄠˊ滔非「本」字），

生於 979 年（宋太宗太平興國四年）三月十五日，卒於 1036 年（宋仁宗景佑三年）五月初二，登山採藥時，失足落崖，享年五十八歲。家鄉為福建泉州同安明盛鄉積善里白礁村，今屬漳州市龍海縣。父名吳通，母為黃氏，貧病早逝。吳本初習捕蛇、採藥，後學針灸、湯藥，醫名逐漸傳播民間，宋朝楊志《青礁慈濟宮碑》記載其逝世後鄉人私諡為「醫靈真人」，供奉為地方神祇，於青礁龍湫坑畔建立「龍湫庵」奉祀，為廟祀之始。

(宋)楊志《青礁慈濟宮碑》記載南宋紹興二十一年吏部尚書顏師魯奏准朝廷於青礁建廟，因此成為官方認可之正神信仰。後因神蹟傳說流布，及歷代朝廷追封，遂成為閩南地區重要民間信仰。而隨同安移民遷徙，也成為臺灣、東南亞同安籍人士信奉的鄉土保護神。

保生大帝信仰傳入臺灣的時間甚早，明天啟年間（一六二一～一六二七）閩南海盜顏思齊避入臺灣諸羅北港，曾號召漳、泉無業之民三千餘人入臺，保生大帝信仰極有可能在此時隨之傳入；而根據文獻記載，臺灣最早奉祀保生大帝的廟宇出現於荷據時期的廣儲東里（今臺南縣新化鎮）。明鄭時期，保生大帝信仰獲得進一步的發展，如《重修臺灣縣志》所載：「嗣為鄭氏及諸將士皆漳、泉人，故廟祀真人甚盛。」清初臺灣的保生大帝信仰即頗為興盛，根據《重修臺灣府志》的記載，在乾隆初年的保生大帝廟有二十三座，高居榜首，顯見當時之重要地位。中華民國在臺灣於一九九〇年成立全國保生大帝廟宇聯誼會，會員宮廟有二三八座，二〇〇六年會員名錄則已達二六〇座之多。

其六，祖廟分靈：清水祖師信仰
清水祖師陳昭應生於宋慶曆七年(1047 年～1101 年)，永春縣小岵人。幼年時，即在大雲院出家，遍訪名山後，居於永春縣，以「道行精嚴」聞名閩南。

宋神宗元豐六年（1083 年），清水祖師被素仰其道行的劉公銳請到安溪求雨，非常成功。故當地百姓極力挽留之。於是清水祖師定居安溪，而劉公銳慨然捐出大筆土地，在「張巖」建庵。祖師見「張巖」之「清泉不竭」，便改張巖之名為清水巖。劉公銳不僅布施，也跟祖師有深厚的交情。《清水祖師本傳》：「乘劉公銳至巖，祖師囑以後事謂：形骸外物，漆身無益。」《清水祖師本傳》：「立（劉公銳）為檀越主，祀於岩左東軒。凡春日抬大師像下山迎香，必以公銳像配迎駕前，蓋所以報其功也。」而清水巖之庵本為草庵，多賴清水祖師和徒弟楊道、周明等幾度拓展，終於開拓寺宇。故日後奉祀清水祖師之寺剎，多名為「清水巖」，如艋舺清水巖、淡水清水巖等。

清水祖師熱心於公益事業，多次募捐款項，號召造橋鋪路，一生興建過幾十座橋

樑。並且醫道高明，常常施藥救助人民。不僅閩南泉州，連建州、劍州、汀州、漳州一帶人士皆相當崇敬，施主尊崇，布施極盛。明朝何喬遠《閩書》：普足（清水祖師）術行建、劍、汀、漳間，檀施為盛，居岩十九年。清朝道光重纂《福建通志》：普足名重建、劍、汀、漳間，檀施為盛，居岩十九年。宋徽宗建中靖國元年（1101 年）五月十三，清水祖師圓寂於清水巖。安溪縣民感激清水祖師，故加以奉祀。從此，清水祖師成為安溪縣民信仰最誠的地方神祇。

隨著安溪移民來臺，清水祖師的信仰在臺灣也蓬勃發展，在臺灣，有三峽長福巖祖師廟、艋舺清水巖、淡水清水巖等三大祖師廟，號稱臺北三大祖師廟，而大臺北地區也是清水祖師信仰最盛之地，屏東縣崁頂鄉力社村北院廟亦以清水祖師為主神。另外，松山慈祐宮、桃園三元宮、鳳山五甲龍成宮等各地著名廟宇，皆以清水祖師為配祀神。

其七，祖廟分靈：海安龍山寺信仰

海安龍山寺主祭祀神為觀音菩薩，觀音菩薩的神話已於鄭明時期的神話中介紹過。這裡主要介紹「分靈」原為「道教、巫教」混合信仰的概念，而在臺灣祖廟分靈後往往除了主祭祀神外，更有多殿多主祀的現象，其中尤以龍山寺為最，而萬華龍山寺裡對所祭祀神祇的介紹，更能顯示有清一代臺灣的諸多神話信仰。本研究特別摘述如後。

萬華龍山寺祭祀神祇包括佛、道、儒三教重要神祇，主要可分為前殿、大殿、後殿三個殿，此外可細分為許多廳，共有神祇百餘尊，七個香爐。以下先介紹參拜順序，再一一介紹各殿神祇。對這些神祇的參拜順序建議為：參拜順序本寺有觀音爐、天公爐、媽祖爐、水仙尊王爐、註生娘娘爐、文昌爐、關聖爐共七爐，參拜順序依照此七爐依續參拜、上香即可。其中，爐體較高、靠近大殿的為天公爐；體積最大、位於中庭靠近前殿的為觀音爐。後殿由中間開始往兩旁參拜；同樣靠近中間的，先拜龍邊後拜虎邊。

前殿主祀三寶佛，即釋迦牟尼佛、藥師佛、阿彌陀佛。

三川門上有護法菩薩、四大天王，兩位護法菩薩是韋馱菩薩、迦藍菩薩，繪於中門之上。兩旁的門上，分別是東方持國天王、南方增長天王、西方廣目天王及北方多聞天王。四大天王手中各自法器，象徵著風調、雨順、國泰、民安。
釋迦牟尼佛：佛教教主，娑婆世界佛。
藥師佛：佛教東方淨琉璃世界佛，頌持該佛佛號，得以消災延壽。
阿彌陀佛：佛教西方極樂世界佛，頌持該佛佛號，得以往生極樂。

大殿主祀觀音佛祖。

觀音佛祖：即觀世音菩薩，亦稱觀音媽，象徵「大悲」，佛教阿彌陀佛脅侍菩薩。觀音是「觀世音」的簡稱，一說是避唐太宗李世民的名諱「世」字；而「佛祖」是信眾對菩薩的敬稱。據佛教說法，觀世音菩薩過去已成佛，佛號正法明如來；現為阿彌陀佛脅侍菩薩，未來阿彌陀佛涅槃後，將補處號普光功德山王如來。因觀世音菩薩是過去佛，也是未來佛，故信眾常尊稱為佛祖。

文殊菩薩：佛教釋迦牟尼佛脅侍菩薩，象徵「大智」。
普賢菩薩：佛教釋迦牟尼佛脅侍菩薩，象徵「大行」。
韋馱菩薩：佛教護法，四大天王卅二將軍之首，為南方增長天王統率，執金剛杵。
伽藍菩薩：佛教護法。據佛祖統紀，智者大師度化關羽靈魂，關羽從此成為佛教護法。伽藍意指道場、寺院、寺廟。
十八羅漢：佛教十八位護持正法的阿羅漢，亦稱尊者。

後殿可細分為天上聖母殿、文昌帝君殿、華陀廳、關聖帝君殿、月老廳等部份。天上聖母殿主祀天上聖母，即媽祖。此外左右又可細分為兩個廳，龍邊供奉男性神祇，虎邊供奉女性神祇。文昌殿與關帝殿，為文左武右。西門町媽祖廟的媽祖，在其殿宇的拆遷過程中，也曾奉祀於此。

天上聖母：道教神祇，本名林默娘，即媽祖、媽祖婆、天后。左右護法為千里眼、順風耳。
太陽星君：道教神祇，即太陽公、日神。
太陰星君：道教神祇，即月娘、月神。
千里眼：道教神祇，媽祖護法，為媽祖觀看世間災難。
順風耳：道教神祇，媽祖護法，為媽祖聽聞世間哀號。
天上聖母殿左廳水仙尊王：道教神祇，夏朝君主禹，即海王、海神。常見之四陪祀為伍子胥、屈原、李白、王勃。
城隍爺：道教神祇，陰間行政神、負責賞善罰惡。
福德正神：道教神祇，是土地之神，保護農業、商業，即土地公。
龍神：道教神祇，為雨神、海神。
天上聖母殿右廳主祀註生娘娘。

註生娘娘：道教神祇。
池頭夫人：據說是奉祀一位在泉漳械鬥中，為了喚醒壯丁應戰，而被突襲的漳州人殺死的孕婦。
十二婆者：道教神祇。
文昌帝君殿主祀文昌。一般文昌宮、廟、閣、寺，多奉祀五文昌帝君。本寺奉有文昌帝君、大成魁星、紫陽夫子，另有奉祀文衡帝君（關聖帝君）於關聖帝君殿。

文昌星君、文魁星君、紫陽夫子、關聖帝君、孚佑帝君合稱五文昌。

文昌帝君：即「梓潼帝君」，本名張育，四川將領，起義抗擊前秦而殉晉，忠義感人，廣受香火。因能保佑文運著稱於世。
大魁星君：又稱魁星爺、魁星君、文魁星君、文魁夫子、大魁夫子。
紫陽夫子：也稱紅衣神君，儒家人物，即朱熹，宋朝人。生於 1130 年，卒於 1200 年。字元晦、仲晦；號晦庵、晦翁、遯翁；世稱「朱文公」。徽州人，閩派理學大師。
馬爺：又稱「祿馬」，「祿馬神」，文昌帝君座騎。

華陀廳
華陀仙師：東漢歷史人物，即華陀，字元化。有醫神、外科聖手、外科鼻祖之稱。
孟章神君：道教神祇，即四靈（四神）之青龍，位於華陀廳外牆上。
關聖帝君殿主祀關聖帝君。

關聖帝君：歷史人物，即關羽，字雲長。
關平太子：歷史人物，即關平，關聖帝君的長子。
周倉將軍：歷史人物，即周倉，關聖帝君的要將。
三官大帝：道教神祇，一般說法是天官大帝堯、地官大帝舜、水官大帝夏朝大禹。本寺三官大帝僅有一尊，極可能是水官大帝。
地藏菩薩：佛教菩薩，象徵「大願」。地藏菩薩是負責救渡死者的大菩薩。

月老廳月下老人：道教神祇，簡稱月老，又尊稱為「月老公」，掌管人世間姻緣之事，故常有信徒向其祈求戀愛順利。典故出自唐朝李復言之續玄怪錄定婚店。
監名神君：道教神祇，即四神獸之白虎，位於月老廳外牆上。

以上萬華龍山寺對祭祀神祇的簡介既像歷史事實，又像衍生神話，也像穿鑿附會，但這些都不是重點，重點是在強調祭祀後的「功能」。或許現今萬華龍山寺所呈現的神話，也有許多是日據之後再傳入臺灣的神話，但這也不大要緊。因為這種強調「功能神」的神話信仰或宗教信仰，正說明了臺灣宗教信仰與祭祀行為在有清一代，逐漸從「信仰」走向「許願祈福」，從教義的研讀逐漸走向戲劇的演義，從諸教勸善走向萬教不外天理，也被所謂的宗教家錯視為「迷信」，人們只不過「對天」發願、許願、還願而已，並無強求何迷之有。

清朝的臺灣當然還有耶穌基督的神話，聖母瑪麗亞的神話，上帝的神話，但這些神話也像荷蘭殖民統治臺南時的狀況類似，傳教者都說不太清楚了也沒什麼信仰可言，加上信奉者不及人口的萬分之一，所以，就留待爾後再影響臺灣吧。

2-4：日據時期文化與神話發展

日本帝國因侵略朝鮮而發動中日甲午海戰，也因甲午海戰打垮（應該說是殲滅）了清廷的北洋艦隊，而獲得戰戰利品：朝鮮半島、遼東半島與臺灣，進而在臺灣進行了五十年的實驗殖民統治。所以從 1895 年至 1945 年的臺灣歷史與臺灣文化，從日本人的觀點來理解，就很容易清晰明瞭，從臺灣人或中國人的觀點來理解，就會混沌不清，甚至錯解歷史而不知。若說這時候的臺灣人或臺灣文化有沒有什麼「主體性」可以探討。很簡單的用「六三法」回答，用辜顯榮的爵位繼承來回答，就是沒有。臺灣人或臺灣文化在這段期間就是「主體性缺席」的時期，所以根本也不會衍生出什麼「土著化 V.S.內地化」這種不倫不類的學術議題出來。

2-4-1， 日本帝國殖民臺灣五十年簡史。

日本在臺灣「治理」的成效如何呢？「一般而言，殖民地化是十分負面的經驗，近代化則正面的評價居多。這兩者有如大小提琴雙重奏，高低琴音如影隨形，互為起落。如果我們忽略了這種夾纏不清的關係，將無法瞭解臺灣人對日本統治在感受上的複雜和曖昧」（註四十八）。可是如果我們稍微瞭解一下日本殖民臺灣時的「人口結構」的話，那麼這種複雜和曖昧，馬上就消失，一切都將清晰起來。

1895 年割據臺灣前夕的人口估計雖不準確，但大約是 400 萬人左右。日據時期幾乎每五年就有一次「國勢調查」，每十年就有一次「始政博覽會」，所以較為精確的人口統計是：1905 年臺灣人口 303 萬人；1940 年臺灣人口 587 萬人。這臺灣人口的統計裡不包括設籍日本的臺灣人，所以 587 萬人裡包括了辜振甫，而不包括辜顯榮與辜寬敏這兩個日本人。日本人在臺設籍者只有人數不到五千人的真正農業移民，其他作為「統治者」的日本人則連同總督、軍隊、教師、文官、、技術官僚至最下層的警佐，大體而言整個日據時期「駐臺」日本人口都沒超過十萬人。

日本至今乃有不少人沾沾自喜的認為殖民臺灣是日本最愉快的經驗，殖民臺灣是帶給臺灣現代化的堅實果實而不是只是個「開頭而已」。日本殖民臺灣時或許真有「海角一號」般的淒美臺日戀情，但更多的卻是「賽德克‧巴萊」裡警佐的始亂終棄。「日本政府花了很多功夫打入山中……也鼓勵到原住民部落任職的日本警察娶當地頭目的女兒，此一構想原本是要讓統治更便利。但沒想到這些警察往往離職後，也丟下這些女子，貴為頭目的女兒，居然讓日本警察拋棄，對原住民來講是莫大的羞辱」（註四十九）。當然，日本人封賞辜顯榮爵位時，順便也賞給辜顯榮一位日本女性為「妻」，並言明只有具有日本人血統的兒子才能繼承爵位時，他是不會有任何羞辱的感受，就像他取得鴉片館的合法專賣權時也絲毫不覺

得有任何羞辱一般。臺灣人對日本統治在感受上的複雜和曖昧，關鍵就在於是不是具有利用價值及是不是具有日本人的血統。有日本人的血統而沒有利用價值，當然棄之不顧，沒有日本人的血統而有利用價值當然可以「加官進爵」，只是在上述 303 萬臺灣人中或 578 萬臺灣人中，有加官進爵「榮耀感」的大概不到百萬分之一，而絕大多數只有在日本殖民統治下成為殖民政府定價系統下的弱勢生產者。就勞工的角度來看，殖民政府是嚴格的採取「同工不同酬」的差別待遇。唯一採取市場機制的就只有散落在花東縱谷日本農業移民，結果日本移民者卻絕大多數在「同工同酬」適應不良的離開了。所以會有「對日本統治在感受上的複雜和曖昧」的臺灣人大概就是那些不到百萬分之一或十萬分之一的「特殊臺灣人」與花東縱谷上的日本農業移民，而不會是絕大多數的臺灣人。

就日本帝國的觀點，殖民臺灣當然是成功的。日本在臺灣最重要的建設有三項：交通建設，基礎建設，被殖民者的教育建設。

交通建設上，廢棄劉銘傳的鐵路從新打造了兩套新系統：一套貫穿基隆港至高雄港的小軌鐵路系統，第二套貫穿主要「資源擷取」的腹地窄軌貨運鐵路系統：糖業火車系統與林業運輸火車系統，乃至所有小軌鐵路系統的支線。這是標準的殖民地交通建設，以輸送殖民地物資回殖民母國的交通系統乃至土地開發。

基礎建設上火車、電力、電信、郵政，乃至都市下水道都是，另外這些基礎建設也都是以成就米、糖、礦、林經濟為主要目的。米糖經濟裡最重要的就是埤塘圳溝，而嘉南大圳最重要的成就則是造就了極大的「水庫」，將舊有圳溝全部聯繫成一個系統。林業經濟最重要的就是「森林採伐」然後低價運回日本，我們從日據時期所遺留下來眾多深山中的「盛場」就可以瞭解 1980 年代土石流橫行的遠因。礦業經濟則是日據時期「獲利」較差的一個產業。

被殖民者的教育建設最大的成就大致可分成三項：醫療教育、語言教育、皇民化教育。醫療教育包括了衛生教育與護士培養，至於醫師的培養則大部分留給「日本內地」，雖然開放給臺灣人來學醫，但卻有意無意的培養出「醫師」是高人一等的社會菁英意識形態，當然這高人一等只是高於臺灣人一等，而不是高於日本人一等。語言教育重點在於「語言」的改造而不在什麼「識字率」的提升，日本從明治維新之後就逐漸開始「限用漢字」，所以公學校稱為國語小學而不稱為國文小學。皇民化教育則不太該算是「教育」卻是殖民者眼中最重要的「教育」。皇民化教育我們稱之為強制性的皇民化運動或許更為恰當。皇民化運動在第二次武官總督期轟轟烈烈的展開，配合戰時管制經濟，將中國姓名改為日本姓名，燒掉祖先牌位恭迎神道教牌位與日本國旗，全家「通曉」日語，加入志願軍家庭，甚至成為志願軍的慰安婦，不同等級的皇民化在戰時管制經濟下，會有不同等級的配給優惠。

這種皇民化運動激烈展開後確實也養成了「不少」忠君愛國的皇民，只是這「不少」皇民，在臺灣脫離殖民統治的五、六十年後還口口聲聲的「以當日本國國民為榮」，「在日治時期當慰安婦是臺灣女性的出頭天」，這些言論出口未免也太傷臺灣人的心吧。這些過了五、六十年後自認為還是皇民的人，日據時期你當的是日本殖民地裡的皇民而不是日本國國民。如果你真的認為「在日治時期當慰安婦是臺灣女性的出頭天」，那麼你該早點講這樣的話，並大力勸導你的母親出頭天。「後殖民主義」或許是一種陷阱，應該來些「脫殖民主義」的論述吧。

在 1895 年至 1945 年的殖民統治下，臺灣人到底形成什麼樣子的社會呢？

通常眾說紛紜。不過最常見的說法是日據時期是以「六三法」貫穿，而又以前期武關總督（1895--1919）、中期文官總督（1919--1936）、後期武官總督（1936--1945）而分為三期。中期文官總督時期大致對應到大正時期（1911--1925），是明治維新後日本政局裡少見的民主開放期，所以當時的臺灣總督府也鼓勵臺灣與中國的交流，特別是臺灣與福建的藝文交流，更選擇性的透過「特殊的臺灣人」來倡導興建孔廟、興建鄉土戲院（主要是上海戲與福州戲），以收籠絡之效，但是到了後期武官時期孔廟也冷落了，戲院也一律改成日本戲與文明戲，所謂的皇民化運動也就熱熱烈列的展開了。林獻堂等人在 1921 年所創設的臺灣議會請願運動，也在 1934 年無疾而終，連帶成立的臺灣文化協會也在 1927 年分裂為左派與右派，臺灣總督府在仔細考量後批准臺灣文化協會的右派成立臺灣民眾黨，列入重點「輔導」對象，並嚴格取締臺灣文化協會左派的任何延伸組織，而在 1931 年總督府宣告解散臺灣民眾黨。臺灣民主或臺灣文化的燈火也就轉入地下化而奄奄一息。

所以，在日據時期臺灣的社會也就呈現出前期的軍事管制的社會，中期的民主氛圍管制經濟（美其名為計畫經濟）並略帶文化寬容氣息的社會與後期的軍事管制社會。簡單的說是殖民地下的法西斯社會，而中間夾雜一段「恩准的本土文化」喘息而已。

2-4-2，日據時期的神話發展

前一小節日據時期簡史裡所謂「後殖民主義」或許是一種陷阱，應該來些「脫殖民主義」的論述，這種說法或許有人會認為完全污衊了日本帝國在臺灣的「貢獻」，或是怎麼不提八田羽一對臺灣農人的恩澤呢？不提後藤新平對臺灣現代化的重大貢獻呢？

其實應該說不提還好。後藤新平從臺灣殖民地民政長官卸任後就出任滿州鐵路總裁，這個移民兼殖民的鐵路公司與日本在中國東北的關東軍，一起幹了不少慘絕人寰的非軍事實驗，包括人的活體實驗、日本人種增高配種實驗、生化戰細菌戰的人體實驗等。或許後藤新平有功吧，那也是對日本軍閥有功，對日本「天皇」有功，而不是對臺灣的現代化有功或對臺灣農人有恩吧。

探討日據時代的神話發展就比上節日據時期臺灣簡史來得更複雜，就算是弄清楚了史料，弄清楚了臺灣人的觀點、日本人的觀點、福建人的觀點與中國人的觀點，其實也都還不夠，因為二十世紀不只是日本的巨變，也是人類世界的巨變，所以如果沒有放在世界發展的脈絡下來看的話，對所謂的現代化、文明開化、資本主義化、社會主義化這些化來化去的「主導力量」更會如墮入五里霧中，而更有「臺灣人對日本統治在感受上的複雜和曖昧」，而錯解歷史，錯解思想史了。

作為殖民地的臺灣，殖民母國所想加諸於殖民地上的神話其實很簡單。語言上的同化是第一要務，訓練出被剝削的順民也是第一要務，踐踏你的祖宗牌位還要你對著神道教牌位喊萬歲更是第一要務，同樣的工作賺得比日本國民來得少吃不飽還要喊萬算，因為這是日本國皇民而不是日本國國民。日本國國民會不會「於心不忍」？不會的！因為日本文化與中國文化或臺灣文化具有不同的價值觀，更具有不同的心。

班尼迪克的著作<<劍與菊花>>中，極盡細膩地描述了二戰前的日本人價值觀，並指出：「忠的世界、孝的世界、情義的世界、仁的世界、人情的世界等等許多處世標準，共同的構築成了日本人的人生。每個世界獨特而複雜的規則構築了他們的道德困境」（註五十）。但是如果我們更進一步理解明治維新以後的日本之「道」
是怎麼形成的話，那麼這種表面的錯綜複雜與道德困境其實是「內心的清晰而道德總有盡頭」般的一語可以道破。

日本在明治維新之前經歷了前所未有的慎密封建制度，德川家康在戰國群雄中脫穎而出靠的就是所謂的「武士道」與「層層嚴密的責任交付封建制度」，而「武士道」乃宋明理學裡的殘渣：「愚忠思想」改造而成，「忠於天皇是個幌子，忠於最近的主人才是硬裡子」，否則人人都效忠天皇去了，那誰來效忠德川家呢。武士道精神從好的方面來看可以養成踏實負責的精神，為情為義赴湯蹈火再所不惜。同樣的從壞的方面，也可以為權為利為名甚至為惡，赴湯蹈火再所不惜。從利己主義看，順境就是舉劍勇往直前，逆境就是羞憤自裁如櫻花之凋零博得英雄美名。

明治維新前的武士道再加上資本主義的利己主義特色，就解釋了所有的「道德困

境」，其實在這種「道」的思想薰陶下，日本人是沒有道德困境的，日本人的內心世界是清晰透徹的，但道德總有盡頭處，與其認錯不如自裁還可留得一世英名，這也是日本文化不認錯的絕妙之處，只是撥開資本主義，撥開利己主義，這種絕妙之處竟是如此貪婪、殘暴而蒼白，直到絕處也不能逢生而已。

所以，在日本人看來殖民時期所要馴化臺灣人的「道」是如此的高度聖潔感，但在經歷二百一十二年中國道統思想的臺灣人來看或許是道統的翻轉，而不是改朝換代而已。

2-4-2-1，翻轉的道統與宗教

日據時期臺灣人民遇到的不是改朝換代，而是「翻轉的道統」與新加的宗教。總督府除了極力推動的「語言同化」之外，最主要的是塑造殖民地之下的「皇民」，也就是將臺灣原有的道統徹底改造為日本當時的道統。

日本當時的道統到底是什麼呢？簡單的說，就是三合一的武士道、神道教與天皇一系。我們先將武士道與天皇一系說明如下，神道教就留作宗教來理解。

武士道並非日本固有的傳統，而是德川時期蓄意培養出來的一種「軍人志節」。它原先只為「武士」所尊奉，但明治維新後日本頒佈「廢刀令」（1876年）及宣布「士、農、工、商」的「四民平等」後，這種「軍人志節」反而蔓延開來成為全民表率。就日本歷史發展來看，「從南北朝到將戶時代，武士的思想及價值觀經歷了三次巨大變化。武士從原來的粗魯無文，無視於倫理，到柳生宗矩、宮本武藏兩個兵法大宗師強調武士必須修練心性，是一個變化。山鹿素行提倡武士要效忠主君，講求信義及倫理，無懼生死的思想，又是一個變化。到了山本常朝、大道寺友山主張武士道等同於看透死亡，瘋狂求死，而只知效忠主君，不問其他，又是一個更大的變化」（註五十一）。在日本軍國主義盛行期間，所謂的武士道正是第三次巨大變化後的「產物」，所以，應該說連「朱子學」或「宋明理學」的殘渣都沾不到邊的一種極右思想。這種極右思想剛好讓日本的軍閥崛起鋪平了道路，為日本的走向發狂的法西斯主義，侵略主義鋪平了道路。而日本極右派又將武士道與天皇一系聯繫起來，那麼武士道又可堂而皇之的打起「愛國主義」的招牌，橫掃了二十世紀的日本思想界，更搶奪了日本發展的論述權。

天皇一系又是什麼傳統呢？

天皇一系這種說法是1936年日本軍閥所塑造出來的，他們從<<古事記>>等史詩中認定日本皇帝這個家族是「神」的後代，所以才可能一直流傳繼位不致終絕。由於日本的皇帝被認為不同於普通的日本人（在神道教中，天皇是天照大神後裔，故具有神性），因此天皇與其家族沒有姓（歷史學上稱其為天皇氏），日本憲

法也未賦予其公民權。雖然昭和天皇以後的日本天皇已宣布完全放棄歷史上其被賦予的「神性」，但多數日本人仍認為天皇代表著「國家」。

日本君主使用「天皇」稱號，大概是在相當於中國唐朝的時期。唐高宗曾使用天皇稱號，與天后武皇后並稱二聖，這可能影響到日本天皇稱號的採用。日本天皇名稱最早的文字記載是 673—688 年前後天武天皇制定的《飛鳥淨御原令》。中國稱日本元首為天皇大約是在清末的同治時期。在日本的歷史上，出現天皇的稱號以後，還曾有天皇和皇帝的稱號並用的情況。這種兩個稱號並用的天皇有 43 代元明、45 代聖武（追諡）、46 代孝謙、50 代桓武。到了近代的明治元年（1868年）後，日本致外國首腦信件、國際條約批准書、宣戰詔書使用的都還是皇帝稱號，而不是用天皇稱號。1936 年推行大東亞共榮圈統治後，日本對外就完全使用天皇稱號了。民間則稱天皇為君上或大君。

日據時期臺灣總督殖民政府第一個強力引入的宗教就是神道教。
神道教的較早型態就是一種萬物有靈教，起初沒有正式的名稱，一直到公元 5 世紀至 8 世紀，漢傳佛教經朝鮮半島傳入日本，漸漸被日本人接受，為了與「佛法」一詞分庭抗禮而創造出「神道」一詞來區分日本固有的神道與外國傳入的佛法。是以在《日本書紀》〈用明天皇紀〉中的「天皇信佛法，尊神道。」句中，首次出現了「神道」這個稱呼。「神道」二字雖源自漢字，但實際上對此詞的概念在漢語與日語中有所不同。漢字傳入日本後，「神」字被用來表示日語中的「kami」。當時的日本人稱已逝的人之亡靈為「kami」，亦將認為值得敬拜的山神及樹木、狐狸等動植物的靈魂稱為「kami」。「kami」還包括一些令人駭聞的凶神惡煞。其後，人物神的歷任天皇、幕府將軍、功臣、武士等也漸漸被作為膜拜對象，成為「kami」，因而眾「kami」就能形成較為完整的體系。

佛教初傳入日本時，神道信徒甚為反對。由中國渡來的有力氏族，例如蘇我氏，支持佛教。日本本土的氏族，物部氏和中臣氏擁護神道，反對佛教。佛教僧侶具有中國先進的知識，天皇因此支持佛教。一時神道失勢，然至 8 世紀末，佛教僧兵的權力亢進，天皇欲制佛教的勢力，因而神道再度得勢，兩種宗教逐漸互相混合（即神佛習合）。至明治時期，百姓等信仰兩宗教。於是佛教寺院和神道的神社，兩者渾然。例外的是伊勢神宮，供奉天皇的祖先，屬於古神社。至江戶時代末期，國粹的神道理論家宣稱，兩者不能相混。明治初年，興「廢佛毀釋運動」，以致許多佛寺遭毀。神道成為國家的宗教。雖明治政府承認信教的自由，但崇拜神道成為日本國民的義務，成為統治國民的手段。當時在日語中稱為「國家神道」。

神道派別。
神道大致有三種流派：神社神道，教派神道和民俗神道，教派神道分有 13 個教

派,每派有自己的創始人;民俗神道無嚴密組織,是農民自己祭祀農事和路神。明治維新後,政府扶持神社神道,宣布政教合一,將神社神道定為國教,即國家神道,由政府出資資助。古來神道的祭祀神職人員、神主(神道的祭司)以及下級神職人員一般都是世襲。明治政府不採傳統的制度,廢止世襲職。設置內務省中一部局來管轄全國神社,而神職皆成內務省的職員。又將古社中多數小者,由政府統籌到大社中。1945 年日本於第二次世界大戰投降後,在盟軍要求下,日本政府宣布政教分離,裕仁天皇發布詔書,宣布自己是人不是神,廢除國家神道,政府不得資助神社,但神社神道已經成為日本神道信仰的主流。

神道文化。

日本人一般在出生 30 至 100 天內,都會被父母帶領參拜神社,在 3、5、7 歲的 11 月 15 日所謂三五七節要參拜神社,升學、結婚要到神社祈求神佑。但平時求籤,祈求交通安全等到佛寺,葬禮也要佛教和尚主持。每個神社門前有一個叫做「鳥居」的日本牌坊,正殿門楣上掛一鈴鐺,懸一粗繩,參拜者先要拉動粗繩,再大聲鼓掌以驚動神靈(源自周禮中的振動,日本稱為御魂),然後雙手合一默默祈禱。一般不用下跪,但進入殿內須脫鞋。因日本大學升學競爭相當激烈,每年高考時,都有大批學生到神社祈禱。

除了神道教以外,日據時期由於日本也有佛教,所以日本佛教也是殖民當局頗為重視的宗教,甚至在日據臺灣宗教改革時,日本佛教反而成為原有臺灣佛教與道教的「護身符」,影響臺灣宗教發展至巨。「日式佛教傳入臺灣,導源於日人設置隨軍布教和尚(軍僧)。當清廷割讓臺灣,臺人不願臣倭,組織武裝力量抗日,日人派軍強取時,日本佛教各宗及隨各軍隊傳入臺灣,從事慰問日軍士兵及軍屬,至臺灣主要抗日活動式微後,即擬以中國人為對象,開始傳教。……如此傳入臺灣的日本佛教有曹洞宗、真本願寺派、大谷派、木邊派、臨濟宗、淨土宗西山派、真言派、日蓮宗、天臺宗、法華宗、嚴華宗等八宗十二派。日本全國佛教十三宗四十八派,可說已大半傳入臺灣。(雖然這些日式佛教廣設寺院與教育社會事業,留下龐大資產,但至日據末期統計),四十餘年只吸收了中國信徒二萬八千餘人,真可謂事倍而功半」(註五十二)。反而在清朝時,半地下傳教的「齋教」,因其與佛教的親近性,改以「愛國佛教會」的名義獲得較大的發展。當然這時臺灣的主流宗教還是臺灣佛教與臺灣道教,只不過在「宗教改革運動下」,往往以「加祀觀音佛祖」來蒙混過關,或少數慘遭夷平。

至於天主教與基督教在日據時期可以說是又獲得一線生機,開始順利傳教,不過西方宗教在臺灣也有些許教派勢力範圍的紛爭,這些紛爭都在 1941 年太平洋戰爭爆發後,以斷絕與外國關係為由,改派日人牧師或神父為臺灣西方教會的管理人而劃下紛爭的句點。「當時臺灣教區所管轄者,既有教堂十八所,宣教師十八人,傳道士二十一人,傳道婦三十人,教徒九七三七人」(註五十三)。

2-4-2-2，新加的神話

日據時期從 1895 年至 1945 年，在時間上絕大部分屬於二十世紀。到了二十世紀時，除了新興宗教還有「神的故事」以外，「神話」一詞又有了新的指涉，神話既指願景的故事，也指美麗的謊言，更指裝神弄鬼的故事，當然神話原有的指涉還是「被祭祀者的故事與神蹟或聖跡」。所以以下就依「被祭祀者的故事與神蹟或聖跡」、「願景的故事」、「美麗的謊言」、「裝神弄鬼的故事」這樣的順序來陳述這個時期新加的神話如後。

其一，天照大神

天照大神（《日本書紀》稱法），亦稱天照大御神（《古事記》稱法）、天照皇大神、日神，是日本神話中高天原的統治者與太陽女神。她被奉為今日日本天皇的始祖，也是神道最高神祇。 在《古事記》及《日本書紀》均記載為須佐之男的姊神，因此一般被視為女神。

天照大神的誕生：根據《古事記》與《日本書紀》記載，天照大神是從日本神話中開天闢地之祖伊奘諾尊（《古事記》裡稱為伊邪那岐）眼中誕生：伊奘諾尊思念難產而死的愛妻伊奘冉尊（《古事記》裡稱為伊邪那美），親赴黃泉國。但看見她腐爛而醜陋的身軀後，因感到噁心與畏懼，遂逃離黃泉國。憤怒的伊邪那美派出數將追擊，但被他用計甩開，最後在黃泉比良坂用桃堵住陰陽兩界之路，才停止這場災難。

這時疲憊的伊奘諾尊停在日向國的橘小戶阿波岐原休息，他脫去身上的衣物跳入河流中游洗滌，但是他脫掉的衣物與洗滌的部位頓時生出二十多位神祇。最後洗臉時，左眼生出掌管太陽的天照大神，右眼生出掌管月亮的月夜見尊（《古事記》裡稱為月讀），鼻孔生出素盞嗚尊（《古事記》裡稱為須佐之男）。伊奘諾尊便令天照大神治理高天原，月讀治理夜食原，素盞嗚尊治理海原。

天照大神的統治高天原：天照大神在天上時發現地上的葦原中國有保食神將來，令弟弟月夜見尊前去迎接。保食神來到後便轉頭，面對陸地的方向吐出米飯，又面會海洋的方向吐出各種魚類，等吐出各種食物後，便存起來準備庭宴時供大家發享。見此情狀，月夜見尊臉色大變，指責保食神居然拿吐出來的食物給他吃，隨即拔劍殺之，然後把這件事告訴天照大神。天照大神聽後很生氣，大罵月夜見尊一頓後不再見面，從此日月相隔出現。

之後天照大神派天熊人去看保食神的屍首，只見頭頂化為牛馬，頭殼長出小米，眉毛長出蠶繭，眼睛長出稗，肚子長出稻米，下陰長出小麥、大豆和紅豆。天熊人將這些物品取下來獻給天照大神，天照大神把這些食物與絲品交給定天邑君管

理，從此天下有養蠶與可耕種的穀物。

天照大神與月夜見尊都接受父親的命令，到自己的領地。唯獨素盞鳴尊因思念母親伊奘冉尊而泣，被伊奘諾尊放逐。被放逐的素盞鳴尊赴黃泉國見母前，決定先去高天原找其姊天照大神，但他行走時山川與諸土震動，反而驚動了天照大神。她以為他要侵佔高天原，全副武裝準備迎戰。素盞鳴尊到達後說明來意，天照大神仍些許懷疑，於是兩人以生子為證；天照大神拿素盞鳴尊的十拳劍折成三段，用河水沖洗後放入口中咬碎，然後吐出霧氣，隨之生出三女神：田心姬（《古事記》稱為多紀理毘賣命）、湍津姬（《古事記》稱為多岐都比賣命）和市杵島姬（《古事記》稱為市寸島比賣命）等宗像三女神。

天照大神神話故事的終結與新開：天照大神後來生出「正勝吾勝勝速日天神」，「正勝吾勝勝速日天神」生出「天彌岐志國彌岐志天津神」，「天彌岐志國彌岐志天津神」生出「火遠理命神」，「火遠理命神」生出「天津日高日子波神」，「天津日高日子波神」生出「神武天皇」，自此天皇一系為神之明證，既終結了日本皇帝為「天照大神」的神族後裔故事，也逐漸開啟了日本皇帝以神格「封神（歷史上的真人真事）」的祭祀神慣例。目前絕大部分的天照大神祭祀只寫牌位而不立塑像。

其二，釋迦牟尼（事蹟）

釋迦牟尼是後人對他的尊稱。「釋迦」是他所屬的部族釋迦族的名稱，有「能」、「勇」的意思；「牟尼」意為「文」、「仁」、「寂默」，所以漢文翻譯又作能仁寂默、釋迦文佛等。此外，大乘佛教對他又有不同的尊稱，如《華嚴經》中又稱他為毗盧遮那佛，是光明遍照的意思，俗謂大日如來。而依照印度教說法，釋迦牟尼是毗濕奴化身。

釋迦牟尼，根據經典記載，在母親摩耶夫人返回娘家的途中，生於蘭毘尼園無憂樹下。降生七日後，母親過世，由姨母大愛道（Mahāprajāpati，音譯為摩訶波闍波提，又叫瞿曇彌 Gautamī）撫養成人。阿私陀尊者是淨飯王的國師，在聽聞太子出生後，立即來到王宮。阿私陀以天眼觀其未來，起初面露微笑，但一會兒，卻又顯出悲傷。在一旁圍觀的人都被他的怪異神情弄得不知所措。他解釋說，他微笑是因為太子必定覺悟成佛；他悲傷是因為他自己不久於人世，往生無色界，如此他就無法獲益於覺者超人的智慧。

釋迦牟尼從八歲開始，向毘奢婆蜜多羅學習文化，向屬提提婆學習武藝，從小在宮中過著舒適的生活。成年後，先後娶三個妃子為妻，並建三幢宮殿安置她們，第一宮納善覺王之女，他的表妹耶輸陀羅妃，第二宮納摩奴陀羅妃，第三宮納瞿多彌妃；以耶輸陀羅為正妃，並與她生有一子羅睺羅。在差不多 13 年的幸福婚

姻期間，他過著豪華的生活，對宮門以外世界的滄桑變化一無所知。隨著時間過去，真相逐漸顯露。29 歲那年是他一生的轉振點，他的兒子羅睺羅在那年出生。他在外出巡遊時，恰遇老人、病人、死者和修行者，深感人間生老病死的苦惱，經常在閻浮樹下沉思，但是不得離苦之道，於是在 29 歲時的某個月夜乘馬出家修道。

為了尋求解脫，他遍訪名師，遇阿羅陀迦蘭（Alara Kalama）。阿羅陀為沙門師，日後的佛陀要求按照阿羅陀的教義和教規過梵行生活。這種教義主張通過一系列禪定功夫，達到「無所有處」，即是意識上一切空無所有，進入甚深的靜虛狀態。不久釋迦牟尼達到了阿羅陀所教導的一切，使後者大為嘆服，建議合作領導他的沙門團體。然而釋迦牟尼卻不滿足於這種學說而選擇退出。仍未成道的他接著又跟隨鬱陀羅摩子（Udraka Ramaputra）修行，得到「非想非非想處定」。但是他認為這仍然不是解脫的境界，然而釋迦牟尼已經找不到老師。於是釋迦牟尼與五比丘在苦行林中苦修 6 年，忍受飢餓痛苦。35 歲時，意識到苦行無法達到解脫，轉而前往菩提伽耶，後在菩提樹下禪定，並發願不成正覺，永不起身。直到了第七日中的第七夜，天正曉明，瞻望明星而悟道。悟得三明與四諦，證得無上正等正覺，而成為佛陀。

釋迦牟尼悟道之後，在鹿野苑開始傳教，為憍陳如等五比丘宣說「四聖諦」。此為出家僧團的開端。後來波羅奈國長者耶舍，成為佛陀弟子，僧團在此擴張，超過百人，也開始有了在家居士的護持。佛陀教團以此為中心，逐漸擴大教化。淨飯王聽到佛陀的消息，派遣侍者前往，邀請佛陀回國說法。釋迦族的貴族子弟，如富樓那尊者、阿難陀、提婆達多等人，紛紛加入僧團。此後說法住世四十五年，度化了許多弟子，其中著名的有舍利弗、目犍連、大迦葉、阿難等。他為了宣揚佛教，也走遍印度各地，以摩揭陀、憍薩羅、拔沙三國為中心，曾在憍薩羅舍衛城的祇園精舍說法 25 年。

八十一歲時，佛陀在毗舍離城，結果已成，雨季過後，偕弟子向西北行走，後因食物中毒，赤血迸出，劇痛瀕死。釋迦牟尼口渴，讓阿難去給他打水喝。釋迦牟尼喝完，和學生們繼續向前走。走到醯連尼耶瓦提河的岸邊，佛告知弟子們將入涅槃，躺倒在兩棵娑羅雙樹的中間，弟子們都守候在身邊，聆聽佛陀的最後教誨。夜裡須跋陀羅（Subhadda）去求佛開示，成為佛陀的最後弟子。阿難在兩棵娑羅樹中間鋪下臥具，頭部向北，佛陀躺下，向右側偃臥，左足置右足上，佛在拘屍那羅城附近的娑羅雙樹下入滅。火化後的舍利子由摩揭陀國王阿闍世和釋迦族等八王帶回建塔（即舍利塔）供養。

釋迦牟尼進入般涅槃後，弟子們彙集、整理佛陀一生的言傳身教，通過幾次結集，形成經、律、論「三藏」。隨著佛法傳播範圍的日益擴大，佛教逐漸成為世界性

的宗教。關於釋迦牟尼基本的教義，後世有許多不同的見解，但是無論是大乘佛教、部派佛教都同意保存在《阿含經》中的四聖諦、八正道、十二因緣、三十七道品等，是釋迦牟尼最初的教義。

其三，耶穌基督（事蹟）

根據路加福音，天使加百列奉神差遣，往加利利的城去，到童貞女馬利亞那裏，向她預告耶穌的降生。她已與大衛家族中約瑟訂婚，根據馬太福音，約瑟因為馬利亞的身孕曾想把她休了，因主的使者勸說才罷休。根據路加福音，因應當時的人口普查，約瑟帶著懷孕的馬利亞前往伯利恆，並在馬槽裡生下耶穌。耶穌降生當天有訪客，路加福音描述牧羊人的拜訪，馬太福音則述說東方的博士帶著禮物來拜訪。當晚，根據馬太福音，約瑟帶著馬利亞和耶穌逃往埃及，直到大希律王死後才回以色列，在拿撒勒居住；根據路加福音，耶穌及父母一直待在以色列，並在八天後行了割禮，不久之後回到拿撒勒定居。耶穌在 30 歲時，他接受施洗約翰的施浸，並在曠野接受四十天的試探，往後開始在故鄉加利利一帶開展傳道工作，並在信徒當中親自揀選了 12 人成為十二使徒。

耶穌的生平事迹：耶穌主要的生平事跡都記載在四福音書中。福音書中記載，他在大約公元 28 年或 29 年，在約旦河受施洗約翰的水浸禮後，就開始在整個以色列和猶大傳道，主要是宣揚神的國的信息，到處醫病和驅鬼。在傳道過程中，他不斷勸導猶太宗教領袖和祭司有違《舊約聖經》中誡命的精神，是神所不樂見的。而他當時對猶太百姓宣稱自己是神的兒子則是多數的猶太人一時不能接受的。

但是希伯來聖經（《舊約》）的確曾經預言將有一位彌賽亞要到來，而且許多以色列人知道耶穌所在的時間正是預言應驗的時候，盼望以色列的救主到來，讓他們擺脫羅馬人的奴役。因此耶穌的門徒也逐步認識到他是彌賽亞。耶穌的門徒在書信中認為，耶穌在傳道過程中，對人的體恤和關懷，正反映了神對人的態度，也為他的門徒做出榜樣。四福音書中的耶穌，提出了許多崇高的道德標準，並指出，他的門徒應當不互相敵視和殘殺，而當互相愛護和愛世人。耶穌在短短 3 年半左右的時間裡，主要在北方的加利利海地區進行傳道活動。迦百農是他主要的活動城市。

耶穌釘上十字架而死：在約公元 30 年或 33 年時的逾越節前夕，由以色列耶利哥城前往耶路撒冷，受到群眾的歡迎。基於各種宗教和世俗的原因，當時的猶太人對耶穌非常憎恨。耶穌和門徒在耶路撒冷郊外過逾越節，並在那裡進行了最後的晚餐。在遣走要出賣他的猶大後，他創立了紀念晚餐，並說出了其中的深遠意義。現今許多基督教教堂舉行的聖餐儀式即來源於此。

猶太教上層階級當權司祭與教士收買了十二宗徒之一的猶達斯，以 30 塊銀的價錢和他串通，再以親吻耶穌為暗號，把耶穌拘捕，並控以「自稱為猶太人的君王」的罪名。耶穌被捕時，他的宗徒伯多祿（新教稱為彼得）拔劍削掉一個打手的耳朵，耶穌責怪說：『收刀入鞘吧！凡動刀的，必死在刀下。』耶穌在此申明了暴力並不解決問題，彼得只好放下刀來，耶穌在治好了那人之後，終於被抓走了。在猶太群眾壓力下，被本丟彼拉多判處死刑，並隨即押往各各他的刑場（一般認為被釘十字架）。耶穌流血淚水死亡後，兵卒再以刀具刺穿他的身體，使血水流出。

耶穌復活：《新約聖經》中記載，耶穌死後被安葬於各各他附近的一個墓室，並於三天後復活。爾後他回到加利利與眾門徒見面，並於 40 日後升天。耶穌復活的那天，是舊猶太曆的尼散月十六日，這一天以色列人要獻上最早的收成。因此有人認為，耶穌在逾越節被殺死，並在這一天復活具有深遠的意義，亦即意味著，耶穌即是逾越節的祭牲，又是最早的收成。尼散月是春分前後耶路撒冷第一個新月為第一天，耶穌的復活日是星期日，後被基督教定為「復活節」，是西方社會的重要節日之一。死裡復活後《新約聖經》中記載，自從耶穌從死裡復活後，多次在門徒面前顯現，讓門徒堅定信心傳講他曾經傳講的信息。一些追隨耶穌的猶太人發現，神不但要通過耶穌基督的獻身來拯救歸信的猶太人，而且要拯救信從耶穌的所有「國族、部族、語言」的人，使凡信他的人得享永生，於是宣告耶穌是真正的彌賽亞，是基督，故稱他為耶穌基督。自此，即使羅馬帝國禁止，基督徒也未曾中止傳教活動。早期基督徒的活動，使得基督宗教在猶太行省、希臘和小亞細亞地區的影響越來越大。由於羅馬皇帝尼祿指示將燒燬羅馬城的罪名由基督徒頂下，因此在耶穌之後的前 3 個世紀，基督徒受到來自部份猶太教派和羅馬帝國政府的迫害。其中羅馬政府的大規模壓迫和殘害，使得許多基督徒死於監獄、鬥獸場等地。到了公元 4 世紀時，許多羅馬上層社會已有相當人數信仰基督教，而母親是基督徒的君士坦丁一世則認為基督宗教可以拉攏帝國東部新征服地區信奉各種宗教的居民，安撫他們的宗教矛盾，以及出於自己認同基督提倡公義的精神，就把基督宗教定為國教。在羅馬帝國的准許，基督宗教以更快的速度傳遍至羅馬帝國全境和鄰國，包括今日的埃及、伊朗、高加索等地。而此後羅馬帝國支持下「教廷」成立，並將耶穌與十二門徒的行錄從新整理彙編，命名為「新約」，以示信徒與上帝之間的新見證與新約定範本。

其四，脫亞論神話

脫亞論神話是塑造日本大和民族為亞洲最高貴民族的一種神話。也是日本對外侵略思想氾濫的溫床。

脫亞論由素有日本啟蒙大師、現代教育大師之稱的福澤諭吉在 1885 年三月所發

表，其內容節錄如下：

「國內無論朝野，一切都採用西洋近代文明，不僅要脫去日本的陳規舊習，而且還要在整個亞細亞洲中開創出一個新的格局。其關鍵所在，唯有『脫亞』二字。雖然日本位於亞細亞東部，但國民的精神已經開始脫離亞細亞的頑固守舊，向西洋文明轉移。然而不幸的是在近臨有兩個國家，一個叫支那，一個叫朝鮮。……這兩個國家一樣，不管是個人還是國家，都不思改進之道。……那麼毫無疑問，從現在開始不出數年他們將會亡國，其國土將被世界文明諸國所分割。在遭遇如同麻疹那樣流行的文明開化時，支、韓兩國違背傳染的天然規律，為了躲避傳染，硬是把自己關閉在一個房間裡，閉塞空氣的流通。以西洋文明人的眼光來看，由於三國地理相接，常常把這三國同樣看待。因此對支、韓的批評，也就等於對日本的批評。……。既然如此，當今之策，我國不應猶豫，與其坐等鄰國的開明，共同振興亞洲，不如脫離其行列，而與西洋文明國共進退。對待支那、朝鮮的方法，也不必因其為鄰國而特別予以同情，只要模仿西洋人對他們的態度方式對付即可。與壞朋友親近的人也難免近墨者黑，我們要從內心謝絕亞細亞東方的壞朋友」(註五十四)。福澤諭吉的話可說得真白，脫亞論不但要謝絕鄰近的壞朋友，還要學習如同新朋友一般的「仿西洋人對他們的態度方式（爭端，挑起戰爭，殖民瓜分）」對付即可。

其五，興亞論神話

興亞論神話是塑造日本大和民族是唯一具有殖民亞洲其他種族的民族，日本帝國殖民亞洲其他民族是為了復興亞洲，而不是壓榨剝削亞洲其他國家與民族。興亞論與脫亞論不同在於興亞論是明治維新時期日本極右派薈萃盛氣而成，不像脫亞論是福澤諭吉一人登高一呼而成。但這日本極右派裡的剛倉天心卻以國粹派、文化復興派及日本近代藝術之父、日本近代美學之父聞名。而致岡倉天心在二十世紀初的<<印度的覺醒>>、<<日本的覺醒>>乃至<<東洋的理想>>等書所提出的許多觀點，絕大的影響了日本設計藝術的走向，並在建築上藉由另一位國粹派建築史家伊東忠太提出帝冠式建築之提法，而讓1930年代的興亞式建築與大東亞建築，蓋滿日本的殖民地，乃至蓋滿日本侵略過的國家。

岡倉天心在<<日本的覺醒>>乃至<<東洋的理想>>等書中不斷的提出中日韓三國一體，中日韓三國互助共榮的思想，也不諱言日本民族的優秀，正是這些論點形成興亞論轉變為以日本領導的大東亞共榮圈思想，而這樣的思想又成為日本進出亞洲各國乃是理所當然與救各國的義舉。興亞論神話將日本大和民族的侵略野心赤裸裸的暴露出來，還編個神話提出侵略別國的正當性來。這正是日本極右派最醜陋的嘴臉之一，殖民臺灣後還要再編個「後殖神話」來威脅臺灣，要臺灣感激大日本帝國對臺灣的殖民貢獻。

2-5：中華民國時期文化與神話發展（1945-2012）

1945 年美國打敗了日本，中華民國沾光，在被軍事屠殺六千萬多個中國人後，光復了臺灣。臺灣從此再度「道統翻轉」，又有了臺灣的主體性，應該叫作「臺灣的主體性在中華民國」。由於 1945 年迄今時間過於迫近，資料繁多，隨手可得，加之「當局者迷」，所以本節希望以最小的篇幅描述這時期的文化與神話發展。

2-5-1，中華民國在臺灣簡史

中華民國在 1945 年二次世界大戰結束之後，雖然光復了臺灣，但國家處境卻日益艱險，掌政者未必識得民間疾苦，也有一些舊軍閥、舊買辦一邊殺人貪污一邊講起仁義道德起來。終於很快的就從戰爭的廢墟中再度跌入戰爭的漩渦，兩種主義的代理人戰爭打得如火如荼，同胞殺同胞還口口聲聲喊救中國。1949 年中華人民共和國在北京宣告成立，同年中華民國中央政府轉進臺灣，1950 年初就演變成臺澎金馬與中華人民共和國的兩岸對恃與冷熱混戰，通常稱為國共內戰。雖然此時的中華民國一直高喊漢賊不兩立與反攻大陸去，但是國際局勢與國際現實只能成就了 1980 年代起的「中華民國在臺灣」，這時臺灣的主體性反而支持了中華民國的主體性，或許可以說是「中華民國的主體性在臺灣」。或是說這一階段的重點不在於主體性的辨識，重點在於國際局勢、經濟建設與兩岸關係，最少在辨識主體性時該有個重點，才不會看走眼。以下編年記事的簡述國際觀點、中華民國觀點、臺灣觀點、兩岸觀點下的臺灣發展。

1949 年中華民國中央政府播遷來臺，不但帶來新一波的移民，也帶來隨後不久執行的「戒嚴」。

1967 年推動中華文化復興運動。這通常解讀為對大陸在 1966 年所推動的「文化大革命」的具體抗議，乃至延伸到對中華道統繼承的爭奪。

1972 年聯合國通過第 2758 號決議文，內容為聯合國會員國的中國席次由中華民國代表出席改為中華人民共和國代表出席。聯合國的這道決議文剝奪了創始會員國的身份與權利。所以中華民國政府在該決議文公告之前即宣布退出聯合國。但聯合國這個決議文對中華民國在國際政經脈絡裡處於非常險惡的環境中。

1978 年中華人民共和國結束十年文革後，隨即企圖推動「開放改革」的新國策。

1987 年中華民國宣布解嚴。既終止了長達近四十年的「戒嚴」統治，終止了白

色恐怖的支撐點,也終止了法律狀態下的國共內戰,開啟了言論自由、民主法治的新頁,更開啟了兩岸人道探親、交流、合作的可能性。

1993 年海峽兩岸兩會在第三地新加坡舉行了辜汪會談,開啟了兩岸間半官半民的正式接觸。

這期間,中華民國在臺灣的人口也從光復初期的約五百多萬人躍升到 1950 年的近八百萬人,再到 2010 年的約兩千三百萬人。經濟成長則從光復初期的人均所得約 200 美元躍升到 2000 年的約 14000 美元,然後一直就停滯不前,不進則退。這其間的社會型態應該說分成三個時期:1945—1970 是「窮而好禮的戒嚴令下的民主社會」;1970—1987 年是「富而好禮的戒嚴令下的民主社會」;1987 年迄今則是先為「窮得只剩下錢的學習民主社會」,再轉變為「貧富差距快速拉大的淺碟型資本主義社會」。

2-5-2,中華民國在臺灣的宗教與神話

臺灣光復後宗教生態有了很大的轉變,先是神道教與日式佛教幾乎完全失去「市場」,清朝所盛行的本土宗教,包括:佛教、道教、巫教、儒教、齋教與民俗宗教齊頭並進。另外基督教、天主教、伊斯蘭教(回教)也隨著中華民國中央政府轉進臺灣而獲得較好的發展。1987 年解禁一貫道。1990 年代新興宗教太極會、軒轅教、飛碟會、宋七力分身教、統一教、法輪功紛紛崛起,真假難分也無須分真假。臺灣已經進入「神話建構破滅不斷循環」的年代,也進入了宗教娛樂化的年代。這個時期所新增添的神話就像劇曲小說一樣,有人建構,有人解構,有人喜歡老舊神話,有人喜歡新編神話,在粗暴的資本主義底下,市場說了算,人們只不過用「娛樂」替代「真誠」來消費神話。真誠就留給自己,以便在激烈競爭的市場上好喘口氣。不管是影迷市場、宗教市場、服飾市場、教育市場、職業市場,因為經濟學家總是說市場機制,而市場的供需自然會平衡,你只要口袋麥克麥克,喘口氣,市場總是歡迎有錢的人,繼續向前跑,也向錢跑。這就是當代最流行的神話:現代化神話與後現代神話。

第二章註釋

註一：詳，Gombrich，E.H.J 著，張榮昌譯，2009，p.255—p.264。

註二：詳，Tarling，Nicholas 著，賀聖達譯，2003，劍橋東南亞史 I，p.303。

註三：呂理正在<<另眼看歷史（上冊）>>裡指出臺灣原住民源自福建移民的「南亞語系」族群，詳呂著 p.136；臧文是對 Bing su 等人在美國國家科學院院刊所發表「從 Y 染色體透視波里尼西亞人的起源」一文提出一些質疑，但主要在指出就學術研究上於 1999 年臧振華就曾著文推測主張「最早的南島（語）族群是居住在大陸福建和廣東沿海的新石器時代居民，約在 5000 至 6000 年前，開始向臺灣移民」；王御風在<<圖解臺灣史>>裡指出在冰河時期臺灣與大陸是連在一起的亞洲大陸板塊，所以臺灣原住民可能是從大陸因追逐野獸而到臺灣。同時也提出大坌坑文化是現今臺灣原住民的可能祖先，亦即臺灣為南島語族群的發源地，詳王著 p.8、p.10 及 p.21；周婉窈在<<臺灣歷史圖說增訂本>>裡則引用大坌坑文化互動圖，而未有原住民自發說，詳周著 p.17。

註四：詳，楊裕富，2011，敘事設計美學，第三章：權力結構與人文想像。

註五：史書上多有「閩人信巫淫祀」的描述，而追考這種描述的最早出處其實是<<漢書地理誌・下>>：「楚人信巫鬼尚淫祀」及<<宋史地理誌・福建路>>：「其俗信鬼尚祀，重浮屠之教，與江南、二浙略同。然多向學，喜講誦，好為文辭，登科第者尤多」。這表示在宋朝時福建地區科舉出身的文人特別喜歡「巫道儒釋」之間的融會貫通，也表示巫教在江南地區的根深蒂固的情境。

註六：詳，Tarling，Nicholas 著，賀聖達譯，2003，劍橋東南亞史 I，p.93。

註七：此圖依據 1636 年約翰芬伯翁（Johannes Vingboons）繪製的臺灣地圖在經度上縮減十分之一再制而成，應較符合當時臺灣西海岸及河口沖積扇平原的實際狀況。

註八：詳，周婉窈，2009，p.26。

註九：以往對高山族與平埔族的分類雖然字義上很清楚，但分類上卻未必依字義來分，諸如蘭嶼原住民主要以農耕魚牧為主，也生活在「平地」上，卻少見列為平埔族，所以本書對平埔族及高山族的畫分才再添加「營生型態」這個與文化信仰更直接相關的項目，當作平埔族與高山族分類的重要參考依據。

註十：詳，湯錦臺，2001，p.21。

註十一：詳：湯錦臺，2001，p.93。

註十二：詳：林文義，1993，p.31。

註十三：詳：林文義，1993，p.32。

註十四：詳，倪文君譯，2011，p.41。

註十五：詳，湯錦臺，2001，p.120。

註十六：詳：林文義，1993，p.50。

註十七：詳，蔡相輝，1992，p.226。

註十八：詳，湯錦臺，2001，p.133。

註十九：鄭經傳位裡的政爭與政變，簡單的說就是內訌，其中鄭克臧為陳永華之女婿，而鄭克塽則為馮錫范之女婿。

註二十：天子教就是指周朝開始姜太公「封神」，秦始皇開始皇帝「封禪」，漢朝以後天子「封神」並予以「血祀」的祭祀活動，這種祭祀活動所信是「天道」或所謂「天理昭昭」，並由「天子」

為代表來祭天，所以稱為「天子教」，這是這種宗教信仰西方人看不懂，而胡亂的篇派出「儒教」這樣的名稱。詳，楊裕富，2011，p.202—206。

註二十一：福建的民俗宗教信仰裡通常是儒釋道巫水乳交融的，而福建地緣所形成的神仙往往有更強烈的巫教底醞，諸如陳靖姑（臨水陳太后）信仰，林默娘（湄洲媽祖娘娘、天妃、天后）信仰，都有修練的機遇，生前彰顯忠義仁孝，得道升天後也屢有顯靈聖跡救善人無數，也因聖跡赫赫乃屢受天子「進階封神」，這些都是本註文所稱的「巫教底醞」。

註二十二：引自，蔡相輝，1992，p.198。

註二十三：同前引，p.206。

註二十四：詳，蔡相輝，1992，p.110。

註二十五：引自，蔡相輝，1992，p.85。

註二十五：引自，蔡相輝，1992，p.202。

註二十六：引自，連橫，2009，p.88。

註二十七：引自，林文義，1993，p.114。

註二十八：詳，王御風，2010，p.80—p.95。

註二十九：引自，連橫，2009，p.61。

註三十：引自，連橫，2009，p.67。

註三十一：詳，王御風，2010，p.83。

註三十二：引自，連橫，2009，p.68。

註三十三：引自，周婉窈，2009，p.101。

註三十四：引自，連橫，2009，p.61。

註三十五：引自，許毓良，2008，p.26。

註三十六：引自，許毓良，2008，p.502。

註三十七：摘引自，連橫，2009，p. 68—72。

註三十八：引自，許毓良，2008，p.282—283。

註三十九：引自，王御風，2010，p.87。

註四十：引自，周婉窈，2009，p.98。

註四十一：引自，周婉窈，2009，p.102。

註四十二：參考，許毓良，2008，p.524，表三十八清代史料所見臺灣臺灣總人口數表。

註四十三：引自，蔡相輝，1992，p.226—227。

註四十四：引自，蔡相輝，1992，p.215。

註四十五：引自，連橫，2009，p.72。

註四十六：引自，何綿山，2005，p.52。

註四十七：引自，何綿山，2005，p. 21。

註四十八：引自，周婉窈，2009，p.140。

註四十九：引自，王御風，2010，p.117。

註五十：引自，Benedict，Ruth 著，南星越譯，2007，p.245。

註五十一：引自，呂正理，2010，p.895。

註五十二：引自，蔡相輝，1992，p.211—213。

註五十三：引自，蔡相煇，1992，p.229。
註五十四：引自，呂正理，2010，p.919—920。

第二章參考文獻

王御風，2010，圖解臺灣史，臺中：好讀出版公司。

王嵩山，2010，臺灣原住民：人族的文化旅程，新店：遠足文化公司。

呂正理，2010，另眼看歷史（上冊、下冊），臺北：遠流出版公司。

何綿山，2005，閩臺文化探略，廈門：廈門大學出版社。

林文義，1993，關於一座島嶼：唐山過臺灣的故事，臺北：臺原出版社。

周婉窈，2009，臺灣歷史圖說（增訂本），臺北：聯經出版公司。

許毓良，2008，清代臺灣軍事與社會，北京：九州出版社。

連橫，2009（1919），臺灣通史，臺北市：眾文圖書公司。

曾思奇，2005，臺灣南島語民族文化概論，北京：民族出版社。

湯錦臺，2001，大航海時代的臺灣，臺北：城邦文化公司。

楊裕富，2009，臺灣美學研究講義，未出版課程講義。

楊裕富，2011，敘事設計美學：四大文明風華再現，新北市：全華圖書公司。

蔡相煇，1992，臺灣的祠祀與宗教，臺北：臺原出版社。

臧振華，2001，從"polynesian origins: insights from the Y chromosome"一文談南島民族的起源和擴散問題，中研院語言與語言人類學集刊 2.1 網路版。

劉其偉，1995，臺灣原住民文化藝術，臺北：雄獅圖書公司。

D.R. SarDesai 著，蔡百銓譯，東南亞史，臺北：麥田出版公司。

Gaastra，Femme S.著，倪文君譯，荷蘭東印度公司，上海：東方出版中心。

Gombrich，E.H.J 著，張榮昌譯，2009，寫給大家的簡明世界史，桂林：廣西師範大學出版社。

Tarling，Nicholas 著，賀聖達譯，2003，劍橋東南亞史Ⅰ、Ⅱ，雲南：雲南人民出版社。

Benedict，Ruth 著，南星越譯，2007，菊與刀，海口：海南出版公司。

第二章參考網站：

中華民國行政院原住民委員會
http://www.apc.gov.tw/portal/index.html
國科會淡水河溯源研究計畫網
http://ci6.lib.ntu.edu.tw/tamsui/
臺南縣原住民文化會館網站
http://ipcm.tainan.gov.tw/

臺灣原住民族文化知識網

http://www.sight-native.taipei.gov.tw/mp.asp?mp=cb01

第二章圖版目錄

圖 2-1 南島與族群遷徙擴散圖（引自周婉窈<<臺灣歷史圖說>>）；圖 2-2 大坌坑文化層源自福建遍及臺灣（楊裕富繪製）；圖 2-3 十七世紀測繪之地圖標上「東番記」所載地名（楊裕富繪製）；圖 2-4 漢人移民及開墾速度（引自周婉窈<<臺灣歷史圖說>>並加標顏鄭時期）；圖 2-5 神生神話與壺生神話工藝作品；圖 2-6 顏鄭時期七角井之一；圖 2-7 顏鄭時期七角井之二；圖 2-8 歷史學者石萬壽考證鄭明時期所流傳下之神像之一（引自自由電子報<<教授牽線觀音太子爺失散百年再相會>>）；圖 2-8 歷史學者石萬壽考證鄭明時期所流傳下之觀音神像與太子爺神像（引自自由電子報<<教授牽線觀音太子爺失散百年再相會>>）；圖 2-10 乾隆十五年所劃定開墾紅線與乾隆二十五年所劃定開墾藍線之臺北盆地（本研究重繪）；圖 2-11 乾隆十五年所劃定開墾紅線與乾隆二十五年所劃定開墾藍線之彰化臺地地圖（本研究重繪）。

第三章：原住民主導期與原住民設計美學

在臺灣原住民的設計藝術研究裡通常有三對兩極區分，第一對兩極區分是考古遺址資料與「歷史資料」的區分；第二對是平埔族與高山族的區分；第三對是原住民文化與移民文化的區分。這種區分往往建立在原住民是在地原生且整體一塊的民族，因區域聯繫的不便而逐漸語言分化出現今的不同語言識別上的族群來。

甚至研究者們也期望針對不同的區分個別的「透過各種研究方法，解讀人群的各種生活面向，更從認知或社會考古的方向，進一步解析人群的思維，冀望以後的學者研究，可以進一步完成史前時代人群的認知考古研究，而指出史前人的精神生活與美感」（註一）。甚至於更進一步認定當今原住民或 1960 年以前文字史的資料對應於原住民的傳統文化，而這種傳統就像是一個整體南島語族群從西元前四千年從臺灣出現其胚胎後就非常有生命力的孕育出所有南島語族群的文化，也沒有斷續的在臺灣原住民的發展史裡獲得很好的承傳，乃至於這些資料的研究「和（其他）南島語族的文化一樣，原住民傳統藝術的內涵，『正確』反應著其文化生活的各面，無論其材質多麼豐富，技術也多所提升，一般言其表現內涵大體仍然遵循著祖靈崇拜和超自然信仰主題而創作」（註二）。

然而就真實的歷史而言，這「原住民是在地原生且整體一塊的民族，因區域聯繫的不便而逐漸語言分化出現今的不同語言識別上的族群來」的前提並不存在。這三對兩極區分也不是事實，「他只是研究者不願意面對現實」的時候的一種粗暴且偷懶的假設而已。就算不粗暴也是一種無奈。例如：第一種區分，所謂的考古資料與歷史資料，其劃分點通常是 1624 年荷蘭盜商集團殖民佔領臺南開始，或是十七世紀初荷蘭盜商集團海盜船上水手的一聲「喔！福爾摩沙」竟然喚醒了臺灣原住民的文字史一般。這當然不是事實，但是我們在研究上的通例卻往往只有這種區分的版本。又如：目前所有的研究資料裡絕大部分平埔族與高山族的區分在概念上都是以「漢化程度」來區分，而不是以平原坵林生活或高山生活來區分，但是研究者通常不願承認其區分的原則，好像用世界上研究東南亞史時所慣用的「平地生活族群 V.S.山地生活族群」這種「名詞」才比較科學，才比較不帶有「歧視」的色彩。再如：就考古遺址所得到的知識而言，臺灣原住民最大的共同性是在大坌坑文化層這個階段，其前考古遺址並不帶有「全臺一致性」，其後考古遺址也不帶有「全臺一致性」。然而如果我們假設大坌坑文化層就是當今原住民的直接血緣上的「祖先」的話，那麼很顯然這一群祖先是從福建及浙江南部沿海地區，廣東東部沿海地區渡海來臺的「移民」，可能與當時的臺灣原住民混血，也可能消滅了大部分當時的臺灣原住民，然後隨著爾後又有數次大規模的東南亞渡海來臺（主要是洋流的作用）的移民，共同在臺灣繁衍而成，這往後的移民群中還包括了南印度移民而來的「矮黑人」，在明朝的相關記錄裡稱為「崑崙人」，只是最後這矮黑人在全臺消失，其「消失」的最後一役就是荷蘭人在 1636 年對矮

黑人滅族式的大屠殺。所以，臺灣原住民本來就是多元的移民文化，只是這些「多元」如何競爭推移而已，雖然矮黑人在全臺消失，但現今的賽夏族不是也還認為矮黑人對賽夏族的文化技術提昇頗有貢獻，而至今還留有「矮靈祭」。可見得「原住民文化 V.S.移民文化」這種兩極區分的研究前提，不是歷史事實。

為什麼我們對臺灣原住民歷史的研究會有那麼多「不是事實的前提」或「不是事實假設」呢？我們只能說，就算不是粗暴，也是一種無奈。因為臺灣原住民的歷史實在太複雜，文字使用也太晚，而不管是史前文化資料（考古遺址的出土）或是日據時期所謂人類學式的採錄資料，乃至臺灣光復後以原住民身份用文字來撰寫的原住民神話與歷史等資料，確實都太稀少了，少到不足以解釋歷史的斷層，少到無法描述「連貫的歷史」，或許臺灣原住民的歷史確實是有許多「斷層」，而歷史斷層通常都是「滅族式的大屠殺」，寫歷史的人或許不忍見之。或許臺灣原住民的歷史並沒有什麼斷層，只是寫歷史的人無法解釋同一個種族為什麼經過不到兩千年的隔地而居，居然能形成完全不能互通的語言，居然能形成膚色完全相反的族群（崑崙人、矮黑人）來，只好戴個大帽子，他們的語言裡有「太多」共同的語言組織要素，我們就認為他們的語言祖先是一致的。這是一種歷史研究資料太少的無奈，也是英國殖民分化印度時所運用的策略而已，以語言學來說雅利安人就算民族性再殘暴，人口數再少，文化再低劣，他都是高貴的，他都是印度人的語言祖先。

原住民在臺灣生活發展的過程裡，比鄰而居影響較大還是語言祖先影響較大？一個是文化人類學的觀點，另一個是語言人類學的觀點。我們先學術性的討論一下這兩種觀點的異同、近三百年來人類學發展上的狀況以及我國大部分學者為什麼比較偏向語言人類學的觀點，及這種觀點到底有什麼致命不清的缺陷？

西方人類學的學術發展其實歷史非常短，但卻有很多的派別與觀點，而較具有論證能力的通常是考古人類學、體質人類學以及二十世紀末才崛起的體質人類學分派基因體質人類學，而論證能力較模糊的則有十九世紀末崛起的器物文化人類學，乃至論證能力最模糊的但卻更早在十八世紀就崛起的語言人類學，介於器物文化人類學與語言人類學之間的則有所謂「神話結構人類學」，但這種神話結構人類學大概只在 1960 年代盛極一時後，因為李維史陀寫了一本「熱帶的憂鬱」來指責所謂「文明的野蠻更甚於原始的野蠻」，進而論述聲勢就逐漸下降。簡單的說文化人類學是以看得見的器物進而聯繫到生產活動、生活習俗、信仰、人群的組織制度等等來推論文化的形成、變遷與選擇。語言人類學則是以「看不見的語言」來推斷不同語言之間的近似性，進而推斷種族的近似性與文化的近似性，再進而推斷「種族的起源」，語言人類學的最重要題旨（critical problematic）就是種族的起源，語言人類學的觀點暗示了種族起源是文化演變最重要決定因素的前提，但是語言人類學的學科準則卻將這種「暗示的前提」視為「秘而不宣，盡

人皆知」的共識。這種「暗示的前提」明顯的極其不科學，但是語言人類學家都認為只要有人類學得其他分派證據支持就能變成「絕對科學」。

我國進二十年來大部分「學者」為什麼比較偏向語言人類學的觀點，實在難以推測，也無須推測。「以語言學探討南島語系的起源問題，肇始於西元 1889 年荷蘭學者柯恩（H. A. Kern），歷經戴恩（Isidore Dyen）、鮑雷（Andrew Pawley）、貝魯伍德（Peter Bellwood）等人的努力，莫不將南島語系的老家指向中國大陸的南疆靠海的區域；由於臺灣是南島語系最分歧的地區，故推測臺灣至少也是南島語族的祖居地之一」（註三）。我們再摘要引述兩段貝魯伍德收錄於<<南島語族群的臺灣>>一書的研討會論文內容。

在研究的前提上，「為了語言學科及考古學科的攜手合作回答研究問題，最少這兩個學科間應該相互熟悉學科規範與邏輯。在語言學科的學科（學術）規範與邏輯就是建立在傳統比較語言學方法論下的判斷前文字時期的語言家族。這種方法論是透過語言出現時的可衡量的級距貢獻程度，來建立集團與次集團的關係（系統與其下次系統的關係）。在探討南島語族群家族時，單純語言詞彙的比對是找不到足以信賴的線索，這是因為在研究的徙地範圍內，有些地區（如：西馬來西亞）在短時間內具有極大的變異量………」（註四）。所以，歷史語言學就需要先架設一些假設，並大量引用考古人類學的資料，往上溯源，往下分枝地建立出語言家庭系譜。

就比較語言學而言，是否有一種「前南島語言」是發源於臺灣？這樣的論題上，其結論為：「總結的說，我們可以得到以下幾個南島語族群擴散的階段論：第一階段，前南島語從南中國移入至臺灣。第二階段，前南島語在臺灣經歷一段時間發展成福爾摩沙南島語言，同時這種福爾摩沙南島語言，相對於所有其他南島語言地區而言，也在這一階段完成了初步的語言分化，而形成福爾摩沙南島語家族（primary subgroup diversity）」（註五）。

在上述的引述裡為什麼不引用考古人類學上大坌坑文化遺址，來論證臺灣原住民就是福建、浙南、廣東西部的原住民，或前閩越族移民來臺。而要模模糊糊的指稱「中國南方」或「中國南疆靠海的區域」移民來臺呢？這或許就是「選擇性採證」及刻意的模糊吧。

在上述引文中的「傳統比較語言學方法論」到底是什麼呢？其實這種方法論就是在十九世紀末語言學家索緒爾所痛陳拋棄的「溯源比較語言學方法論」，索緒爾因為拋棄這種方法論，另創了「結構比較語言學方法論」進而整個改變了西方語言學研究的走向。這種「傳統比較語言學方法論」的題旨（problematic）在於為人類的起源找祖先，也是法國史學家福柯所痛陳批判的「系譜式歷史研究方法

論」，福柯之所以用「系譜學研究」或「系譜學式歷史研究」正是因為十九世紀
末德國哲學家尼采寫了一本小書：<<道德系譜學>>來批判羅馬基督教文明裡的
倫理道德都是強者羈絆在弱者身上的手銬。

這種「傳統比較語言學方法論」被批判的「致命不清缺陷」到底是什麼，被批判
的「罪狀」到底又是什麼呢？簡單的說其「致命不清缺陷」就是以考古學的嚴謹
性來充當比較語言學的嚴謹性，然後回過頭來指指點點考古學的不夠嚴謹、不夠
科學、不夠系統化，而「語言祖先的假設」經過所謂學術性一代一代的承傳後，
就莫名其妙的成為入此專業領域的「前提」了，久而久之，就成為無須證明的「事
實」。

這種「傳統比較語言學方法論」被批判的「罪狀」就是永遠以「他者之姿」為西
方文化眼中的原始民族、落後民族、後進國家，為企圖殖民的區域找一個「語言
祖先」，然後以殖民主人就是你的語言祖先的親戚，對你殖民是來拯救你，來自
圓其說殖民統治的正當性。「如果郇和和必麒麟和的經驗可以得到例證，那麼西
拉雅人每年跑到海邊拿水來紀念祖先渡臺的儀式，所紀念的祖先應該是他們的親
戚荷蘭人」（註六）這種論述其實就是「傳統比較語言學方法論」的親戚，只是
這個親戚在神的國度裡更粗暴，講話更大聲而已。

更謙卑的「傳統比較語言學方法論」所建構的史前史也並非全無貢獻，何況語言
人類學早已強調與考古人類學互相結合的必要性。差別只在於是否更尊重考古人
類學所挖掘的物質基礎證據而已。

「臺灣原住民生活在地形複雜，溫帶至亞熱帶（中央山脈至平地的氣溫）的臺灣，
有的族群可能已歷數千年之久。一般相信臺灣原住民之移入臺灣，最早可能溯及
距今約五千年以前；北部泰雅、賽夏兩族可能是最早移民的後裔，因為他們無陶
器的製作，處於先陶時代（pre-ceramic age）。其後在三千年以前（西元前一千年）
有中部邵、布農、鄒族的移入。再晚一千年（西元前後），約當東海的麒麟文化
（即巨石文化 megalithic culture），有南部排灣、魯凱、卑南族的移入」（註七）。
換句話說，高山族裡除了達悟族與菲律賓北部巴丹島原住民有較明確的語言交疊
可證明是從巴丹島移民進入蘭嶼以外，其餘的八族則分三梯次分別在先陶時代、
西元前一千年、西元前後分別在臺灣的北部、中部、南部登陸移民。這不同時段
又不同地點的高山族又怎麼能有共同的「血緣祖先」或「語言祖先」呢？沒關係，
「傳統比較語言學方法論」最擅長的就是「假設出一個語言祖先」，然後靠考古
人類學或文化人類學的證據來「證明」其「假設」的成立，或是不斷的以考古人
類學及文化人類學的資料再提出新的假設並予以證明，而這種「新假設」並不違
反「最初的假設」，而且是已知的「事實」，根本無須證明。怎麼提出這新假設呢？
很簡單，高山族的九族是先在臺灣發源之後移民至它處，然後再度二次移民回臺

灣，所以才會共享一個語言祖先，並暗示出共享一個血緣祖先。

至於是否「更尊重考古人類學所挖掘的物質基礎證據」呢？考古人類學在 1960 年代於臺北盆地淡水河出海處的大坌坑地點發現遺址並命名為「大坌坑文化」遺址後，在 1980 年代在全臺各處都發現同時段且同性質的遺址，在 1990 年代在浙江南部、福建全省、廣東潮汕地區也都發現同時段且同性質的遺址，這些同時段且同性質的遺址都命名為「大坌坑文化」遺址。這也是 1980 年代末，這些「國際知名」語言人類學學者第一次提出「前南島語系族群的移民來源是中國南方」的開始。那麼為什麼這些語言人類學學者不直接指出臺灣原住民或「前南島語族群」是福建及福建周邊臨海地區移民至臺灣的「假設」呢？因為語言人類學或「傳統比較語言學方法論」對這個題旨或命題沒有興趣，甚至從全球殖民移民史的詮釋上，他們對這個題旨與命題有些厭惡。

研究者從「太少」裡看出「大多」其實是一種詮釋的危險，也是一種危險的詮釋。在現有的研究成果裡，我們實在無法「進一步完成史前時代人群的認知考古研究，而指出史前人的精神生活與美感」，也無法區分什麼原住民的「史前、史詩與歷史」這麼「形式嚴格的謊言」，特別是在設計美學的寫作上，我們只期望能「見物為憑」的美感詮釋的寫作。所以本章只能分為以下的四節來描述，第一節並不涉及「見物為憑」，但略微涉及「歷史感」說一些史前、史詩、歷史的連貫及零碎的斷裂，就算如此，第一節也還是要將「史前、史詩、歷史、當代」混在一起講，這好像是在講些「混話」或「渾話」一樣，不過所有的「混話」也都儘量寫明或註明其前提與假設。第二節建築的故事，第三節工藝的故事，第四節圖文繪畫的故事，則儘量能「見物為憑」進行風格描述與美感詮釋，所以只能是比較單元性的故事，但是也希望略具歷史感，所以也是「混話」，只是盡量「混得少」，詮釋深入些。

3-1，從移民、住民到當代原住民

從「芝山岩遺址」的相關研究裡臺灣地質史的描述指出：「從 18000 年前（西元前 16000 年）開始全球海水面開始上升，至 10000 年前（西元前 8000 年）海水進入臺北盆地中央（現今關渡平原），8000 年前（西元前 6000 年）海水抵達芝山岩地區，此後至 62000 年前（約西元前 42000 年），芝山岩地區都是鹹水湖的環境」（註八）。「芝山岩貝塚時代（約西元前 2000 年起），湖水很低（貝塚海拔僅 5 公尺）。新莊子貝塚時亦然，耕地面積擴大，人們由高處遷下，彼此接觸較前頻繁。我們並不十分瞭解臺北湖的升降情形，西新莊子（時期）臺北湖的水面應該很低，約與芝山岩貝塚水面相當，然而時代卻晚了一千餘年。圓山貝塚時（約西元前 2200 年起），水面可能高過 10-15 公尺以上。其時代卻不比芝山岩貝塚早

多少。這是否由於後來地殼變動造成的，擬或湖水升降速度較預估的為快則不得而知」（註九）。

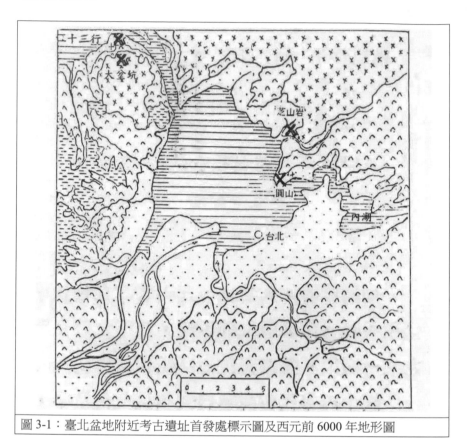

圖 3-1：臺北盆地附近考古遺址首發處標示圖及西元前 6000 年地形圖

我們從上述的研究報告大體可以研判臺灣海峽是海水上生而緩慢形成的，主要經歷了一萬年（西元前 16000 年至西元前 6000 年）（圖 3-1），而西元前六千年正是個關鍵年代，或是說西元前六千年至西元前兩千年正是個關鍵年代，這個時期的海平面可能從目前海平面負五公尺處快速升高至目前的海平面高出五公尺左右。而也是在這個關鍵年代臺北湖由鹹水湖因堰僿湖的形成而湖面快速升高（升高至目前海平面高出 10-15 公尺處）並逐漸演變成淡水湖，而這堰僿湖的重新自然決堤應該是在圓山文化（～西元前 500 年）之後與十三行文化之前（西元 300 年～）的八百年間的某一個時段。

前述的臺灣地質史描述應該可以推斷「大坌坑文化」是個移民文化，這個移民文化在臺灣逐漸取得優勢，定居在臺灣並在臺灣快速擴散，遍佈全臺及澎湖，然後隨著海水的繼續上升及臺灣地形的隔離，而逐漸形成分化後的臺灣原住民文化。

「大坌坑文化」出現在臺灣的時間，大約從西元前五千年一直延續到西元前三千年前。由於這個文化遺址最早在 1958（民國 47）年 6 月 28 日，學者盛清沂先發現這個遺址，1962（民國 51）4 月與 1963 年 2 月，臺北縣文獻委員會展開兩次大規模的考古發掘，其地點都在淡水河西岸目前淡水八里大坌坑，所以就稱為「大坌坑文化」或「大坌口文化」。在，1964 年 7 月 8 日至 10 月 27 日，以張光直為首的臺大考古人類學系與美國耶魯大學聯合考古隊再度發掘大坌坑，正式命名為「大坌坑遺址」，並確定了這是一處重要的史前文化遺址。目前在臺灣的不少地方，包括北海岸、臺北盆地 、西南部海岸、東海岸和澎湖群島等都已經發現了這個「大坌坑文化」的遺址。同時在 1980 年代中國大陸的考古人類學再度崛起後，在福建與廣東東南部也發現極其類似的遺址，因這種類型遺址先發現於臺北淡水八里大坌坑，所以福建與廣東東南部所發現極其類似的遺址也同稱為「大坌坑文化」。

大坌坑文化的史前人類擁有較舊石器時代的人類有「更為進步」的石器製作技術，所以我們就認定大坌坑文化為臺灣考古遺址裡「新石器時代」的先聲。他們除了以敲打的方式製作石器之外，開始用研磨加工技術，生產較細緻的石器如：
甲、石斧：有些也稱做石鋤，作為鋤地的工具，可以推測當時可能有一些農業活動或植物採集行為。
乙、石錛：是一種木工用具，用來砍、鑿、刨各種木頭。由此可以推知當時對木質材料的廣泛利用。
丙、石鏃：經過琢磨的細小扁平石鏃，應該是漁獵使用的箭頭。顯示漁獵仍是當時重要的食物取得方式。
丁、有槽石棒：石棒可能是用來拍打樹皮製作衣服之用。
戊、凹石、石錘：多是直徑約十公分左右的河邊天然鵝卵石，可能是用來敲打製作其它石器、或敲食貝殼的石槌，因此常常在表面中央有凹陷的打擊痕跡。

這些出土的石器已知大坌坑文化屬於新石器時代早期文化，這時的史前人類已懂得農耕，考古人類學上推測可能是種植根莖類作物，耕作型態屬於刀耕火種的游耕階段，狩獵、漁撈才是主要的生產活動。除了糧食之外，大坌坑文化的人類也會栽種苧麻，用紡輪將麻纖維紡成麻線，以水平背帶機織布，或打製樹皮布，製作衣服。當於生產力尚在產食的初起階段，仍然是小型的定居聚落為主，人口並沒有因為進入產食階段而大幅成長。要到新石器時代的中晚期採集式農耕漁牧更有生產力之後，人口才可能逐漸成長，並開始擴張活動範圍。所以大坌坑文化普遍在全臺各地發現可以推測為這個時間內福建的大坌坑文化「廣泛移民」到臺灣，或淡水八里的原住民人口快速增加後，逐漸從沿著河岸從海濱向內陸地區發展，並開始適應不同的生態環境，出現文化分化的情況。進而考古人類學上我們可以「推定」在臺灣發現的新石器時代中期的訊塘埔文化、牛罵頭文化、牛稠仔

文化、東部繩紋紅陶文化，乃至新石器時代晚期（如：芝山岩文化、圓山文化、鳳鼻頭文化、卑南文化、麒麟文化）或爾後金石並用時期的文化（如：十三行文化、番仔園文化、大邱園文化、蔦松文化、瀞浦文化）都是由這種「大坌坑文化」所直接繼承並演化而成。

要判斷大坌坑文化的設計美學並不容易，因為新石器時期的石器雖然製作頗為精良，但是石斧、石錛、石鏃的造形基本上都是光滑無刻紋的機能取向。只有這個時期的陶器造形上才略有機能以外的「審美」判斷解讀的可能性。另一方面作為大坌坑文化的第一代「繼承者」的芝山岩文化挖掘出土的「工藝品」就豐富多了，除了石器與陶器以外，芝山岩文化裡已有「玉器」及「獸骨器」，顯然玉器及獸骨器有了更多的「裝飾」功能，所以，將整個新石器時代的考古遺址當作一個整體來研判這階段的設計美學是較有意義的。臺灣原住民文化大約在西元前後進入金石並用時代，更準確的說是直接跳過銅器文化而進入鐵器文化的「金石並用」時代，然而在進入金石並用的年代多半卻是由「海上貿易」來進行金屬的「進口」，在臺灣所有的金石並用時代的考古遺址中，只有十三行遺址發現冶鐵的爐子與設備，也只有十三行遺址才算進入嚴格意義上的金石並用時代。

新石器時代的造形藝術與審美觀點

整個新石器時代除了陶器以外還有玉器及獸骨器，其中玉器發現雖然很少（目前只有芝山岩文化遺址、墾丁文化遺址、宜蘭丸山文化遺址及芝山岩上層的圓山文化遺址四處發現玉器），但是玉器的宗教、裝飾功能顯然比實用功能來得大，所以是造形藝術與審美觀點分析討論的要項，獸骨器發現較多，陶器則幾乎所有的新石器時代遺址都有發現。我們分項討論如後。

新石器時代的玉器裡丸山文化遺址及圓山文化類型遺址兩處都有準玉鐲的器物（稱為玉璜或玉玦）出現，這顯示裝飾或宗教的意義上對「圓潤感」或「飽滿感」的既定偏好。另外丸山文化遺址與芝山岩文化遺址則有較簡化的人形出現，其中丸山文化遺址則為雙人頂獸的造形而稱為「人獸形玉玦」，芝山岩文化遺址可能也是雙人頂獸造形，但是出土石都已斷裂為單人，乃至很難研判雙人所頂是否為獸。人形出現在新時器文化的玉器裡是有高度的審美意涵與宗教意涵，而雙人頂獸，更可解讀成狩獵收成的紀念、推崇與祝福。這也顯示當時原住民的審美觀點已不完全是巫藝同源或巫藝同體，而是具有以「人」為文的審美情思。其他四處遺址均有的長方形與圓棒形、珠形等小型玉器多數都有穿孔，則明顯的表示以繩穿孔配戴示美的意圖。而圓山文化遺址還有更複雜且略帶兵器造形的玉製配飾，則顯示圓山文化裡可能與銅鐵製兵器文化已有接觸，但金石時代尚未來臨，所以以略帶兵器形狀的玉器配戴，以顯尚武之需。

新時器時期的陶器發軔於大坌坑文化類型遺址，而整個新石器時代在臺灣考古遺

址裡又劃分為早期，中期，晚期三段，大坌坑文化類型遺址即屬新石器時代早期階段。「大坌坑文化的陶器通稱粗紋陶，特徵是手製，質地較鬆軟，通常含砂，但部分則近於泥質，火候不高，約 400—500 度，表面呈暗紅、渾褐、淺褐色。器形簡單，通常只有缽、罐兩種，緣口大都低矮厚重，往往外側有一道突脊。大部分陶器在緣口下方頸部以下佈滿拍印的繩紋，繩紋通常較粗；部分口緣上方或肩上施有二或三道平行線條的篦劃紋，呈波浪狀、麻花狀或直線紋」（註十）。不過大坌坑文化類型的陶器其表面飾紋就較複雜的多，較粗的直線紋也難以「繩紋」描述（註十一），以幾何紋來描述或許更為貼切。刻畫再泯過的幾何紋裡以水紋較為特殊，另外也有不少壓紋，其中以歸仁八甲遺址大坌坑文化類型陶器紋飾裡出現貝殼壓紋尤為特殊，我們甚至可以解讀為「具有象徵意涵」的紋飾美感追求在大坌坑文化類型的陶器上已經明確的出現。新石器時代中期與晚期的陶器種類就不止缽、罐兩種，飾紋不一定更精緻，但飾紋則更複雜，其中具美感特殊性者有三點：其一為訊塘埔遺址出土的陶璜，其二為鳳鼻頭文化的彩陶與「準雷紋」，其三為芝山岩文化陶器的組合式紋飾。陶璜出現顯示以陶仿玉的美感追求及技術提昇，彩陶上的準雷紋及組合式紋飾則更有「整體構圖」、「由飾向畫」乃至「精密線條控制」的傾向，顯示美感刻畫的技術提昇。

目前人類學者對鳳鼻頭文化及芝山岩文化的形成提出：「鳳鼻頭文化是鳳鼻頭遺址繩紋紅陶期受曇石山文化的發展，似乎可以肯定；……臺北盆地的芝山岩文化，研究者認為是從浙南及閩北地區移入的；植物園文化也可能是福建南部地區印紋軟陶的後裔」的說法（註十二）。如果這些主張可以進一步確認的話，前一章臺北盆地凱達格蘭族的起源神話所稱：「祖先原居 Sansai（山西）之地，為了避難而航行於海洋，最後登陸於臺灣北部的深澳，子孫繁衍後建立各蕃社」（註十三）。似乎可以互為印證臺灣原住民確有早期福建閩越族，或顏鄭之前浙江福建地區民族移民來臺的可能性。

新石器時代的獸骨器發生於大坌坑文化晚階段，「距今約 5000 年左右（西元前 3000 年左右），出現在臺灣史前文化當中，其中以貝珠最為常見，主要是利用貝殼磨製穿孔，似作為串飾，其功能與泰雅族作為珠衣的貝珠功能相近，都是做為裝飾或儀式用品」（註十四）。

金石並用時代的造形藝術與審美觀點

金時並用時代「包括十三行文化、番仔園文化、貓兒干（崁頂）文化、大邱園文化、蔦松文化、龜山文化、北葉文化、靜浦文化等已經命名的文化，和在外島、丘陵、山地地區已經發現尚未完全瞭解的大量遺址。這些文化年代距今 1800 年至 350 年（約西元 200 年至西元 1650 年）之間，由於年代較晚，遺址數量也較多，文化內涵複雜且變異甚大」（註十五）。很可惜的是就出土的文物裡造形藝術

的表現而言，技術參差不齊落差甚大，審美觀點更有「倒退」的趨勢，威嚇美感取向重新抬頭。以十三行文化為例，排除了「貿易」輸入的器物外，陶器製作並不精良，紋飾複雜費工但紋飾及胎體造形並不好看，不管用現代的觀點或當時的觀點，都很不容易解釋出「好看」二字。人面陶罐之人面尤其有「呆滯」的感受，似乎也難以解讀出「宗教意涵」。人像青銅刀柄則顯示不完全一致的「威嚇美感取向」，反而不如目前原住民平埔族與高山族所遺留承傳的古物造形來得較具一致性的審美取向，乃至「好看」。

由於「已經發現尚未完全瞭解的大量遺址」太多，我們無法判定金石並用時代的造形藝術與審美觀點是否真的有倒退的趨勢。只是本書提出「目前已整理出書的造形藝術品」為什麼會有「技術參差不齊落差甚大，審美觀點更有倒退趨勢」這種反常現象的「假設原因」如後。

假設原因一：約西元 200 年至西元 1650 年間，臺灣原住民在採集經濟過渡到農業畜牧經濟的階段。由於水稻耕作的引進並不順利，所以「採集經濟過渡到農業畜牧經濟的階段」一直無法完成，但其他農業畜牧經濟的轉換卻克服了「食物」短缺的情境，進而造成人口孳息快速。

假設原因二：因人口孳息快速，權力型態就從親族團體逐漸進入到部落團體，也因人口孳息快速，部落團體更進一步的產生族群部落 (或操同一種語言的較大型部落)，進而權力型態就進入部落聯盟的階段。原住民族群逐漸生成，領域與地盤的爭奪也逐漸出現，並且越來越白熱化。少數族群出現階級化現象，全部的族群都出現「武力培養」的急迫性，這一階段出現不少準戰爭事件。準戰爭就像賭博一樣，沒有包贏。隨著這些準戰爭事件造成許多技術與藝術的「重起爐灶」。

假設原因三：從食物與人口的關係來看，引進（或自發改進）稻米耕作技術的原住民族，其人口孳息會更快，具有稻米耕作條件的地區通常是雨量充足的平原地區，這又是「定義上」平埔族的棲息地。然而從顏鄭時期開始福建漢人快速移民臺灣的結果臺灣原住民中的平埔族就逐漸的開始「漢化」，這漢化的初階段平埔族除了耕作技術之外還保留有許多鮮明的族群文化與生活習慣，但是雖然鄭明時期的「番界」主要指的是漢人墾地與平埔族棲息地的界線，到了乾隆末期的「番界」主要指的就已經是漢人墾地與高山族棲息地的界線了，再到 1885 年臺灣建省時所推出的「開山撫番」政策確立時，則顯示平埔族實與漢人無異。這當然會造成平埔族文化特色的快速流失，甚至於在人口統計時完全漢化的平埔族也幾乎不以「原住民」為統計項，而直接列為漢人統計項，以致有清一代對平埔原住民人口的估計是低估了不少，更不用說因與漢人長久比鄰而居，甚至於平埔族的語言也快速流失，這些也是「技術參差不齊落差甚大，審美觀點更有倒退趨勢」的輔助原因之一。平埔族未能保留母語在文化意義上就是平埔族消失，雖然實質上

平埔族並未消失,但代表平埔族的造形藝術品卻隱身於漢民族的造形藝術品裡,
再也難以辨識為、認定為原住民文化下的藝術品了。

人類的歷史裡一直在重複演出一種悲劇,武力強盛部落往往沒有精緻文化,但武
力強盛的部落或國家卻在「準戰爭」中贏的機率較多,而摧毀精緻文化的狀況在
人類的歷史裡常常重複演出。筆者認為前兩個假設原因才足以解釋這個階段「技
術參差不齊落差甚大,審美觀點更有倒退趨勢」,而輔助的假設原因則是平埔族
的快速漢化,並融入漢人社會,其設計藝術品也不再辨識為原住民的設計藝術品。

到了當代原住民的歷史記錄裡,雖然只有少數族群的「出草」紀錄,但放棄武力
為尚的過程也還是痛苦而漫長的過程,不過其結局通常是納入更大族群的生活習
慣、審美品味、與價值觀。除非我們誠心的養成互為尊重的多元價值觀,否則原
住民文化的流失仍然是個永無盡頭的進行式。審美取向與審美觀點只是價值觀的
一部份,它無法脫離價值觀勇往直前。以下審美的敘述與分析則是這進行式的某
一段而已。

3-2,建築的故事

臺灣原住民裡的居住文化主要就在探討建築。我們分平埔族建築及高山族兩部分
先瞭解一下其特色,再分析說明其設計美學。

平埔族的建築主要的歷史資料有明朝陳第<<東番記>>、荷蘭據臺前後部分的寫
實版畫、清乾隆初期巡臺監察御使七十六請工繪製的<<番社采風圖>>乃至現今
仍留存的平埔族公廨、平埔族文化園區裡的復原新建民居、十三行博物館網站上
的復原想像圖等等,其中<<番社采風圖>>的畫面資料是以接近當今田野調查的
方式寫實的紀錄了十八世紀初臺灣原住民生活器物的原貌。高山族的建築主要的
歷史資料則以日據時期千千岩助太郎的<<臺灣高砂族的住家>>、藤島亥治郎的
<<臺灣的建築>>,乃至於當今諸多商業型原住民文化園區裡的復原新建民居,
以及舊好茶部落實況保存或當今原住民居住地許多復原新建建築當作早期的歷
史圖像資料。

平埔族建築概述:在十八世紀時以<<番社采風圖>>資料為例,平埔族建築的構
造形式大抵可為兩類:土臺式茅屋及杆欄式茅屋(也有稱為高抬式茅屋),約略
以臺中至彰化一帶為界,彰化以北為杆欄式茅屋,臺中以南為土臺式茅屋,彰化
與臺中之間則兩式並存,不管土臺式建築或杆欄式建築,其入口都在兩坡之一的
正面正中,只有少數在山牆面。以建築的種類而言則有家屋、望樓、穀倉、公廨
等建築,比較特殊的是新港社的牛車頂棚也是做成屋頂狀。而目前平埔族幾乎完

全漢化，只有彰化以南的平埔族還有公廨建築，但也多半改變了建材。

高山族建築概述：以二十世紀三零年代日據時期日本學者調查報告<<臺灣的建築>>、<<臺灣高砂族的住家>>資料為例，高山族建築的構造大抵有三類：杆欄式、平臺式、半穴居式三類，其中平臺式多為石版屋，屋內幾乎與屋外略高一點點，有些屋內還有下挖式明火爐，則下挖處即較屋外為低。半穴居式都是挖入地底約一半至三分之一屋身的居住型態，有兩種，一種為適應山地地形的半穴居，另一種則為杆欄式亞型的半穴居，總之杆欄式、平臺式、半穴居式之間也有混合的型態。建築物的正面入口較多是山牆面，也有多面入口式，而正面入口所看到的加大柱子又稱為望柱，這望柱也帶有較神聖的意味。以建築的種類而言則有家屋、頭目家屋、成年訓練集會所、望樓等建築，比較特殊的是成年訓練集會所或頭目家之前通常有較大型之廣場，另外有一半以上的高山族建築正立面有華麗的建築裝飾，其中又花東縱谷附近以祖先雕像或祖靈雕像當作建築裝飾最為特殊。目前高山族的建築則正處於快速變遷的階段，只有日據末期至光復初期因「開山輔番」強制遷村（偏遠深山的部落強制遷宜至當代交通較方便的場所）而遺留下的建築保存原樣，如：舊好茶部落。以下先介紹說明圖例：

圖 3-2：平埔族建築，十三行遺址建築復原想像圖。
此例指出臺灣北部平埔族的住屋為杆欄式，但僅為復原想像。

圖 3-3：平埔族建築八里岔社
此例記錄了八里岔社住屋與望樓的式樣，入口
微高有門檻，屋頂鋪茅草，兩端紮出收頭。

圖 3-4：平埔族牛車新港社
此例紀錄了新港社牛車構造，載人之牛車其頂
棚則以住屋屋頂形式充當。

圖 3-5：平埔族建築半線社
此例紀錄半線社（彰化）杆欄式抬高約一人身。
標題迎婦為牽手，但可能為贅夫之迎娶。

圖 3-6：平埔族乘屋新港社
此例紀錄新港社住屋為土臺式。標題乘屋指出
在秋收後以稻草建屋頂完再抬高置於屋身上。

圖 3-7：臺南大內鄉頭社平埔文化園區復建住屋

此例為文化園區內的「實品屋」，完整呈現西拉雅族的原有住屋形式，但這種住屋係介於土臺式與杆欄式的混合形式，其抬高的「柱子」並不延伸至屋身，而是以木樁的形式頂出一個平臺，在從此平臺上置上屋身與屋頂。或許這也是當初七十六稱此為「乘屋」的原因。

圖 3-8：臺南大內相頭社平埔文化園區新建西拉雅族公廨

此例為園區內鋼筋混泥土造的西拉雅族「公廨」。面積可能較一般公廨為大，但平面配置式樣則一致，都是從兩坡之一的正面正中當入口，只是此例中入口坡面還開個大型博風，上置匾額，書寫祖靈廟號為：「太上龍頭忠義府」。這與西拉雅族神話裡阿立祖、太祖（女性神祉）、太上老君（即道教裡的太上老君）所形成的共同祖靈說法有直接的關係。

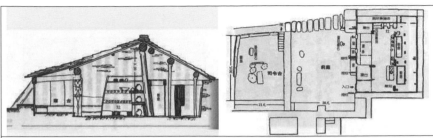

圖 3-9:高山族建築,排灣族卡比亞干社家屋平面與剖面,千千岩助太郎測繪
此例約測繪於 1930 年,為排灣族的平臺式石版屋,從剖面圖裡可得知屋內比前庭略低一階,
而前庭又較司令臺低兩階。石版屋倚山勢而建,所以屋後直接倚山,屋前由兩坡邊間入口,而
非由山牆面入口。

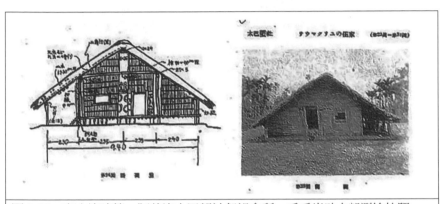

圖 3-10:高山族建築,阿美族太巴塑社祭祖會所,千千岩助太郎測繪拍照
此例約拍攝測繪於 1930 年代,為阿美族太巴塑社的祭祖會所,為杆欄式建築,但抬高極微,
兩山牆均有入口,但主入口應是兩坡茅草屋頂留有前廊之處,目前觀光局東管處阿美族民俗中
心建有此屋的復原實品屋供遊客參觀。

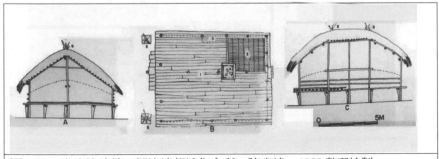

圖 3-11:高山族建築,鄒族達邦社集會所,陳奇祿,1988 整理繪製

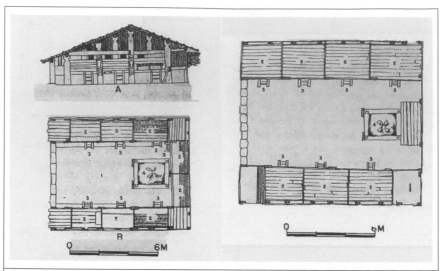

圖 3-12：高山族建築，魯凱族大南社男子集會所，陳奇祿測繪

此例可能為陳奇祿於 1969 年所測繪，也可能由陳奇祿依據千千岩資料或日據時期臺灣總督府
理番課資料所整理繪製。「大南社裡有青年集會所。根據年齡有嚴格的階級制度，且不容許女
子出入。集會所為很深的正入式（即由兩坡頂的一坡入）山牆結構，分為前、後室，依靠著三
面內牆壁設有雙層木製的臥舖，上層供青年使用，下層供少年使用。後室中央有個大的圍爐，
據說可以讓大家為在那裡聽長輩說話」（藤島亥治郎，1993，p.63）。

圖 3-13：高山族建築，阿美族太八塱社祖廟復原實品屋，觀光局阿美文化中心

此例即依圖 3-10 等相關資料所復原新建的阿美族祖廟（祭祖會所），可能由於不只代表太巴塱
社，所以兩坡斜率較緩，外柱也隨之加高。

圖 3-12：高山族建築，舊好茶部落一
此例為舊好茶部落，為魯凱族的舊部落，相傳
為三百年前（即十八世紀初所建）的原樣。好
茶在魯凱族語言裡意為「雲豹」。

圖 3-13：高山族建築，舊好茶部落二
所以，舊好茶部落就是「雲豹的故鄉」之意。
舊好茶部落的建築是典型的石版屋，由坡面入
口，入口處往往有雕刻建築裝飾。

圖 3-14：高山族建築，舊好茶部落三
圖 3-14, 3-15 二例為舊好茶部落石版屋內部景
象，由於舊好茶是「遷村而非棄村」，所以遷村
時並無須破壞，但時間久了因失修而殘破。

圖 3-15：高山族建築，舊好茶部落
目前舊好茶部落已列入國家二級古蹟，但因距
離新好茶部落步行也要四、五小時，所以也無
法成為觀光景點，只能成為登山族的最愛。

圖 3-16：九族文化村

圖 3-17：高山族建築，九族文化村內的各族建築復原。
此例是否就是賽夏族文化下的建築形態，其實是值得討論的。

圖 3-18：在 2008 年獲得正名的撒奇來雅族住屋
此例即為日據時期隱身於阿美族而消失的「撒奇來雅族」在 2008 年重新正名後，依族人的記
憶所重建的祭祖屋。由於並未被任何日據時期的專家學者所記錄，所以可以依族人「集體記憶」
而蓋出較真實的撒奇來雅族住屋，不但屋身較千千岩助太郎所做的任何原住民建築記錄為大，
連其構造方式為木屋架、實木板牆、茅草頂、兩坡正中入口的型態，也與千千岩助太郎的紀錄
或藤島亥治郎的紀錄極其不同。

我們在探討原住民建築文化時，目前的學術研究乃至於民俗村上的復原建築的規
劃興建多半太過依賴千千岩助太郎的資料，但千千岩助太郎的資料頂多只能說是
一九三零年代的一個橫切面凍結，未必能代表原住民住屋文化的發展，更何況千
千岩助太郎並不對原住民裡的最大族群平埔族建築文化有任何紀錄。而藤島亥治
郎以千千岩助太郎資料為基礎加上少部分自行田調資料所寫成的<<臺灣的建築
>>裡對高山族建築直接定位成南洋系建築，則更可能是錯誤假設下的錯誤定
論。然而就算是錯誤假設下的錯誤定論，日據時期的所有日本帝國主義御用學者
的研究報告、調查報告、書籍，目前在學術研究上卻往往認定成權威的資料，進
而延伸了可能錯誤的前提，或視錯誤的假設為前提而在認識原住民的建築文化上
反而治絲益紛而不自知。我們姑且舉三例來說明這種治絲益紛。

例一：缺乏意識形態警覺性的教材
國科會在民國九十二年獎助研究的「原住民學習知識庫」，後經商品化後只能在
購買此軟體的學校網路裡讀取閱讀。在這一知識庫裡就將日據時期所作的臺灣原
住民起源說，南島族群說定位成「原住民的觀點」或「語言人類學的觀點」，而
將中央研究院乃至 1985 年後較新的研究定論臺灣原住民起源說，福建移民說定

位成「漢人的觀點」。為什麼在 2004 年的研究報告這麼「珍視」1985 年以前的學術資料與「外國」的學術資料，而對中央研究院的資料乃至 1985 年以後的學術資料會選擇性的「視而不見」，我們不得而知。但是所謂「南島族群說」是在粗糙的想像性證據下，在 1930 年代就已經成為日據時期日本學者對臺灣原住民起源的定調，則是不爭的事實。這種定調的原因可以有各種推測的理由，其中理由之一是先設定殖民地臺灣為「日本帝國南進的基地」。當然還有其他可能的理由。我們在研究上不會對任何可能的理由排斥，我們只需對不嚴謹的推論進行懷疑即可。接下來的例二則是藤島亥治郎的不嚴謹的推論。

例二：原住民的歷史怎麼會是日本殖民者說了算
在描述臺灣原住民建築文化之前，好像要先交代一下臺灣原住民的起源。而藤島亥治郎是這麼交代的：「關於臺灣的原住民，雖然在人類學上未解的迷點仍然很多，但一般都認為他們是屬於舊馬來人種的一支。可能是因為來臺的時間相當早，原住民對於他們自身的發源有不少傳說。例如雅美族（達悟族）的一部份，傳說是從菲律賓北部巴丹列島過來的，或是由其他島嶼渡海而來；一部份的布農族傳說來自西部平原，因此有平地（西）海岸發祥說；又如泰雅族的一部份起源於大壩尖山，鄒族是來自玉山等等高山發祥說。所以會有高山發祥的傳說，可能是對高山靈威之原始宗教敬畏觀念而產生的。無論如何，他們長久以來為了避免相互之間的爭執，再加上生活資源缺乏，人口增加等因素，所以到處遷移。原住民不斷改變住地的事實，從現在部落仍頻繁移動的現象可以證明。在這種流動的過程中，原住民對於原住地產生神話化的解釋，也是一種正常的現象吧！」（註十六）。

這一段引文在解析藤島亥治郎在臺灣原住民住屋形式論證上的許多隱藏式陷阱。首先是先結論後論證，先定調「一般都認為他們是屬於舊馬來人種的一支」，然後舉證「雅美族傳說是從菲律賓北部巴丹列島過來」，最後將布農族、泰雅族、鄒族的起源說與移居來源傳說混為一談，然後劃上「神話」，而不是從傳說與神話推敲可能的移居來源史。如此一來，雅美族的移居傳說就代表式的「嚴謹證明」了全部原住民的「舊馬來人種的一支」，也模糊的斬斷了福建移民乃至西海岸遷移至東部的可能性。

更嚴重的歷史解讀不在於「雅美族證明了全部臺灣原住民都是舊馬來人種的一支」這種荒唐的論證，而在於部分學者的缺乏意識形態警覺性。認為日本殖民臺灣時期的所有調查、研究、著作都是科學、嚴謹、可信的知識，並以日本殖民臺灣時期（1895—1945 年）的資料來推翻臺灣光復後（1945 年以後）中央研究院的研究調查報告的主張或證明。或選擇性失憶，避開引用任何中央研究院史語所前輩們或光復初期諸多學者們有關臺灣原住民大陸移民說的研究報告，乃至凌純聲、林惠祥、張光直等人的研究報告、書籍更為有意避開引用的資料。這種長期

要求政治正確的學術研究態度似乎並沒有因為解嚴或民主進步,而獲得任何的改變,甚至 2000 年後又逐漸落入「另一種政治正確」的「意識形態麻痺」狀態直到 2008 年的二次政黨輪替,這種「意識形態麻痺」狀態才獲得暫時的舒緩。不管是在甲種政治正確或乙種政治正確的情境裡,卻莫名其妙的共同烘托出日據時期日本殖民者對臺灣原住民「舊馬來人種的一支」或「南島族群」的定調為「科學性、嚴謹性」的資料。

我們拿「一部份的布農族傳說來自西部平原,因此有平地(西)海岸發祥說」的真實傳說是什麼,細究看看。在達西烏拉彎‧畢馬(田哲益)的<<臺灣的原住民:布農族>>及海樹兒‧犮剌拉菲的<<布農族:部落起源及部落遷移史>>裡都記載著同一則由西向東遷移的起源傳說。

「在很早很早以前,布農族是從中國來到臺灣。布農族有一位頭目,也就是中國的皇帝。頭目生下了一位公主,長大後長得很美麗,不知道什麼原因得了一種皮膚病,身體都潰爛發膿,痛癢得不得了,頭目請了天下名醫替公主治病,可是無法治好公主的病,就公開通告說:「只要能治好公主皮膚病的人,公主一定許配嫁給他。」有一隻狗偷偷溜到公主的臥房,用舌頭舔公主長瘡的皮膚,公主的皮膚病居然痊癒了。頭目及皇后都非常興奮,便對狗說:『可惜你不是人,公主不能嫁給你,如果你能在三十天內變成人形,公主一定許配嫁給你。』狗聽了搖搖尾巴很高興的樣子,便離開皇宮跑到森林一個岩洞,經三十天變形成英俊的男士,他偷偷溜進公主的房間,公主見到他非常高興。頭目為了實踐諾言,就對狗先生說:『你們可以結合,但是必須馬上離明這裡到很遠很遠的地方去,不要再讓我看到你們。』他們開始整理行裝,準備要到遙遠的地方去。他們迅速的離明了。他們離開後,頭目後悔把公主嫁給狗先生,便派兵追殺狗先生,他們拼命地逃,最後逃到海邊,海邊有一條小船,他們乘坐小船,逃到了臺灣的鹿港,他們在那裡定居了下來,後來他們生下了孩子,後代子孫也越來越多了。」(註十七)。

達西烏拉彎‧畢馬對此則來源說分別註明兩次的採訪記錄為:其一,布農族有一則有關「西來說」的神話,口述人是南投縣信義鄉地利村七十五歲的全紹仁老先生,他說這一則〈布農族祖先的來源〉是父親講給他聽的,且強調這是一則有關布農族的來源,非常重要的故事。其二,1992 年採訪,口述人是南投縣信義鄉人和村六十五歲的全阿笑(Vungaz)。海樹兒‧犮剌拉菲對此則來源說卻並無任何採訪記錄,僅以權威者的口吻先作一些前提描述:「這種說法在日本時期研究者的訪談裡未出現,倒是在民國時期之後,開始浮現在極少數的族人記憶與紀錄裡,甚至認為布農族是炎黃子孫!但近些年似乎已少有出現,此種說法恐怕是受到過去國族主義教育和文化傳播論的影響有關」(註十八)。這種權威者的口吻其實極似:「關於臺灣的原住民,雖然在人類學上未解的迷點仍然很多,但一般都認為他們是屬於舊馬來人種的一支」或「原住民對於原住地產生神話化的解釋,

也是一種正常的現象吧！」。比起日本殖民者而言，好像同情似的多此一錄，但總也記錄交差，又個交代。本文對海樹兒‧犮刺拉菲的為文姿態沒什麼意見，只是相較之下，達西烏拉彎‧畢馬的論述是較嚴僅得多。很顯然關於原住民的傳說並不是日本殖民者說了算，不是嗎？那怎麼會有「這種說法在日本時期研究者的訪談裡未出現，倒是在民國時期之後，開始浮現在極少數的族人記憶與紀錄裡」（所以不算）這種推論呢？

筆者認為引述這一則起源傳說其實是非常有意義的，因為就語言人類學的正統觀點（註十九），這一則起源神話與福建畬族的起源神話是具有完全相同的神話結構而卻有不同的神話表現。筆者並不想由此推論什麼「布農族就是畬族的後代」這種「難以證實」的議題，只是想藉由這段引述來指出這是「原住民觀點」而「南島族群說及舊馬來人種說」的發動確是「日本殖民者觀點」，而不見得是漢人的觀點或中國人的觀點。而在「例一」裡卻被顛倒事實成為：「南島族群說是原住民的觀點，大陸移民說是漢人的觀點」。可見得歷史研究裡「缺乏意識形態警覺性」時，往往故意扭曲歷史也可隱藏在假裝無知與假裝無辜的偽善外衣裡。

例三：原住民建築研究的治絲益紛

動工於 1983 年啟用於 1986 年位於南投日月潭附近的九族文化村一向以回復臺灣高山族建築文化「樣本」的名聲及貢獻而成功經營著，甚至這樣的「樣本」也因極其重視考證而頗有「寓教於樂」的聲響。我們在分析原住民建築的審美經驗時，是否可以以九族文化村為主要案例來判斷歸納出原住民建築美學或原住民設計美學呢？筆者認為這要從九族文化村裡的復原建築到底「正面感動」了哪些人來判斷。然而這種「正面感動」好像只發生在部分日本人身上，發生在千千岩助太郎身上（註二十），發生在許多日據時期在臺灣充分體會殖民者優越感，然後三、五十年後再度來臺旅遊的日本人身上，而幾乎沒有發生在臺灣原住民參觀九族文化村的過程上。這又到底是怎麼一回事呢？筆者認為以下的一段引述或許可以得到一些解答。

「在日領時代，政府指導並『馴化』了原住民，教他們從事農耕，並為方便管理，漸漸地使他們移居到山腳地帶。同時也把他們原始形態的衣食住及不合衛生的各種生活習慣，強制加以改善。如此一來，不但原住民的舊社開始遷移，其他的事項也改得相當徹底，甚至於衣服也全部日本化，當然建築方面也正逐漸地失去固有的特色。現在臺灣回歸到中國，如果趨勢不變，可能於不久的將來，臺灣將失去『純粹』的傳統原住民文化了」（註二十一）。這表示在日據時期大部分的日本來臺學者都認為他們看到的記錄的就是「純粹」的傳統原住民文化，雖然日本殖民政府指導並「馴化」了原住民，但日本殖民政府的所有「作為」並未壓縮、破壞、擾動這「純粹的傳統原住民文化」，只有臺灣回歸到中國，如果趨勢不變，這「純粹的傳統原住民文化」在不久的將來即將消失。這是多麼不合邏輯但只合

立場的推論與結論。

如果將這種記錄的過程配合上「馴化」原住民時所動用的手段與背景（註二十二）。簡單的說，這被凍結的切片樣本，就原住民來說可能只是個被迫且屈辱的傳統原住民文化，而不是什麼「純粹的傳統原住民文化」。

原住民研究為什麼只有「日據時期日本殖民者」說了算，而清朝時的紀錄，乃至於回歸到中國，如果趨勢不變，傳統原住民文化就馬上消失，甚至光復後中華民國中央研究院的研究紀錄，都不夠嚴謹，不值得信賴。這種心態，才是九族文化村難以「正面感動」臺灣原住民的真正原因。九族文化村說不定只是以「學術」之名規定了這凍結的屈辱歷史片段，強迫原住民吞下去，這與許多原住民批判的「吳鳳神話」又有什麼不同呢？

如果回到原住民的建築類型而言，千千岩助太郎的紀錄也好，藤島亥治郎的分析歸類也好，其實也都難以判定系統化的原住民建築類型。例如：在排灣族的建築形態上就分成北部型、西部型、南部型、東部型、中部型五種，只說明這五種類型內是具有些共通性，五個類型間則各地都擁有相當的變化（註二十三）。又如：在泰雅族與賽夏族的建築形態上則分成泰雅族西部型、泰雅族中部型、泰雅族東部型、泰雅族北部型、泰雅族北部型之系和賽夏型五種，並說明泰雅族就發詳地與傳說可以分成三個系統，但建築的系統卻並不與這些（種族）系統相同（相吻合），賽夏族則因受到強勢的泰雅族所逼迫，昔日雖在新竹州擁有廣大的山地，但在兩百年前被逼迫遷到現在的地區而苟延殘喘，令人看來有氣無力，缺少英氣。而他們的建築與泰雅族北部型的毫無兩樣，只有一小部分位在山腳下，因與漢人交往密切，屋內房間的區劃受到漢人建築的影響而不予討論（註二十四）。所以原住民建築形態的探討上，千千岩助太郎的紀錄乃至藤島亥治郎的分類，大概只能以原始田調的個案視之，不能以各族的代表性案例或各族的典型案例視之。

從例一、例二、例三的論證及圖 3-18 的例證就可以瞭解，興建於 1983 年的九族文化村其對九族住屋的復原興建並不能代表高山族住屋文化，更無法說明高山族的住屋發展狀況或建築史。人世間也沒有一種『純粹』的傳統原住民文化，更何況 1895 年—1945 年間高山族的文化與建築正處於長期受到平埔族、漢人等土地資源爭奪下，再受到極其嚴厲經濟剝削、資源剝削的殖民統治後的樣貌，怎麼會是正常或什麼『純粹』的傳統原住民文化與建築呢？

相對的，描繪於十八世紀的<<番社采風圖>>或<<職貢圖>>（註二十五）的寫實與否問題。如果加以乾隆二十三年（1758 年）「詔廢通事、社丁之例。禁私墾。」（註二十六）的記載而言，正表示乾隆時期平埔族已通漢語，納漢俗，法律情境

與漢人無異，而乾隆時期所定的番漢界溝與界碑早已調整成高山族與漢人的分界，而不是鄭明時期的平埔族與漢人的分界。換句話說在十八世紀中期平埔族的社經地位與競爭力已接近漢人，而遠高當時的高山族。而歷代<<采風>>與<<職貢圖>>均以記實為目的。所以我們是有理由認定描繪於十八世紀的<<番社采風圖>>或<<職貢圖>>是寫實的描述而不是浮誇美化後的描述。所以，圖例裡圖 3-2 至圖 3-8 乃至圖 3-18 等八個案例的建築型態是比較能顯示原住民的歷史與文化，而圖 3-9 至圖 3-17 等九個案例（註二十七）的建築型態只能視為長期受到遷徙之苦的高山族在殖民時期（1895 年—1945 年）的選擇性凍結切片，並不能代表什麼「純粹」的高山族文化與建築。

本書如此大費周章的論證原住民建築案例記錄的時間點與背景，主要在說明連「建築」這麼明顯持久具體的藝術品，都很難清晰的描述其發展過程，更不用說其他的藝術類科。所以下一小節工藝的故事就只能選擇性的擇要描述。

3-3，工藝的故事

原住民的工藝若依考古資料而言陶器、玉器值得分析介紹，若依現有留存舊工藝品與現存的工藝類科而言，則依族群有諸多具特色的工藝品項值得分析介紹。

其一，考古出土的陶器

臺灣原住民的陶藝從大坌坑文化（約西元前四千年）的新石器時代初期開始即有陶器的製作，雖為生活用品，但已有紋飾。至芝山岩文化（約西元前一千五百年至西元前一千年）的新石器時代晚期則已有彩陶出現，以不止於刻紋與壓紋，陶器類型也增加，陶體也更重視整體造形。至十三行文化（約西元兩百年至西元一千七百年）的金石並用年代，雖不見彩陶，但陶器的人臉造形，看似技術上又有突破。

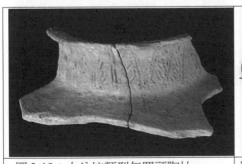

| 圖 3-19：大坌坑類型年罵頭陶片 | 圖 3-20：大坌坑文化陶器復原圖 |

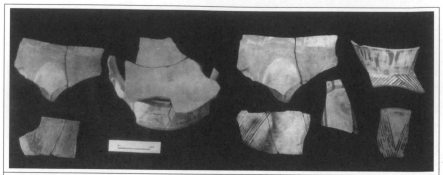

圖 3-21：芝山岩文化出土陶片（採自黃士強 1984，並再製作）

圖 3-22：芝山岩文化陶器復原圖（採自黃士強 1984，並再製作）

圖 3-23：十三行遺址出土陶罐

圖 3-24：十三行人面陶罐

就陶器整體造形而言，大坌坑文化類型的陶器較為粗糙，只有刻紋與壓紋，整體造形簡單，似只有簡單線條紋的裝飾。芝山岩文化的陶器則面曾頗為精緻，並進入陶器上色，已有大塊幾何圖紋的裝飾。十三行文化的陶器似有造形回復粗糙之感，人面陶罐只能說是裝飾技術上的突破，並無美感的增添，可能這種裝飾具有

特定意涵，只是現今難以解讀而已。

其二，考古出土的玉器

在進入新石器時代中期，臺灣各文化遺址裡約有一半的遺址都發現玉器，這顯示玉器的製作已是「臺灣製作」而不是商品交換而來。這裡舉芝山岩文化的玉器，宜蘭丸山文化的玉器，臺北圓山文化（在芝山岩文化的上層）的玉器及卑南文化的玉器進行分析解讀。在時間上芝山岩文化、宜蘭丸山文化在前，圓山文化、卑南文化在後（約西元前一千年至西元前後）。

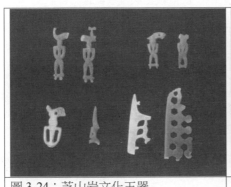 

圖 3-24：芝山岩文化玉器　　　圖 3-25：宜蘭丸山文化玉器

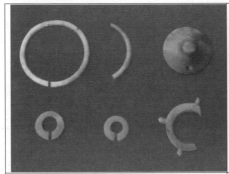 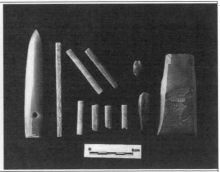

圖 3-26：圓山文化玉器　　　圖 3-27：卑南文化玉器

芝山岩文化與宜蘭丸山文化的玉器穿鏤拋光已純熟，因有圓形穿孔，所以應是配戴飾品，比較值得一提的兩處都出現被定名為「雙人獸珏」的玉器，在芝山岩文化中可能因為雙人已斷裂成單人，所以人頭上的「獸」就極不明顯，但若將斷裂的兩片單人組合起來，那麼與宜蘭丸山文化裡的「雙人獸珏」幾乎共用了創作母題，甚至於我們可以判定這「雙人獸珏」為「雙人扛獵物」或「雙人頂獵物」，這種創作母題在採集經濟進入游獵經濟的過程裡十分具有意義，在美的意涵上可

解讀成「收穫喜悅」或「合力捕獸」。就玉器製作技術上，圓山文化的玉器稱為標準的「玦」，已近似圓形玉手鐲，卑南文化的玉器則為圓條狀，有穿孔顯然是裝飾配戴用。

其三，西拉雅族的民俗技藝與集體記憶

西拉雅族是目前承認為平埔族中，人數最多的原住民族群，雖然西拉雅族漢化的最早、最久也最深，但通婚漢化的過程裡西拉雅族仍然有集居的習慣，加上西拉雅族原有的母系社會、母權概念與阿立祖的祖靈祭祀一直沒有間斷，所以目前也是較完整且活化保存的相當難得的原住民文化。本書收集一些照片、圖片的案例，簡單的介紹這以祭祀服飾禮儀為中心的「民俗技藝與集體記憶」。

圖 3-28：謝遂「職貢圖」竹塹社　　圖 3-29：謝遂「職貢圖」蕭籠社

圖 3-30：高雄駁二藝術村　　圖 3-31：佳里北頭洋西拉雅民俗村

謝遂「職貢圖」中的蕭籠社（圖 3-29）就是十八世紀中西拉雅族的服裝飾品實記，圖中男性戴羽毛飾、掛珠形項鍊，以鼻吹笛似乎頗符合母系社會裡，男性的「悅己者容」。相對的謝遂「職貢圖」中的竹塹社（圖 3-29）其服裝飾品則較有女性的「悅己者容」的味道。目前設在佳里北頭洋的西拉雅民俗村裡蠟像展就是以謝

遂「職貢圖」裡蕭籠社這一幅圖來塑像，而高雄駁二特區裡西拉雅文化展裡也是如此，只是婦人盤中擺的就不只是兩顆檳榔，而是整盤的檳榔了。

「職貢圖」中的蕭籠社圖畫顯示的就是純粹西拉雅族文化嗎？當然不是。「南部平埔族人，男子本來夏天全裸，女子則半裸而在腰以下以草裙或布蔽體，冬天則以鹿皮或番毯為衣。……平埔族亦使用多種裝飾物於衣服或身上；其主要者有頭飾、耳飾、頸飾及臂飾」（註二十八）。可見得十八世紀時的原住民的衣著裝飾顯然已受到外人或漢人的影響。反過來看外人或漢人也可能受到原住民文化的影響，這就是文化，文化是一種動態的過程，所以沒有所謂純粹不純粹的議題，也沒有所謂壓迫、欺負、壓榨的議題，只有在經濟層面才有所謂「不等價交換」的問題。接下來我們就看看西拉雅族的織繡影響六堆客家文化裡織繡的例子。

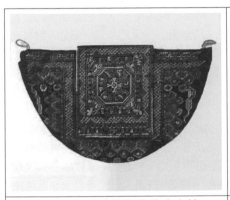

圖3-32：西拉雅族檳榔袋的十字繡

圖3-33：六堆客家肚兜的十字繡

圖3-32 為西拉雅族特有的織繡針法「十字繡」，圖3-33 則為六堆客家肚兜上出現的「十字繡」。這個例子顯示原住民的工藝也明顯的影響了「漢人」的工藝，而不見得是只有漢人工藝影響原住民工藝而已。從這個例子裡，我們應能體會文化是一種動態的過程，不會有一種「純粹的」原住民文化、客家文化或漢人文化，也更沒有哪一種文化是永遠的優勢。放在美學知識與審美態度或審美取向上，則更是如此。美感者求自在求愉悅而已，不會為了求自在而失去求愉悅，更不會為了求愉悅而失去求自在。

接下來我們分析討論西拉雅族宗教向度的美感取向，乃至西拉雅族或所有臺灣原住民的「集體記憶」議題。

目前大部分的學術研究多認為原住民文化乃至原住民的社會地位都是受到「漢人文化」或「漢人所定的制度」乃至「漢人個人」的欺騙、逼迫、壓榨而逐漸流失，乃至原住民一直處於十分不利的地位。「荷蘭人統治平埔族，採間接統治方式，

基本上是溫和的,尤其荷人的教育措施影響南部平埔族甚深,荷人被驅走百餘年後,居然尚有平埔族人能使用新港文字。……中國學者基於民族大義,大肆抨擊荷人;就平埔族的立場言,實嚴重的扭曲了事實。真正把平埔族推進火坑者是鄭氏(鄭成功)。平埔族的土地,被恣意侵奪,也開始於鄭氏。……清朝是平埔族的第三任統治者。這一統治者沒有鄭氏兇悍,卻發明一個通事制度,成為平埔族的大害。……。總之,三百餘年的漢人移民臺灣史,其實就是三百餘年的漢人壓迫及併吞平埔族史。……目前臺灣史的撰述,多數失真。歷史的撰述,應站在中間地帶。多數臺灣史的撰述,卻只站一邊。只站一邊,便偏一邊。民族偏見也是歷史學的大敵之一。事實上,意識形態及其他任何偏見,都是歷史歷史學的大敵」(註二十九)。

筆者認為上述的論述只有「事實上,意識形態及其他任何偏見,都是歷史歷史學的大敵」這個未經推論的結論是可接受的,然而「原住民文化乃至原住民的社會地位都是受到漢人文化或漢人所定的制度,乃至漢人個人的欺騙、逼迫、壓榨而逐漸流失,乃至原住民一直處於十分不利的地位」這樣的命題卻是不成立,也推論不出的。更別說「就平埔族的立場言,實嚴重的扭曲了事實」這句話豈不正是民族偏見或民族大義嗎?

說「把平埔族推進大火坑者是鄭氏」容易,說「荷蘭人統治平埔族,採間接統治方式,基本上是溫和的」這種話卻明顯有失公道,也與史實不符。所謂間接統治方式,難道荷人在 1641 年「征服郭懷一這個間接工具」後對平埔族展開的大屠殺就是「溫和的」,而 1652 年「郭懷一事件」時荷人對漢人展開多達九千餘人的大屠殺,對嫌疑參與起義事件的平埔族展開多達千餘人的大屠殺,就是「溫和的」,而「鄭氏對待平埔族的橫暴(卻)倍於荷人」?

筆者對平反「鄭氏對待平埔族的橫暴(卻)倍於荷人」這樣的議題沒有任何興趣,只是對「中國學者基於民族大義,大肆抨擊荷人」這樣的說法感到很納悶,因為這樣的論述暗中影射了「大肆抨擊荷人就是基於中國的民族大義」的「扣帽子」,乃至歷史研究上隱藏了將「移民統治」與「殖民統治」兩種不同的形態完全對調過來的詭辯論證。我們只能說:「事實上,意識形態及其他任何偏見,都是歷史歷史學的大敵」吧。

本書之所以會花一點篇幅作上述的論證,主要就基於本書不接受十九世紀德國實證史學派的論證方式,更不接受德國實證史學派以及十七世紀至二十世紀任何帝國主義者所主張「語言祖先」的概念與論證邏輯。因為「語言祖先」的概念與論證邏輯比所謂的「成王敗寇」邏輯更為惡劣,更為殘暴,更為無恥。語言祖先是游牧民族暴力競和作用下的「成王敗寇」,蒙古帝國在四次西征的過程裡,就是將征服地裡的「無用男人、女人」殺光,有用的女人教她蒙古語賞給戰士當配偶,

沒有記憶的小孩教她蒙古語留下當下一代的戰士。十七世紀起在美洲、亞洲肆虐的殖民主義則是他的改良版，將反抗者殺光，並宣稱帶來上帝的愛與殖民者的「文明」，先教會被殖民者講殖民者的話與上帝的愛，然後奴隸般的對待被殖民者，久而久之，殖民者就成為被殖民者的語言祖先，只要殖民母國之間不要有殖民地的買賣，那第一任殖民者就是「永遠、純粹」的語言祖先。現在的南美洲與澳洲不就是這樣嗎？

另一方面，少數語詞片段的語音雷同，乃至於語法的雷同就可以論證出這虛構的語言祖先的真實存在，這不是證明所謂「偽科學」的邪惡本質嗎？這不是希特勒殘殺「不純粹的白種人」的「偽科學」論證嗎？這不是先有預設答案，然後再對著答案找「虛構的證據」嗎？

最後，臺灣原住民任何一族，對「祖先」的概念都是建立在血緣親屬的基礎上。只有帝國主義者會對被殖民者安上一種虛構的「語言祖先」的概念，在帝國主義者意圖染指或已然佔領的範圍上。平埔族的祖靈信仰就是如此，平埔族只對建立在血緣親屬基礎上的祖先及親身經歷的大地進行呼喚，而不會對什麼「南島語族群」的語言祖先進行呼喚。學者們大可不必製造出一個語言祖先來，強按在原住民身上。我們分析討論西拉雅族宗教向度的美感取向，乃至西拉雅族或所有臺灣原住民的「集體記憶」議題，主要就要先破除「語言祖先概念」，才容易解開原住民宗教向度的美感取向及其變換的動態過程。

西拉雅族的「阿立祖」信仰本來並不複雜，但是經過許多篤信「語言祖先概念」的業餘人類學家，以專家的姿態解讀下，卻搞得越來越複雜，越來越難理解。這些所謂業餘人類學家就是甘治士、必麒麟（註三十）乃至諸多日據時期臺灣總督府聘僱為殖民統治做準備的日本學者。

民俗宗教信仰本來原是一種「神情人願」活動，也是一群有血緣關係或地緣關係的族人的集體記憶，一種口傳的歷史記憶。怎麼知道在十七世紀來了一群盜商集團，不但以武力為後盾而強制進行「傳教」，還著書闡揚這種殖民主義裡殖民主的優秀與「神性」，好像只有「殖民主說了算」，土著的宗教信仰全部都是「迷信」都是垃圾，都該拋棄，都該打倒。西拉雅族的阿立祖信仰就在這些篤信「語言祖先概念」的專家們指指點點下，搞得越來越複雜，越來越難理解。

西拉雅族經過多次的族群遷移以及長期與漢人的比鄰而居，其阿立祖信仰本來就會融入地緣關係的族群記憶而略有分歧，乃至阿立祖的神話也會出現大同小異的版本，在此先引一種版本說明如下。

「傳說主要流傳地區是吉貝耍附近地區以及頭社鄰近地區，指西拉雅人的祖先，

從海外地區移民來臺時，遭受海難漂流上岸又遇七年饑荒的故事。傳說當初旱災饑荒時，阿立祖帶領子民向上蒼祈雨，吟唱出一首哀怨的曲調，感動了上天因此降下甘霖，於是每年夜祭祭典時，族人便吟唱此曲，感念天公與尪祖阿立祖、阿立母的恩澤。有一說現在西拉雅族在夜祭時所唱的「牽曲」即是七年饑荒的曲調」（註三十一）。夜祭之後的第二天，則赴海邊或向海邊舉行嘯海祭，之所以稱為嘯海祭則為當代人們看「尪姨」向海嚎啕大哭而稱之嘯海祭、嚎海祭、向海祭或孝海祭。其實這是巫教裡的「人神互感」狀態，也是「尪姨」作為人神溝通時懷念祖靈（阿立祖）的情狀與王爺信仰裡「靈媒」在神靈附身後的情狀極為類似。

作為民俗信仰時這種「神情人願」當然是「當事人（尪姨）」說了算。怎麼會出現諸多業餘人類學家，引證分析指出阿立祖就是上帝，嘯海祭就是對親戚荷蘭人的懷念與祭祀？這種專家學者說了算的道理呢？再引一段專家學者說算的說法如下：

「如果郁和和必麒麟和的經驗可以得到例證，那麼西拉雅人每年跑到海邊拿水來紀念祖先渡臺的儀式，所紀念的祖先應該是他們的親戚荷蘭人。……Alid（阿立祖）的名稱來自何處，很顯然這個自應該不是來自於西拉雅的宗教，原因有兩個，其一，如果是西拉雅的神，那麼為何干治士和尤羅伯的紀錄都沒有提到。其二，當時宣教師和原住民的宗教有許多的緊張，他們為什麼會去使用一個讓原住民立刻會想到他們宗教的名稱來稱呼基督教的上帝。至於為何初期的牧師用 Alid 的名字，根據筆者的推斷有兩個可能，一、是來自南島語的 Anito，（靈或靈魂）這個字，因為干治士牧師來臺灣之前曾經在加里曼丹，或者是巴達維亞服務一段時間。用靈來代表上帝也是可以成立的因為，在約翰福音四章 24 節「上帝是靈，敬拜祂的人要用心靈和誠實來敬拜」。二，是來自舊約聖經早期稱呼耶和華的名字，El（la）這個字來自比耶和華名字更為古老的傳統，以當時的牧師養成，必須閱讀希伯來文或希臘文原典的習慣來講，他們會使用一個接近聖經上帝的名稱來作為上帝的名字，因該是不難理解」（註三十二）。

西拉雅族與荷蘭殖民統治者相處在 1624 年至 1661 年間的三十七年之久，與「漢人」相處則為 1621 年至今近四百年之久。漢人移民與西拉雅族一起比鄰而居了近四百年，不但一起喝臺灣水吃臺灣米，也互相通婚，結果西拉雅族祭祀行為與民俗信仰裡的主祭祀神竟然是他們的親戚荷蘭人，是耶穌教裡的上帝。這種專家學者所認為的應該是不難理解的事，恰恰是「人情義理上」很難理解的事。

可見得這種「語言祖先」論述上的先有答案再行推論的邏輯是多麼的令人感到不可思議。

阿立祖信仰的主祭祀神在西拉雅族的各個「社」裡是有些大同與小異。有些是太

上老君（圖3-34、圖3-35），最常見的是阿立祖（圖3-36），也有些是阿母祖或阿姆祖（圖3-37）。在公廨的祭祀牌位裡有些只有主祭祀神，有些除了主祭祀神以外還有次要的祭祀神，如：篤加阿李祖、灣裡社太上老君、新港社太上老君或如「篤加社」的尪姨七姊妹、篤加阿立祖。前者很明顯的是「地緣關係的族人集體記憶」，後者則較強調「血緣關係的族人集體記憶」，只是目前大部分的西拉雅族都只以令旗、牌位來祭祀，而少有以「偶像」來祭祀。這是因為西拉雅族認為「祖靈」是無形的，不能以「偶像」來代表，只能以令旗或牌位來象徵，祖靈無所不在，只有尪姨（女巫、靈媒）才是阿立祖認同的「召喚者、附身者」，這與耶穌教裡的「不立偶像」無關。祖靈經過尪姨儀式性的召喚後有時會附身於尪姨身上對族人進行「對話」，但更多的卻是對族人的「訓勉」。祖靈在附身過程中尪姨則通常有明顯的「起乩」現象，而這種過程實為福建與臺灣兩地所特有，並不是什麼東南亞土著或南島語系族群的民俗信仰共同特徵，更不是西方上帝信仰的特徵。這些主張絕非漢人沙文主義的一廂情願，也不是什麼「中國學者的主張」，而是前述推論所得。

圖3-34：令旗以太上老君為主一

圖3-35：令旗以太上老君為主二

圖3-36：牌位書寫阿立祖

圖3-37：主牌位書寫阿姆祖

圖 3-38：嘯海祭及尪姨

圖 3-39：夜祭及尪姨

圖 3-40：小林部落的夜祭

圖 3-41：形象化阿立祖

圖 3-42：大內頭社祭祀阿立祖

圖 3-43：遷移到花蓮的西拉雅族公廨

有了這層理解，我們才能比較「貼近事實」的進行圖 3-34 至圖 3-42 等案例的集體記憶分析乃至西拉雅族宗教向度的美感取向分析。

其一：阿立祖祭祀活動之美的本質分析。

民俗信仰成立的前提就是「神情人願」，或是說就是「你情我願」，而不是什麼宗教學上的主神是誰？一神論還是多神論？高級還是低級？是真還是假？符合不符合科學原則？是否迷信？

所以，民俗信仰的本質就是比德論下的美感，這種美感既追求真更追求善，甚至因為真、善的目的性更高於美的目的性而能夠呈現出一種莊嚴的美感來。

「神情人願」就是「人向神討個情，發個善願，許個善承諾而後神對這種人給個情，給個善允諾，完全不涉及對他人的利益增減」，所有「神情人願」的信仰都因善而能夠呈現出一種莊嚴的美感。

相對的，如果有一種民俗信仰，演變為一神教後，一天到晚老是對其他的種族、民俗信仰或宗教發出「消滅異教徒」的訊號，發出「只有我信才是唯一」的訊號，千百年來發動宗教戰爭，殖民他國還舔不知恥的傳播「只有我信才是唯一，我信之外全部都要改造」的訊號，舔不知恥的奴役殖民地的「土著」，還高喊著：「神愛世人，我來救你了」，這種民俗信仰就算演變為一神教，其追求的亦是「假、惡」，也因這種「假、惡」的目的性更高於美的目的性，進而能夠呈現出一種邪惡的感受來。而殖民的主人卻以「善」之名自我安慰。看在被殖民者的眼裡卻是「邪惡」，一種無奈的邪惡，因為殖民的主人拿著槍對著我，掐住我的勞動生產價格，還強迫我說他的話，跟從他的信仰，規定出我的祖先，然後對我說只有這樣你才是文明開化，我們只能感受到一種無奈的邪惡，怎麼會有美感呢。

我們這樣看待「神情人願」的阿立祖信仰，就能夠從阿立祖信仰看到媽祖信仰、王爺信仰乃至所有臺灣民俗信仰與福建民俗信仰的共通處，也看到民俗信仰之美。

其二，阿立祖祭祀活動之美的意涵分析。

祭祀活動或民俗信仰其意涵就是傳頌祖靈之恩與先人之善，凡族人（血緣關係之後人與地緣關係之善人）莫忘祖靈之恩，勤學先人之善。我們「神情我願」地傳頌著：「祖先從海外地區移民來臺時，遭受海難漂流上岸又遇七年饑荒……當初旱災饑荒時，阿立祖帶領子民向上蒼祈雨，吟唱出一首哀怨的曲調，感動了上天因此降下甘霖……感恩啊！……」。美的意涵就是祖先奮鬥、發善願得善果的傳說。

其三，阿立祖祭祀活動之美的形式分析。

怎麼提醒子孫不要忘記祖先？西拉雅族先是以「令旗」來提醒後代，以公廨與阿

立祖生日的祭祀活動來承傳阿立祖信仰。

因為阿立祖與阿姆祖遭受困難時鄰居（漢人）的太上老君曾幫忙，所以太上老君也與阿立祖一樣成為祭祀的對象。太上老君比較熟悉鄰居漢人的文字，鄰居漢人的道教科儀太複雜了，「令旗」太上老君一定看得懂，所以就把阿立祖、太上老君寫在上面。圖3-34的令旗與王爺信仰的令旗一樣，也與鄰居漢人五營信仰的令旗一樣。圖3-35則為「令旗」轉變到「牌位」的一種中間形態。圖3-35、圖3-36則為「牌位」的形態。這種「牌位」越來越像漢人民俗信仰裡的祖宗牌位或孔廟裡的牌位，這其實很「合理」的，因為從1621年起西拉雅族就與漢人移民而居，久而久之也有通婚，久而久之通婚頻繁，久而久之漢人與西拉雅族難以分辨，現在的西拉雅族身上也有漢人的血緣，太上老君也是阿立祖當然是合情合理的。

如果質疑：「若是太上老君信仰是漢人的祖靈，怎麼很少看到漢人祭祀呢？」其實這種質疑是極其無聊的，西拉雅族與漢人比鄰而居近四百年通婚頻繁這種事需要荷蘭人同意了才算嗎？

西拉雅族立太上老君為阿立祖需要漢人同意才算嗎？需要荷蘭人同意才算嗎？需要基督教傳教士同意才算嗎？需要專家學者同意才算嗎？當然不需要！「神情人願」的事本來就是阿立祖說了算，尪姨說了算，當事人說了算。

阿立祖說了算，尪姨說了算，當事人說了算怎麼判斷呢？尪姨通常具有觀察祭品及占卜的直覺，另外也由於既已與漢人通婚，太上老君也是祖靈之一，所以部分西拉雅族也習得漢人移民的一些習俗而融入阿立祖信仰裡，這部分的西拉雅族也透過扶輦、燒香、燒金紙、託夢、問卜（擲筊、擲筶、以檳榔剖半擲筊）直接與祖靈溝通。圖3-40顯示了林部落西拉雅族夜祭後的牽曲活動；圖3-41則顯示內門大埔地區「漢人」將阿立祖形象化後的神像，稱為「爐太君」或「番太祖」。圖3-42顯示大內頭社祭祀阿立祖時也先供上「金紙」。圖3-43顯示遷移到花蓮的西拉雅族大庄「社」的竹屋茅頂公廨。這些都顯示了四百年來西拉雅族隨著部落遷移與漢人比鄰而居或與其他原住民比鄰而居後，在文化上及血緣上影響了其他族群，同樣也受其比鄰而居族群的影響，進而展現出阿立祖信仰的多元樣貌。

祭祀時尪姨及族人盡量回復古時候的服飾裝扮，這樣子阿立祖、阿姆祖、太上老君才認得。最少頭上要帶花草飾圈。祭祀規儀上必備裝水容器、芒草、芭蕉葉、藤箍權杖等，有些部族認為獸頭骨及「望柱」也是必備的。祭品則為酒與檳榔等，這些必備之物都要「選」美的、好的、新鮮的，以示敬重與誠意。所以形式之美或美感取向就是「美的、好的、新鮮的」。

其四，西拉雅族之外平埔族的太祖與民俗技藝與集體記憶

平埔族裡不只是西拉雅族才有宗教、工藝等文化影響了漢人移民並流傳下來，只是除了西拉雅族以外，大部分平埔族的祖靈信仰都因「漢化」分成祖先信仰與族群祖先信仰，並且這「族群祖先信仰」有不少也轉化為「番太祖」而留存於「漢人」民俗信仰裡而難以分辨。

圖 3-44：臺北的番太祖	圖 3-45：臺北的番太祖（中和霹靂宮）

圖 3-46：埔里巴宰族（葛哈巫）番太祖	圖 3-47：北斗東螺天后宮的番太祖

北部的平埔族祖靈信仰轉化為「番太祖」再轉化為五雷神的記載如下：「漢人來臺開墾，跟平埔族人買了土地，卻發現田裡有平埔族太祖要求供奉，才發現不少平埔族人改信基督教後，將太祖拋棄在田裡山林。南部的田間，常會看到蓋起了

大大小小的小祠，不明就裡的人會以為那是土地公，其實那是平埔族所拜的太祖，太祖也成了漢人祭祀的神明之一。臺北中和最古老的廟『霹靂宮』拜的是『雷公』，原本也是平埔族祈求五穀豐收所拜的神，現在也成為漢人的信仰。中部北斗東螺天后宮媽祖繞境巡香，隊伍開路先鋒由平埔族的『番太祖』擔任，從中也可看到族群融合的軌跡。」（註三十三）

圖 3-44 為國立臺灣博物館網站所舉例的霹靂宮雷公神像，圖 3-45 為霹靂宮現在祭祀的五雷神神像群。而霹靂宮的石碑記載裡則更具體的描述了番太祖成為五雷神的過程：「霹靂宮初建肇時的主神為舍人尊公（據說為風神，與雷神為兄弟）乾隆年間後改為五雷元帥，五雷元帥俗稱、雷公、雷神爺。相傳乾隆年間有妖怪在夜間出現，危害鄉民，鄉民甚為恐慌終日不得安寧，幸而某夜有人夢見舍人尊公託夢指點，說道：吾有一弟名為五雷元帥奉祀於芝蘭一堡八芝園一帶（指今士林），如果你們能迎請回來奉祀，妖怪自能消滅。鄉民受神喻指點後，隨即前往芝蘭堡尋覓五雷元帥，經過多方打聽後，果然在八芝園找到一戶居民奉祀五雷元帥，鄉民懇求他賜予香火，香火取回後又雕塑其金尊，擴建廟宇，且尊為主神敬拜，將祂與舍人公供奉在一起。」

圖 3-45 為埔里鎮蜈蚣里現今各爐主輪年供奉的「番太祖」，傳說是從臺中神岡分靈而來，著清朝官服，分靈至埔里後在與泰雅族的領域爭奪過程中或族人遇有災難時，「聽說」常常顯靈相助族人，目前埔里的番太祖信仰也定期於媽祖出巡日當作番太祖祭的慶典活動。

圖 3-4 為彰化北斗東螺媽祖廟裡的「番太祖」，取代了挪吒三太子成為五營信仰中的中壇元帥，並與媽祖信仰慶典活動一起進行。

番太祖的民族記憶顯然與阿拉雅族阿立祖的民族記憶更難追尋，原因很多。但最重要的原因乃在於近四百年的與漢族比鄰而居，或是說平埔族之間乃至於平埔族與高山族之間的比鄰居，乃至如果族群遷移時人數過少又與原族群原居地失去聯繫，那麼族外婚姻則成為優生學上不得不的考慮，這些都加速了平埔族的「漢化」乃至於族群語言的逐漸消失，甚至在民俗文化上向強勢的鄰族「靠攏」、「互相影響」而隱藏了族群的文化特色。

在繼西拉雅族、葛馬蘭族之後世居埔里的巴宰族也藉由這「番太祖」的祭祀活動，而興起正名為「葛哈巫族」的正名運動兼登錄為臺灣平埔族原住民運動（圖 3-48，圖 3-49）。乃至於進而帶動埔里的酒文化節活動（圖 3-50，圖 3-52，圖 3-53）與在沙鹿平埔族的巴布拉族尋根活動（圖 3-51）。

| 圖 3-48：葛哈巫族過年祭典活動 | 圖 3-49：葛哈巫族正名運動 |

| 圖 3-50：葛哈巫族的祭典與埔里酒結合 | 圖 3-51：正名帶動巴布拉族尋根 |

| 圖 3-52：埔里酒文化節活動一 | 圖 3-53：埔里酒文化節活動二 |

埔里平埔族葛哈巫族的正名運動起因於在所有日據時期的所謂人類學家將埔里地區的平埔族定名為「巴宰族、巴則海族」。臺灣族群遷移史上，葛哈巫族屬平埔族群其中一族。原朴仔籬社屬於葛哈巫族。最早荷蘭戶口表記載之 Poaly，即為清代文獻記載的「樸仔籬社」，分佈於大甲溪河岸流域，在今之臺中縣東勢鎮、石岡鄉、新社鄉等地區。以地區分類而言，豐原以西為巴宰本族，以東五社(目前居住於眉溪流域旁之眉溪四庄(牛眠山、守城份、大湳、蜈蚣崙)則為葛哈巫族。眉溪四庄祖卡哈布族先來自今臺中縣新社鄉大甲溪沿岸的臺階地，居住地分別叫做「山頂社」、「大湳社」、「水底寮社」、「馬歷埔」等地。於清末道光三年（1823年）起因耕地狹小、生活不易、粵籍移民開墾逐漸逼近，而開始移民、陸續遷移到埔里盆地。落居在盆地東北角眉溪流域的南北岸，其聚落分別叫做「蜈蚣」、「大湳」、「守城」、「牛眠山」四個村莊，當時人俗稱「四庄番」。只是日據時期的人類學者伊藤嘉矩則以地緣與語言祖先的觀點而將葛哈巫族歸類為巴宰族。然而在乾隆年間平埔族之間的大遷移其實涉及中部地區各平埔族居住領域及勢力的消長，歷史記載上巴宰族與賽德克族勢力擴張而巴布拉族多被殲滅，少數向丘陵地上的埔里盆地移民，葛哈巫族則大部分向埔里盆地乃至更深入的山區移民。所以從領域爭奪的角度來看，巴宰族與葛哈巫族算是「百年領土爭奪的世仇」，結果日據時期的人類學者伊藤嘉矩則以地緣與語言祖先的觀點而將葛哈巫族歸類為巴宰族，如此看來真是「情何以堪」吧。

另一方面來看，乾隆年間這種平埔族的大遷移，卻未必為葛哈巫族及巴布拉族帶來一塊淨土，因為很快的客家族的張京達（註三十四）就通過開墾、為官、再開墾而帶來閩客族群到臺中盆地與埔里盆地。葛哈巫族不但從此逐漸與巴布拉族比鄰而居，也與「漢人」比鄰而居，更與日月潭的邵族比鄰而居逐漸通婚。而漢人越來越多，越來越多，葛哈巫族被定位成巴宰族後也越來越厭惡巴宰族這個名稱，進而也更加速了與將來最大的族群：漢人的融合。這一方面顯示了葛哈巫族與漢人的融合相處（包括通婚），另一方面，通常我們也稱之為「漢化」，接受了漢人的制度，接受了漢人的價值觀，甚至接受了漢人觀點的傳說故事與事件的詮釋。我們看圖3-46、圖3-50、圖3-52、圖3-53的案例，可以仔細的辨識出這種微妙的變化。圖3-46的葛哈巫族祖靈就化身為清朝官員的裝扮而稱為「番太祖」；圖3-50葛哈巫族的慶典活動與埔里酒文化節結合，圖中顯示對酒神杜康的祭祀；圖3-51及圖3-52埔里酒廠推動酒文化節時的慶祝場景，重點不在於這些場景，而在於杜康塑像所披的彩帶，彩帶上書寫：「天雷宮雷府聖君贈」這幾個字，這天雷宮以及雷府聖君是何許神也？正是漢人觀點裡中和霹靂宮的「番太祖」名號。而葛哈巫族的民俗集體記憶也在漢人的加油添醋下越來越能被大部分的人們所理解，不但「番太祖」有了定位，連埔里酒廠的佳釀都與想像中的在地「番太祖」及六朝時代的酒神「杜康」聯繫在一起了。

說實在，經過近兩百餘年（從乾隆時期至今）的與漢人的比鄰而居，埔里地區的

漢人若沒有葛哈巫族的血緣並不容易，同樣的葛哈來族的後代要沒有漢人的血緣好像一樣也不容易，而現象上則是至 2010 年前後埔里的八萬餘人口中，葛哈巫族裡能說葛哈巫語言的族人已經少於十人（註三十五）。目前埔里地區的主流文化以大多數族群而言，當然是漢族文化，如古蹟裡埔里的黃家古厝（圖 3-56），但是經過葛哈巫族多年的努力，許多文化活動乃至設計上許多葛哈巫文化的要素也重現世人眼前。

圖 3-54：葛哈巫族織品 1930 年代

圖 3-55：葛哈巫族過年邀請卡 2010 年

圖 3-56：埔里黃宅古厝

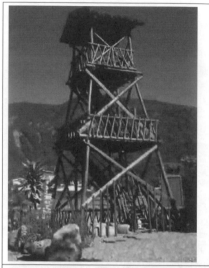

圖 3-57：埔里重建的葛哈巫族望高寮

圖 3-58：巴布拉族的織布（乾隆初期）

圖 3-59：巴布拉族織布或織席局部

圖 3-60：現今大甲藺草編織

圖 3-61：苑裡藺草博物館

圖 3-62：大甲藺草編織品手機套

| 圖 3-63：國家工藝博物館稻草藝術展一 | 圖 3-64：國家工藝博物館稻草藝術展二 |

如今南部地區的平埔族文化大致上以西拉雅族的文化承傳較為完整，中部地區的
平埔族文化則大部分融入地方文化而成為具地方特色的工藝項目，目前只有葛哈
巫族尚在「搶救記錄」十九世紀或二十世紀初的葛哈巫語言（註三十六）以及「走
標」、「過年」、「收成祭」等民俗活動。北部地區的平埔族文化幾乎只剩下少數不
會講葛馬蘭語的葛馬蘭族人以及中和霹靂宮裡的五雷神或移居到埔里天雷宮裡
的「雷府聖君」，或是說目前平埔族文化的傳承早已不可避免持有「各平埔族是
一體的概念」，進而平埔族之間的歷史記憶互相引用互為彰顯，甚至於不可避免
的加入濃厚的漢人文化與民族記憶，如稻米文化與農耕文化。我們就以這種前提
來理解圖 3-54 至圖 3-64 的設計藝術案例。

圖 3-54 為日據時期埔里地區葛哈巫族織品收藏，目前埔里地區並無這種織繡工
藝流傳，圖 3-55 則為埔里葛哈巫族過年活動的邀請卡設計，很顯然的這個設計
將十字繡、紅色、黑色、白色這些元素加以組合，而帶來葛哈巫族的「味道」。
圖 3-56 則為埔里地區「古蹟」的案例：埔里黃宅，很典型的河洛客的大院落民
居，屋裡屋外還有當時中部彩繪名家劉沛然的彩繪作品，圖 3-56 只顯示從清末
至日據時期，埔里地區的優勢族群為閩南人與客家人，相對的埔里地區的主流審
美取向也就是如圖 3-56 的黃宅建築的裝飾藝術一般，以忠孝節義乃至文人品味
的生活趣事為主要的裝飾題材。

圖 3-57 為埔里重建的葛哈巫族「望高寮」，可能憑族人口傳記憶及一些日據時期
其他地區高山族部落的照片，加上想像，而於 1990 年代重建。事實上埔里地區
是十八世紀臺灣原住民遷移處所，並與漢人所共同開發，當時葛哈巫族、巴布拉
族與巴宰族、賽德克族共同爭奪這塊盆地，然而清廷此刻即以「通事」介入，進
而漢人也參與了埔里的開發，至十九世紀埔里已無「戰事」，也無什麼「望高寮」
設施的必要，只不過日據時期其他地區的原住民有這種「望樓」，而日本人稱為

「望高寮」罷了。這顯示重建建築物的形式與命名或許都添加了「日本色彩」也說不定吧。

圖 3-58 為六十七的「采風圖：織布」，圖 3-59 為「采風圖：織布」的局部放大，此圖繪於十七世紀，織布項內題：「淡防廳案裡大甲東大甲西等社番婦織布…」可得知是大甲溪兩岸的巴布拉族平埔族的織布景象描寫。圖 3-60 則為見今所見大甲地區的藺草編織照片。圖 3-61 為苑裡藺草博物館的展出情景。圖 3-62 為大甲藺草編織的新開發品：手機套。事實上不管織布或藺草編織（草席）、稻草編織（草鞋製作、日據時期的硬底草席床：塌塌米）在整個中部地區都非常發達，也很難區分到底是原住民工藝還是漢族工藝，因為自從 1621 年顏鄭集團大量引進漢人移民後，稻米生產就逐漸成為爾後臺灣最主要的農產品，乃至於稻草編織就成為最佳的「環保型產品開發」，而很難分辨到底是原住民的工藝或是漢人的工藝。圖 3-63 及圖 3-64 則為位於南投草屯的國家工藝研究中心所舉辦的「稻草藝術展」場景。而草屯古名草鞋墩，原為漢人與原住民各半的聚落，交通路徑上到了草鞋墩就要換下布鞋換上草鞋走「山路」，反之，從山地出來，到了草鞋墩則換下草鞋換上布鞋，所以「草鞋成墩」此地就稱為草鞋墩。草鞋或稻草編織是否就是當初住在草鞋墩的原住民的工藝項目其實是很難判斷的，或是說如今所留存下來十七世紀的臺灣原住民采風圖像是否就是當時當地「純粹原住民文化的作品」？可能也不盡然，因為就文化的概念而言，「純粹」並不是一個「好」概念。如果就圖 3-44 至圖 3-64 的案例一起來看的話，那麼顯然平埔族的文化藝術早已與漢人文化互相結合交融而難以單獨存在，硬是要在這已然結合的信仰、文化、設計藝術裡去區分平埔族原住民的文化的純粹性或許是另一種論述霸權爭端的開始而已吧。

臺灣原住民在第一任臺灣巡撫劉銘傳決定要「開山撫番」之前，被「隔絕」在漢番界線之外的原住民，通常就是日據時期所稱的「高砂族」臺灣原住民或現今所稱的高山族原住民。在長期漢人移民臺灣開墾史裡，如果說「漢人不斷的壓迫平埔族往丘陵地及山地遷移」的話，毋寧說「平埔族在漢人移民未來之前，也是扮演著不斷壓迫高山族往丘陵地及山地遷移」的角色。

所以，臺灣原住民文化能保留至今的大概也只有高山族這一部份而已，不過目前高山族所保留的語言、文化、信仰、工藝就是「純粹的某某族」的文化嗎？當然也不盡然，諸如：「日據時統治者當局的原住民政策，將布農族人自高山遷移到山谷或平原，以便於管理與統治。第二次世界大戰末期，日本政府因缺軍糧而實施授產政策，強迫原住民種植水稻，布農族人的農耕方式從此由山田燒墾變為水田稻作了，而且水田稻作變成了主要的生產方式。布農族人在不自覺的情況下，被日本人將一個包含著生計與宗教意涵的作物小米抽離出布農族人的生活。……隨著水田稻米轉作，布農傳統有關小米農業祭儀的執行者——祭司，在小米的地

位被稻米所取代，停止種植小米後，布農族祭司也消失了」（註三十七）。如果比起平埔族葛哈巫族在歷經郭百年事件（1821 年）（註三十八）後就逐漸接受稻米耕作文化而言，布農族或高山族改變主要作物整整晚了百餘年，似乎更有機會「保存承傳」其大部分「原有的」文化。

但是，高山族的文化語言，多多少少也受到比鄰而居的平埔族文化語言的互相影響，甚至於「開山撫番」後，更大量受到清廷、漢人乃至於後來日本人，之前荷蘭人或西班牙人等文化的影響，只不過相較於臺灣平埔族而言，高山族文化、語言、藝術的獨特性相當高而已。我們也是先有這樣的認識才進一步的來理解以下高山族的設計藝術乃至設計美學。

其五，高山族的衣飾工藝

臺灣原住民在歷史上到底是什麼形象？如何進行人身衣飾？其實有圖可考的資料非常稀少。我們先瞭解一下我國史書及遊記等文字的描述。

最早對臺灣原住民的文字資料是<<隋書東夷傳琉球國>>，其中對臺灣原住民衣飾的描述裡指出：「（王與小帥）男女皆以白紵繩纏髮，從項後盤繞至額。其男子用鳥羽為冠，裝以珠貝，飾以赤毛，形製不同。婦人以羅紋白布為帽，其形正方。織鬥鏤皮并雜色紵及雜毛以為衣，製裁不一。綴毛垂螺為飾，雜色相間，下垂小貝，其聲如珮。綴璫施釧，懸珠於頸。織藤為笠，飾以毛羽。………（一般人民）男子拔去髭鬢，身上有毛之處皆亦除去。婦人以墨黥手，為蟲蛇之文。嫁娶以酒肴珠貝為娉，或男女相悅，便相匹偶。……以木槽中暴海水為鹽，木汁為酢，釀米麥為酒，其味甚薄。食皆用手。偶得異味，先進尊者。凡有宴會，執酒者必待呼名而後飲。上王酒者，亦呼王名。銜杯共飲，頗同突厥」（註三十九）。這是概括性描述，但已經區分出貴族與平民服飾的不同，甚至也提到米麥釀酒類似於小米釀酒，以及「銜杯共飲」的「連杯飲器」與突厥族的習慣類似。

另外明朝時陳第在<<東番記裡>>指出：「地暖，冬夏不衣。婦女結草裙，微蔽下體而已。……男子剪髮，留數寸，披垂；女子則否。男子穿耳，女子斷齒，以為飾也。……間遺之故衣，喜藏之，或見華人，一著，旋復脫去。得布亦藏之。不冠不履，裸以出入，自以為易簡云」（註四十）。這當然是概括的描述，指出衣著旨在功能，婦女結草裙，微蔽下體而已，人身衣飾則為：「男子穿耳，女子斷齒，以為飾也」，另外男子剪髮，女子則無。這樣的文字描述，顯然只是一種概括而難有具體形象。所幸十七世紀起就有一些圖像紀錄，我們也進一步瞭解一下如後。

圖 3-65，「十七世紀歐洲人想像式遊記中的臺灣原住民」，出自達波(Olferd Dapper)1670 年<<第二、三次荷使出使東印度公司>>一書插圖，一般論者認為此

書係「想像式遊記」,而這種想像式遊記又頗受荷蘭殖民臺灣時第一任宣教士甘治士所著<<臺灣略記>>一書文字描述的影響,而夾雜著當時歐洲人對美洲印地安人的認識,進而想像式的畫出骷髏頭隨地棄置及頭戴羽冠手攜大弓的形貌。

圖3-66,「職貢圖」淡水右武乃等社局部。圖3-67,「職貢圖」淡水右武乃等社原住民畫像。圖上附文為:「淡水同知屬內山右武乃等社生番,倚山而居,男女俱裸,或聯鹿皮緝木葉為衣,食生物,性剛狠,以殺為事,隆冬草枯水涸,追射麋鹿,攀援樹木,矯捷如飛,其竹塹東南內山,生番俗亦相等」,據洪盛英在<<乾隆臺灣輿圖>>一書裡的考證,認為淡水右武乃山即指雪山山脈由今臺北縣延伸到南投合歡山一帶,右武乃社則應指今日之泰雅族(註四十一)。

圖3-68,「職貢圖」彰化縣內山等社原住民畫像。圖上附文為:「內山生番,居深山窮谷,人跡罕到,巢居穴處,茹毛飲血,裸體不知寒暑,登峰越竹青,捷若猿犬柔,善鏢箭,發無不中,深秋水涸之候,常至近界鏢射鹿麕,遇內地人軋加戕害,番婦針刺兩頤如網巾紋,亦能績樹皮為罽」(註四十二)。

圖3-69至圖3-72則為日據時期照片、著色印刷之照片明信片或黑白印刷的照片,在當時應是極為寫實的圖像記錄或調查研究的圖像資料。

圖3-69日據時期照片泰雅族織布一,顯示了泰雅族女性服飾及織布機與織布時工作的情境。

圖3-70日據時期照片泰雅族織布二,同樣的顯示了泰雅族女性服飾及織布機與織布時工作的情境,與前張圖像資料所不同者,前張圖像資料有點像模特兒在拍宣傳照,而後張比較向田野調查時所拍攝的日常生活常態服飾,照片中的泰雅族婦女以「臉部刺青」為飾,可能是一種身份識別(如已婚或某種年齡的標示),而上半身除了兩肩套戴背嬰兒的纏布之外是裸露的。

圖3-71日據時期烏來泰雅族,則為明信片印刷照片的局部,主要在呈現烏來瀑布風景及烏來泰雅族的人文風情,像是一對泰雅族男女(或夫婦)模特兒盛裝出現在風景區裡當作人文點景,也留下了服飾的圖像紀錄。

圖3-72日據時期恆春排灣族,則為日據時期頗負盛名的臺南旅館四春園的宣傳明信片式卡片的局部,可能為了介紹南臺灣的特殊人文風情,所以將恆春排灣族的形象以照片的方式記錄上去,標題漢字「恆春下番正裝之男女」,意思是指盛裝(代表最正式的,隆重的服裝與裝飾)的排灣族形象。

圖 3-65：十七世紀歐洲人想像式遊記中的臺灣原住民

圖 3-66：「職貢圖」淡水右武乃等社局部

圖 3-67：職貢圖淡水右武乃等社　圖 3-68：職貢圖彰化縣內山等社

圖 3-69：日據時期照片 泰雅族織布一　圖 3-70：日據時期照片 泰雅族織布二

圖 3-71：日據時期烏來泰雅族　圖 3-72：日據時期恆春排灣族

這些圖像案例裡，除了圖 3-65「十七世紀歐洲人想像式遊記中的臺灣原住民」是否描寫「高山族」，也較不具寫實意義之外，其餘的都是臺灣高山族服飾的寫實圖像紀錄。容或我們在少數資料裡過度解讀，但這些圖像資料最少可以理解以下幾點「事實」：

（一）原住民的服飾從乾隆時期至今是有很大的階段性變化。
（二）另一方面服裝的部分顯然有貴族（部落領袖人物）與平民之分，也有祭典服飾（盛裝）與日常服飾之分。
（三）乾隆時期的臺灣<<采風圖>>裡織布並不以泰雅族（右武乃等社）為例，而日據時期則頻頻出現泰雅族的「織布照片」，這應該是表示日據時期泰雅族的織布工藝被視為日據執政的成就之一，所以頻作記錄廣為宣傳，我們可以由此判斷泰雅族是在日據時期才脫離「交易換布」而進入男獵女織的原住民族。
（四）在日據時期最注重服飾功能的原住民應該是排灣族、魯凱族、卑南族、泰雅族及阿美族，而裝飾工藝也應該是這五個族變化最多。

原住民的服飾工藝其實並不可能是一種「靜態」的概念，原住民裡的平埔族在清末時期大體上已完全接受職業分工及商業交換的機制，所以目前平埔族的「工藝」只能是娛樂慶典時的「追憶懷舊心理治療」而已。原住民裡的高山族在日據時期幾乎也面臨與平埔族雷同的情境，只是程度的問題。「實際上，自古以來，臺灣原住民各族群比鄰而居的情形相當普遍，服飾相近的現象也就在所難免。而且服飾製作者透過個人努力，也可瞭解鄰近族群的服飾特色，製作各族群的服飾，供應各方的需求。從另一個角度來看，隨著漢人與西方服飾觀念的進入，原住民服飾的材質與裝飾也經歷了許多改變」（註四十三）。我們如今在探討原住民的審美取向乃至設計藝術美學時，所遇到的最大困擾則莫過於十九世紀的業餘人類學者「發明」了「語言祖先」這種概念，而二十世紀的所謂「學術研究」更常常以溯源式系譜學的態度研究文化、詮釋文化，甚至以「歷史切片」的方式，「規定出」原住民族的文化特色、技藝特色，乃至原住民工藝變成獎勵觀光政策下的表演節目與「名所名產」或博物館裡的「靜態樣版戲」，而這種「名所名產」的定型化早在日據時期的臺南四春園旅館「明信片」的例子裡（圖 3-72）就可以瞭解。我們再看看這種新的案例。

圖 3-73：山地服飾商店中的原住民頭冠飾品，圖片引自<<臺灣工藝地圖>>一書並加工再製，作為原住民服飾商品化議題的舉例之用。圖 3-74：臺灣博物館展覽照片之一，人類學家收藏品展覽，為展示陳奇祿先生的收藏品及其田野調查的手繪圖稿與說明紀錄。圖 3-75：臺灣博物館展覽照片之二，配合人類學家收藏品展覽而新製原住民禮服。圖 3-76：臺灣博物館展覽照片之三，原住民主題展之排灣族木刻。圖 3-77：九族文化村蠟像演出：魯凱族住宅內部完整服飾之蠟像與家具。

圖 3-78：九族文化村舞蹈演出情景，採取臺灣原住民所少見的「竹竿舞」，已無
法辨識哪一族群的舞蹈與服飾。

圖 3-73：山地服飾商店中的頭冠飾
品。

圖 3-74：臺灣博物館展覽之一：人類學家
的珍藏與記錄

圖 3-75：臺灣博物館展覽之二：配合人
類學家的珍藏展展出新製原住民服飾。

圖 3-76：臺灣博物館展覽之三：排灣族
的木刻。

圖 3-77：九族文化村蠟像演出：魯凱族。

圖 3-78：九族文化村舞蹈演出。

圖 3-73 至圖 3-78 的六個案例中，除了圖 3-74 為陳奇祿先生在 1950—1970 年間的田調相關珍藏品外，其餘的分別是為展出、表演、販售而再製的新製品。這些新製品所呈現的原住民服飾似乎與圖 3-66 至圖 3-68「職貢圖」裡寫實描繪所呈獻十八世紀臺灣原住民服飾，乃至於圖 3-69 至圖 3-71 照片寫真所呈現的二十世紀前半葉臺灣原住民服飾似乎有極大的變化。只有圖 3-72 的案例所呈現排灣族的諸多胸前配飾圖像才有「依稀彷彿」之感。

「衣飾工藝對當代原住民來說，可以說是另一類能與雕刻藝術並駕齊驅的技藝表現，不論在媒材、技術、工具或形式構成上，皆出現許多摻雜了工業化與現代化的技藝巧思與創新。過去魯凱、排灣二族的織繡技藝，如夾織及挑織技法所織成的精美織布，其技巧之卓越姓，可與北部之泰雅、賽夏族或蘭嶼雅美族相媲美。可惜的是，自荷、清時期與外界之接觸開始，就有外來的材料（線、毛、布、漢式成衣）輸入，漸使得採麻紡織的技術及生產光景不再，相關之手工技藝、習俗信仰及儀式禁忌也幾乎消聲匿跡。至於較晚傳入之刺繡藝術，卻反而屹立不衰」（註四十四）。如果我們將圖 3-65 至圖 3-78 的所有案例當作「時間系列」的關係來一起解讀，那麼除了圖 3-65 的案例明顯的是毫無根據的「想像」以外，圖 3-66 至圖 3-78 的案例裡不管是「原物」也好，「再製之物」也好通常是經過「考證」的「原物」、「寫實描繪」或「意像再現」。而在研究方法論上，我們只能先行設定官方文件（清朝的職貢圖、采風圖）最嚴謹，宣傳用的官方文件（日據時期殖民當局發行的文件、現今公立博物館展出的文件）次之、私立博物館的文件再次之，經過人類學專業訓練的學者的收藏品再次之、業餘人類學家的文件再次之、商品化的文件（如九族文化村裡的竹竿舞或山地服飾商店中的頭冠飾品）則位居嚴謹度之末。如果這種研究方法論上的設定是可被接受的話，那麼，我們就可以大膽的再看出一些「事實」：

（五）原住民服飾最大、最強烈的變革是在臺灣光復之後至 1970 年期間。

（六）高山族原住民目前表演式慶典的服飾通常是該族群集體記憶下「盛裝」的再組合，而這種再組合明顯的具有「比鄰而居」的趨同現象。

（七）如果連同考古資料一起解讀的話，服飾史的斷裂處在於玉器耳飾、樹皮衣、覆毛皮衣的消失。一貫承傳（但不見得是同一族之內）的則有貴族的「鳥羽為冠，裝以珠貝」、「懸珠於頸」、「織藤為笠」、「飾以毛羽」，以及平民的、「婦人以墨黥手，為蟲蛇之文」、「銜杯共飲」、「婦女結草裙，微蔽下體而已（至日據時期）」、「斷齒為飾（至日據時期）」，新增的則有排灣族琉璃串珠。轉換的則有服飾工藝從平埔族轉換至高山族，其中排灣族更有直接從漢人服飾轉換為排灣族服飾的經驗，這種經驗再度顯示「比鄰而居」的趨同現象是極難避免也無須避免的事實（註四十五）。

（八）現今商業化的原住民服飾商品以及歌舞表演乃是應消費者要求下「重現高

山族的族群想像」，雖有依據，但是顯然有「九族一體」或「南部三族一體」（註四十六）的綜合情境，並有「繁飾化、鮮豔化、亮麗化」的加強傾向。而這通常又被詮釋為「原住民服飾文化的升級與再興盛」的契機（註四十七）。

有了前述的「高山族衣飾工藝史」的初步梳理，接下來即以此為本提出高山族原住民衣飾工藝美學的初步論述如後：

其五第一點，衣飾工藝美的本質面向

在亞熱帶地區衣飾工藝美的本質在於區辨身份、角色及友善吸引「想吸引的人」，而不在於禦寒，更不在於什麼「禮義廉恥」，而隨著氏族到部落在到部落聯盟的發展，這衣飾工藝美的本質就會逐漸加上各族群自發演化出的「禁忌、道德」規範。再隨著時間，因更為強勢的外族友善接觸與「通商」，則其美的本質就會逐漸增添，甚至全盤替換。不可否認的，在十七世紀之前臺灣原住民衣飾工藝其美的本質項上，除了區辨身份、角色及友善吸引「想吸引的人」之外，已增添了威嚇這一項，另一方面與美感並行的「機能項上」則增添了「禦寒」、「排除沾污」這兩項「機能」。到了與漢人大量接觸之後，則在美感本質上則又增添了「遮羞」這一項。而工藝發展的狀況上則有「平埔族轉換為高山族」的現象。

我們稍微細論一下「友善吸引想吸引的人」與「遮羞」這兩項衣飾工藝美的本質向度條目。在既有的文獻與圖例裡，臺灣原住民裡有太多是「男性」呈現「友善的吸引想吸引的人」與「遮羞」這兩種裝飾「目的」，這應該可以「詮釋」為母系社會的正常角色扮演，另一方面也可「推論」臺灣原住民裡父系社會族群有可能是經歷了「從母系社會轉變成父系社會」的過程。

其五第二點，衣飾工藝美的意涵面向

高山族衣飾工藝美的意涵向度詮釋仍然得依「美的本質向度」走向以及服飾機能走向來說明。整體來說，衣飾工藝美的意涵面向主要在於「神聖化、禁忌化」及「信仰話語」及故事的添加。「神聖化、禁忌化」則隨著每個族群發展過程而有不同的意涵添加，但主要的內涵則在於增加可見的區辨（如貴族 v.s.平民，女性 v.s.男性）與提醒「不可見的區辨」，這「不可見」的區辨就是通稱的民俗信仰或神與「神話」。臺灣原住民裡的「祖靈信仰」在文化人類學上應該放在「神話」與「歷史故事」之間的位置來解讀，而不宜用「宗教、巫術」來解讀（註四十八）。如果接受了這個前提的話，我們來看高山族的服飾裡就充分的表露了：「英雌神話」、「英雄神話」、「祖靈神話」、「禁忌提點」、「歷史故事提點」，而每個族群的服飾美的意涵都不一樣，因為每個族群的「神話」、「歷史」、「提點」都不一樣，而表現的形式都一樣的精彩，只要族群發展過程下來，該族群「信以為真」就是「精彩」的保證。

其五第三點，衣飾工藝美的形式面向

原住民衣飾工藝美的形式面向整體而言就是男女有別，貴賤有別，禁忌有別，期待有別。如果各族群分論則是神話有別，甚至於是以神話有別來作為族群之間的區辨。在期待有別面向，不管是「吸引」或「排斥威嚇」期待值越強就會運用越「鮮明」的色彩及越強烈的符號，「吸引」者用「柔順圓潤」的造形及和諧感的「造形元素組合」，「排斥威嚇」者則相反。除了這些色彩的「鮮明 v.s.灰濁」，「柔順、圓潤 v.s.斷裂、刻痕」，「和諧感、不和諧感」之外，所謂的「造形元素」往往居於美感解讀的關鍵地位，這些造形元素就牽涉到神話、故事、提點的「造形成形」或「符號成形」，更牽涉到工藝技術的高低有無，以及，在一個群體裡對「抽象 v.s.具像」或「象徵 v.s.寫實」的認同感及掌握能力，乃至於牽涉到工藝本身技藝的「精與粗」，乃至工藝的實用目的。所以衣飾工藝美「形式面向」的感受，一方面最受到「直覺感受」的影響，另一方面所謂「直覺感受」卻偏偏最受「個人生活經驗」及「成長過程裡文化選擇與認同」的影響，以致於這些美的形式原則提出後，好像「依這些原則」不見得「感受得到」美與不美。這其實是是否具有「同理心」所致。美學原則的提出如果未能建立在「同理體會」一種文化情境時，通常是感受不到該文化的美感。

更嚴肅的議題是：「工藝技術的高、低、有、無，施作的粗與細，工藝的實用目的」並不受到文化的約制，或是說文化約制的力量往往難以堅持的抵擋「物質享受的誘惑」。所以，當不同文化互相遭遇時所帶來的「交換」往往先由「統治階層」來選擇決定這些「新物件」在自己文化中的「位置」，而當兩種不同文化「比鄰而居」，甚至「混居」時，則往往由優勢族群決定了「混合文化」裡混合的取捨，乃至於兩種文化裡各種象徵元素的高低位置。這所謂的優勢族群本來是以「人口數」為判準，但是，殖民主義崛起後，卻以「武力強弱」為判準。臺灣原住民衣飾文化之所以很難以「平埔族」為對象來分析，就是臺灣的平埔族在近四百年的與漢人「和平相處」下，已經歷經多次「融合」而難已分辨。而臺灣原住民衣飾文化以「高山族」為分析對象時，表面上好像高山族「原住民與漢民族間有時是透過平埔族的仲介，因此對漢文化有主動選擇的機會，而非被動地接受。(高山族)原住民文化之急速變遷，約自日據時期開始」(註四十九)，但是高山族首度「較直接」的文化接觸卻是帶有高度「現代化意識形態」的殖民統治，這種以武力強弱為判準的優勢族群對高山族文化的擾動卻更容短期內「令」原住民文化消失殆盡，乃至難以辨認「原貌」。臺灣光復後當然不是殖民政權，但是沒有褪怯的「現代化意識形態」再加上全球化的「無形」全球經濟殖民主義，全球文化殖民主義(以英語為當然的世界語，以好萊塢電影文化為影像共通語言)，卻也讓高山族的衣飾工藝過度染上「商業化」色彩，呈現的是「他者」形象，高山族衣飾美學的形式向度也就更難以捉摸。

其六，比鄰而居的雕刻工藝：排灣族、魯凱族

「在三千年以前（西元前一千年）有中部邵、布農、鄒族的移入。再晚一千年（西元前後），約當東海的麒麟文化（即巨石文化 megalithic culture），有南部排灣、魯凱、卑南族的移入」（註五十）。換句話說排灣族、魯凱族與卑南族比鄰而居了約兩千年，而排灣族與魯凱族又是臺灣原住民族裡唯二具有明確貴族、平民階級的部落。而就排灣族、魯凱族兩族的口傳歷史與神話比對而言，也具有明顯的類似性，但兩族的語言並不相同。所以，我們以相關的案例來解釋這兩族的工藝美學，也能略探美學的發展過程，甚至於進而推論兩族比鄰而居的互相影響。以下各以兩個建築裝飾案例，一個博物館展示陳列案例，一個考古遺址出土器物案例，一個主題文化園區（當前再製的建築器物）案例，一個魯凱族工藝產業作品案例為例，分析如下。先簡介這些案例：圖 3-79 案例為 2006 年前後出土的舊香蘭遺址出土石器。圖 3-80 案例為設於屏東瑪家的排灣族主題文化園區歌舞館建築入口。圖 3-81 案例為屏東縣文化局四樓所設的排灣族雕刻館展出場景。圖 3-82 案例為魯凱族工藝產業作品的灣刀、連杯案例。圖 3-83 案例為排灣族建築裝飾木雕案例。圖 3-84 案例為魯凱族建築裝飾木雕案例。

圖 3-79：舊香蘭遺址出土百步蛇紋石器

圖 3-80：排灣族主題文化園區

圖 3-81：排灣族雕刻館展示

圖 3-82：魯凱族灣刀及木雕連杯展示

圖 3-83：排灣族建築裝飾木雕　　　圖 3-84：魯凱族建築裝飾木雕

圖 3-79 百步蛇紋石器案例上，先引一段臺灣史前文化館的新聞稿：「由國立臺灣史前文化博物館所主導挖掘的舊香蘭遺址，於 22 日發掘出距今約 1300～1400 年左右的類似部落石牆及「單石」遺跡，再度引發各界注目。舊香蘭遺址位於臺東縣太麻里鄉南太麻里溪出口海口南岸，3 年前（92 年）因杜鵑颱風來襲冲刷海岸，才意外讓埋在沙灘下二、三公尺的遺址出土。史前館浦忠成館長表示：史前館致力於保存珍貴文化資產，對於遺址的發掘史前館自當不宜餘力。由史前館研究人員李坤修帶領的考古團隊，95 年開挖舊香蘭遺址的文化層，期間挖掘出不少的石板棺、陶器、動物造型陶偶、石器、獸骨飾品、琉璃珠、、鑄造金屬器的模具、鐵渣、冶金的器具、金箔、金珠等，近日更發掘出疑似石牆及「單石」的遺跡。李坤修研究人員表示，建築遺址可能是舊香蘭遺址的末期，距今約 1300～1500 年（西元 500 年至 700 年間），這些遺址出土陶器、石器及骨角器上出現的百步蛇紋飾，具體的證明舊香蘭遺址和原住民文化可能有直接淵源，也證實當時的社會有相當文明、工藝技術上具有舉足輕重的地位。李坤修於舊香蘭遺址最新發現一文中表示：2004 年的搶救考古發掘所採集到的考古遺物中，三項較關鍵的發現；一是石板棺，二是器物上的百步蛇紋飾，三是銅、鐵、金與玻璃。這三項物質遺留分別形成三個環節，把舊香蘭遺址在文化發展史上的定位做明顯的標示。石板棺的要素讓舊香蘭遺址與較早的新石器時代卑南文化可以做聯結，百步蛇紋飾則讓舊香蘭的史前文化與近代排灣族與魯凱族文化可以勾連。銅、鐵、金與玻璃的發現，則宣告舊香蘭遺址已脫離石器時代進入使用金屬器的文明階段。換言之，舊香蘭遺址的史前文化，不只填補了臺灣東部史前文化與原住民文化之間的『失落環節』，同時也讓東部的史前文化與世界金屬器文明接軌」（註五十一）。西元前後排灣、魯凱、卑南族陸續移民臺灣的遺跡尚難斷定，但是「百步蛇紋石器」的出土，至少肯定了在此三族移民臺灣五百餘年後就發展出初步的蛇圖騰，甚至於三角形（或箭頭形）蛇頭、盤曲蛇身作為蛇圖騰要素之一已經逐漸定型。至於舊香蘭遺址到底是魯凱族還是排灣族，亦或是卑南族似乎尚難斷定，但就後續發展而言，排灣族與魯凱族顯然明確的承續了這個「蛇圖騰」，甚

至於還將「蛇圖騰」往禁忌、守護神、祖靈神話、人蛇互動神話等方向持續深化，至今尚顯而易見於排灣族與魯凱族的絕大部分器物裝飾上。

圖 3-80 的建築物雖為現今新建的排灣族文化園區，但入口處的建築裝飾正好顯示了前述「蛇圖騰」所發展出的禁忌、守護神、祖靈神話、人蛇互動神話的結果。

圖 3-81 位於屏東縣文化局四樓的排灣族雕塑館之所以稱為雕塑館就表示有許多當代的雕塑作品，也有許多古物收藏。圖 3-82 為的魯凱族工藝產業展示館陳列的全是當代藝術品也是商品，此案例裡所呈現的木雕連杯飲酒器依「歷史」痕跡而言先是排灣族所慣用，然後再傳於魯凱族，至於是否為排灣族所「首創」，應該不是，因為早在三國時期東吳已有擄三千男女於「流球」的紀錄，而<<隋書東夷傳流求國>>裡也已有「銜杯共飲頗似突厥」的記載。而此時對臺灣原住民的認識與接觸應該是臺灣西部的平原或盆地，而未及臺灣東部。

圖 3-83 及圖 3-84 則分別為排灣族及魯凱族的建築裝飾木雕。均為入口門眉橫向延伸，也共同具有蛇圖騰，所不同者排灣族另有百合花圖騰及雙蛇圖騰，而魯凱族則另有祖靈（頭像）圖騰與雙蛇陶壺圖騰。而這些細微的區別在現今的再製或創作工藝品上是區分不出的。

排灣、魯凱兩族是臺灣原住民族中唯二明顯具有貴族、平民階級區分權力關係的族群，這種權力關係是起於什麼時候？如何演化出來？尚難考證，但最後都落在耕地所有權及耕作權關係上，同時也落在長嗣繼承，其餘諸嗣另立門戶的血親世襲方式上，以當代的觀點來看簡單的說，就是落在大地主與佃農的生產關係上（部落的決策雖然貴族出任頭目，但貴族與平民各有代表參加決策會議），這種權力關係其實已經具備了初步「市場經濟」的雛形，所以自然會逐漸冷落了「巫師系統」，或是說以新的神話創制來淡化了巫師詮釋「神力」的能力，另一方面這種權力關係也更加強了貴族、平民間的裝飾等級分配。換句話說，排灣、魯凱兩族雕刻工藝的美學解讀在臺灣原住民藝術品美學解讀上是具有特殊性的，不像其他高山族的平權社會組織，除了部分「巫師系統」或單一部落頭目的世襲外，傳統權力系統的延續往往是較不長久，也更容易融入其他族群。簡單的說，貴族社會更有財力也更有權力繼承傳統文化、重新詮釋傳統文化，也更有責任帶領族人走入當代社會。基於此，我們嘗試解讀排灣、魯凱兩族的設計美學如下。

其一，在雕刻工藝類科上發展得相當完整。
設計藝術的起源科目到底是什麼？或許會有各種不同的說法，但是在實用器物上添加圖紋與圖像卻是所有設計藝術起源的必備元素。換句話說，所謂的「裝飾」與「增美」乃至由梵文轉化而來的「莊嚴」這些詞彙，在西方文化裡的字詞都是

「裝飾（decoration）」。而所謂的裝飾元素或裝飾母題（motive）往往會恰當的佈滿所有實用器物上。這從設計藝術史的角度來看就是既有一般器物的裝飾，又有建築裝飾，而裝飾母題是共用於服裝、一般器物（工具）與建築物。就此「定義」看來，原住民設計藝術裡就只有排灣、魯凱兩族發展出所謂的建築裝飾藝術類科，而完備了設計藝術類科。

其二，雕刻設計藝術的本質向度

排灣、魯凱兩族的大部分設計藝術類科其求美的本質在於「界定人神關係、人人關係、人地關係」，或是說界定「人與靈的關係」、「社會關係」及「人與自然的關係」。以中華文化的角度來看就是「倫理關係」，美的本質在於倫理關係的建構，並以神話建構來彌補這人訂出倫理關係裡的「隙縫」。所以我們在排灣、魯凱兩族的雕刻設計藝術創作裡會看到這麼豐富的「具像」神話元素，諸如：百步蛇、百合花、羊角、祖先頭像、太陽、陶甕、、等等，同時就口傳歷史而言，我們甚至可以察覺到設計藝術品與神話之間的互動。

其三，雕刻設計藝術的意涵向度

在設計藝術的意涵向度上，排灣、魯凱兩族的設計藝術作品是最完整呈現「神話」故事，乃至於最「具像」呈現神話故事元素的僅有兩個族群。就這個角度來看，這兩個原住民族是最具造形藝術創作動力的族群，而其設計藝術的發展也是所有原住民裡發展得最成熟的。

其四，雕刻設計藝術的形式向度

雕刻設計藝術的形式法則當然會受制於材料與技術，以致於如果我們只以「具像寫實」的掌控層度來判斷這個民族設計藝術形式向度的成就，那就是「失之他者」。並不是所有的人類文明裡的設計藝術發展都要以什麼「幾何圖紋 V.S.擬象圖紋或寫實圖紋、抽象 V.S.具像，乃至於幾何構圖、平衡、對稱、韻律」這些概念來梳理。所以，在歸納排灣、魯凱兩族雕刻設計藝術作品的形式向度時，我們只能提出「注重托襯」、「蛇的靈活性」、「浮雕式立體感」，在色彩上現階段偏愛「黑黃互襯，紅白提點」等原則。

3-4，圖文繪畫的故事

由於臺灣原住民在接觸外來文化之前並未發展出文字，也為發展出「繪畫」，所以，這一小節圖文繪畫的故事，只描述「故事」而不進行美學解析。

其一，岩畫與岩雕的故事

高雄茂林的萬山岩畫位於魯凱族生活領域的人煙罕跡處，雖早為魯凱族所知悉，

但直到「1970 年代末，由魯凱族下三社群萬山社人告知學者，經實地調查而發現的（此）大型岩石雕刻」（註六十二）稱為萬山岩畫第一處遺址（圖 3-85），隨後又陸陸續續經二十餘年發現第二、第三、、等處遺址。並於 2008 年依文化資產保存法經學者探勘審查後頒訂為國定古蹟（文化遺址類），為現存古蹟最為特殊之類型，因位於人煙罕至之深山，所以採「原狀自然保存」。

圖 3-85：高雄茂林萬山岩畫之一（第一處岩畫遺址）

圖 3-86：高雄茂林萬山岩畫之第四處　　圖 3-87：高雄茂林萬山岩畫之第五處

高雄茂林萬山遺址岩畫出現的人頭、人形、同心圓圈紋、百步蛇紋乃至所形成的「圖畫」，以目前的資料來看還很難解讀其意，也很難解讀與目前相關地區魯凱族、卑南族、排灣族有何直接關係（基本上並無口傳的創作年代事蹟可查）。其年代也難判斷，但應在臺灣進入金石並用文化（約西元 500 年—1000 年間）之後。

其二，農民曆：類文字的故事

原住民有類文字發展的有布農族與排灣族，圖 3-88 為 1933 年日據時期番務課資料引自劉其偉臺灣原住民藝術一書。圖 3-89 為前圖複製品及其圖紋。圖 3-90 為排灣族所運用的象形文字。

基本上，布農族的曆書畫版及排灣族的曆書畫版（或畫布），都屬於象形文字的前文字階段，而且都與耕作季節時段的記事有關。可惜的是，均尚未發展至較複雜的文字組合階段，就遭遇到耕作技術更高且文字發展更成熟的「新移民：漢人」，所以，這些類文字的發展也就沒什麼機會繼續發展成更複雜的乃至於日常生活可運用的記事文字系統了。

圖 3-88：拍攝於 1933 年的臺中布農族展示其農民曆

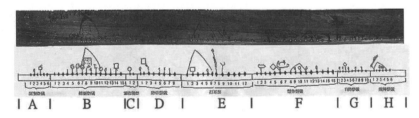

圖 3-89：上圖布農族農民曆的複製品圖片

圖 3-90：排灣族所運用的曆書（農民曆）圖案

第三章註釋

註一：引自，劉益昌、高業榮等，2009，p.64。

註二：引自，劉益昌、高業榮等，p.115。

註三：引自，高業榮，2009，p.71。

註四：引自，Peter Bellwood，2009，p.336-337。

註五：引自，Peter Bellwood，2009，p.345。

註六：引自，林華ují，2003，阿立（Alid）塔瑪吉山哈（Tamagisanghach）與海伯（Haibos）：宣教文獻所見臺灣本土宗教與荷蘭改革宗教會的接觸。

註七：引自，高業榮，2009，p.71。

註八：引自，劉益昌、陳儀深、詹素娟、陳亮全，1996，p.2 之 30。

註九：引自，黃士強，1984，p.76。

註十：引自，劉益昌、高業榮等，2009，p.33。

註十一：繩紋粗陶在考古人類學上有其特定意義，通常指條狀泥從缽底盤曲而上組成球形的罐身與缽口，然後再以泥漿泥其接縫形成待燒胚體，燒後若有繩紋狀者，或其他方式塑胚體並以粗繩壓紋者，才稱為繩紋，繩紋陶器最典型的就是日本新石器時代初期的陶器製品。就此考古人類學上習慣的用語而言，大坌坑文化類型的陶器上的飾紋通常不見得是「繩紋」。

註十二：劉益昌、高業榮等，2009，p.40。

註十三：詳本書第二章 1-2-2 小節第四則與第五則。

註十四：劉益昌、高業榮等，2009，p.55。

註十五：劉益昌、高業榮等，2009，p.45。

註十六：引自，藤島亥治郎，1993，p33—35。

註十七：在海樹兒・拔剌拉菲的書中摘述此來源說於第 131 頁至 132 頁裡。在達西烏拉彎畢馬的書中則摘述此來源說於第 13 頁至第 15 頁。

註十八：引自，海樹兒・拔剌拉菲，2006，p.129。

註十九：西方語言人類學有兩個正統的觀點，第一個正統的觀點是十九世紀前語言學研究裡的慣時性的語言研究，專門探討拉丁語如何成為南歐乃至西歐語言的主要成分，並依此而提出「語言祖先」這種不倫不類的語言學血緣概念，這個語言學的正統概念在十九世紀末受到語言學家索緒爾批判後，就崛起第二個正統觀點，以共時性觀點研究語言與神話，並將這種共時性的研究成果應用到原始部落的鄰近性與血緣性的判斷上，進而興起二十世紀極具影響力的結構主義來，將語言人類學第二個正統推上高峰的人物就是極其出名的法國學者李維史陀。不過李維史陀卻在他聲譽如日中天的 1960 年代，發表了一本<<熱帶憂鬱>>，全力批判自己以往的白人中心主義的謬誤，進而刺激了後結構主義的崛起。簡單的說，在西方學術領域裡，語言人類學裡的第一個正統早在十九世紀末就遭到嚴重的質疑，並進而在 1930 年代至 1970 年代由第二個正統取代了第一個正統。而這語言人類學的第二個正統在 1960 年代也開始「自省」，進而轉化出後結構主義及解構主義。

註二十：詳，陳紹凱，2006，嚎啕大哭的千千岩博士。

註二十一：引自，藤島亥治郎，1993，p35。

註二十二：日據時期各種強制的改善當然包括遷村，而其背景則是對各種原住民的對日本抗暴多予以「滅族式的屠殺」，包括違反國際公約的動用毒氣彈。

註二十三：詳，藤島亥治郎，1993，p51-52。

註二十四：詳，藤島亥治郎，1993，p74-75。

註二十五：謝遂的<<職貢圖>>完成於 1752 年，六十七的<<番社采風圖>>約完成於 1747 年之前。

註二十六：引自，連橫，2009，p.70。

註二十七：新好茶部落建於 1978 年，所以圖例 3-12 至圖例 3-15 等舊好茶部落住屋案例則可視為 1978 年那一年的歷史切片。

註二十八：引自，潘英，2006，p.253。

註二十九：引自，潘英，2006，p.496—497。

註三十：甘治士（1597–1647）荷蘭殖民臺灣時期首位來臺灣的傳教士，居臺十年，著有<<臺灣略記>>一書。必麒麟（1840-1907）1862 年起任英商中國海關職員，居臺七年，著有<<福爾摩撒探險（發現老臺灣）>>一書。

註三十一：引自，西拉雅國家風景區網站資料。

註三十二：同註六。

註三十三：引自，國立臺灣歷史博物館，「18 世紀平埔和漢人宗教交融」一文。

註三十四：張京達，乾隆年間中部地區最大的墾戶，「張京達當了四十二年的通事，開闢土地，創業三十餘萬租，擁有」巨大財富，田宅散佈中部地區」（引自：周婉窈，2009，p.95。）

註三十五：詳，虎茅莊的旅行：埔里葛哈巫族的社區部落格。

註三十六：不只在日據時期有葛哈巫族為巴宰族的一隻的「規定」，光復後也有許多山地神父或牧師一直致力於邵族、葛哈巫族、巴宰族三族語言的「統一」，是否成效則見仁見智了。總之，平埔族原住民的語言、文化會受鄰鄉而居族群的語言影響，自然而然的進行「演化」這是無庸置疑的，所以目前葛哈巫族語能捕捉紀錄的是十九世紀或二十世紀初葛哈巫語的歷史切片，而不見得是祖先的語言，也是無庸置疑的。

註三十七：引自，達西烏拉灣‧畢馬（田哲益），2003，p.120。

註三十八：郭百年事件發生於 1815 年漢人越界開墾與私佃埔里盆地農作，進而焚燬原住民房舍，殺害原住民的事件，1821 年滿籍臺灣總兵武隆阿得知此事，命彰化知縣吳性誠率兵將驅逐漢佃，並懲處郭百年，並於水沙連南北道路入口豎立禁碑，嚴禁漢人進入。詳參，黃育智，2011。

註三十九：引自，盧美松、陳龍，2003，附錄「隋書東夷傳流求國」，p.294。

註四十：引自，盧美松、陳龍，2003，附錄陳第「東番記」，p.300。

註四十一：引自，馮明珠，2006，p.34。

註四十二：同上引，同頁。

註四十三：引自，徐雨村，2006，p.53。

註四十四：引自，許明功，2002，p.302。

註四十五：在臺灣開發史上排灣族既與卑南族、魯凱族比鄰而居，也與漢人（主要是客家人）比鄰而居，而且排灣族群與客家族群間有明確的通婚現象，在屏東客家的祭典活動裡，也有「番太祖」神像。

註四十六：在日據時期的相關研究資料裡通常將排灣族、魯凱族、卑南族列為「排灣族群」，或是說以「排灣亞族」來稱呼魯凱族、卑南族，光復後的人類學相關研究也有延續引用這種稱呼而稱為「排灣三族群」或「排灣三族」，其緣由就是這三族有長期「比鄰而居」及族際通婚的現象。另外，「九族一體」說或是高山族就是臺灣原住民的「代表」，則更是臺灣光復後，民主選舉制度與一般人們的感受的共同催化下的結果，1960 年代後臺灣的光觀產業崛起，則更加速了「九族一體」的情境。

註四十七：就當代資本主義社會的情境而言，這種詮釋是頗為常見的。如果只以經濟體制或「文創產業」、「設計產業」，乃至於當今原住民的生計等角度來看，這種詮釋與其說「太商業化了」，毋寧說「正確的商業生機」，此中差別只在於我們不可能也不必要將這種詮釋化成一種「專利制度」或「保護制度」，然後再以「血緣」認定將此權利歸於「原住民」。

註四十八：在臺灣原住民的研究裡有所謂「擅用巫」的族群，如近年再發現的「葛哈巫族」，夏賽族、泰雅族的集體記憶中的「黑矮人族」，乃至於部分的西拉雅族。這就顯示臺灣原住民的各個族群裡就有「不擅用巫」的族群及「不信邪」的族群，如：賽夏族矮靈祭神話，所以在研究上我們直接以「一神教→多神教→巫教→萬物有靈教」這般名詞與觀點往原住民的民俗信仰裡「套用」，其實是很不科學兼外人霸道的，所謂有神論乃至於萬物有靈論，當然不見得也不必要是人類文化發展上必然具備的選項。

註四十九：引自，高業榮，2009，p.74。

註五十：同註七。

註五十一：引自，國立臺灣史前文化博物館，2007，960323 新聞稿。

註五十二：引自，劉益昌，2009，p.61-62。

第三章參考文獻

何培齊 a，2007，日治時期的臺北，臺北：國家圖書館。

何培齊 b，2007，日治時期的臺北，臺南：國家圖書館。

何培齊，2009，日治時期的臺北，臺中：國家圖書館。

邱宗成，楊裕富，2003, 臺南縣平埔社群公廨建築演變形式，臺灣風物 53 卷第三期，pp.51-72。

林明德主編，2002，臺灣工藝地圖，臺中：星辰出版公司。

林昌華，2003，阿立（Alid）塔瑪吉山哈（Tamagisanghach）與海伯（Haibos）

：宣教文獻所見臺灣本土宗教與荷蘭改革宗教會的接觸，發表於《臺灣風物》53 卷 2 期，2003 年 6 月。P.15-62。

徐雨村，2006，臺灣南島民族的社會與文化，臺東：國立臺灣史前文化博物館。

連橫，2009，臺灣通史，臺北：眾文圖書公司。

許明功，2002，臺灣工藝地圖屏東‧臺東篇，收錄於林明德主編，臺灣工藝地圖。

海樹兒‧犮剌拉菲，2006，布農族：部落起源及部落遷移史，臺北：行政院原住民委員會、國史館臺灣分館。

黃士強，1984，臺北之山巖遺址發掘報告，臺北：臺北市文獻委員會。

黃育智，2011，水沙連紀程及埔里開發背景簡介，黃育智 Tony 的自然人文旅記網站。

莊伯和、徐韶仁，2002，臺灣傳統工藝之美，臺中：晨星出版公司。

陳紹凱，2006，嚎啕大哭的千千岩博士，陳紹凱部落格。

馮明珠，2006，黎民之初：院藏臺灣原住民圖檔文獻特展，臺北：國立故宮博物院。

達西烏拉灣・畢馬（田哲益），2003，臺灣的原住民：布農族，臺北：臺原出版社。

國立臺灣史前文化博物館，2007，舊香蘭遺址常見精緻百步蛇雕紋，國立臺灣史前文化博物館 960323 新聞稿。

國立臺灣歷史博物館，網站資料，18 世紀平埔和漢人宗教交融，臺南：國立臺灣歷史博物館。

潘英，2006，臺灣平埔族史，臺北：南天書局。

劉其偉，1990，臺灣土著文化藝術，臺北：雄獅圖書公司。

劉其偉，1995，臺灣原住民文化藝術，臺北：雄獅圖書公司。

劉益昌、高業榮、傅朝卿、蕭瓊瑞，2009，臺灣美術史綱，臺北：藝術家出版社。

劉益昌，2009，第一章：史前時期的美感，收錄於<<臺灣美術史綱>>，臺北：藝術家出版社。

高業榮，2009，第二章：原住民藝術，收錄於<<臺灣美術史綱>>，臺北：藝術家出版社。

劉益昌、陳儀深、詹素娟、陳亮全，1996，芝山岩文化史蹟公園，臺北：中華民國都市計畫學會。

蕭瓊瑞，2005，圖說臺灣美術史：渡臺讚歌 II 荷西・明清篇，臺北：藝術家出版社。

盧美松、陳龍，2003，閩臺先民文化探討，福州：福建人民出版社。

古野清人著，葉婉奇譯，2000，臺灣原住民的祭儀生活，臺北：原民文化公司。

仲摩照久著，葉婉奇譯，2002，老臺灣人文風情：臺灣地理大系資料彙編 03，臺北：原民文化公司。

鳥居龍藏著，楊南郡譯著，2012，探險臺灣，臺北：遠流出版公司。

鈴木質著，吳瑞琴編校，1993，臺灣原住民風俗誌，臺北：臺原出版社。

藤島亥治郎著，詹慧玲編較，1993，臺灣的建築，臺北：臺原出版社。

必麒麟著，陳逸君譯，1995，發現老臺灣，臺北：臺原出版社。

David Blundell (Editor)，2009，<<Austronesian Taiwan: Linguistics, History, Ethnology, Prehistory>>，臺北：順益原住民博物館。南天書局發行。

Peter Bellwood，2009，<Formosan Prehistory and Austronesian dispersal>收錄於 David Blundell (Editor)，2009。

第三章參考網站：

臺灣大學人類學系藏品資料查詢系統網站
http://acis.digital.ntu.edu.tw/index.htm

國立臺灣博物館
http://www.ntm.gov.tw/tw/index.aspx

中研院臺灣考古數位典藏博物館
http://proj1.sinica.edu.tw/~damta/

十三行博物館網站
http://www.sshm.tpc.gov.tw/html/sshm/index.jsp

臺南市自然史教育館網站
http://www.ttii.com.tw/tainan/

高雄市自然史教育館網站
http://dm.kyu.edu.tw/index2.htm

臺東縣原住民族產業資訊館
http://www.ipact.atipc.org/

臺灣書院網站
http://taiwanacademy.tw/ch/index.jsp

千千岩助太郎數位博物館
http://www.cc.ntut.edu.tw/~huangch1/

數位典藏田中大作臺灣建築文化誌網
http://140.112.76.194/ntutarch/index1.htm

臺灣原住民學習知識庫網站
http://tkb.nmth.gov.tw/indigene/index_Monu.aspx

臺灣原住民數位博物館
http://www.dmtip.gov.tw/Index.aspx

陳紹凱的 BLOG
http://blog.kaishao.idv.tw/?p=224#more-224

臺灣原住民歷史語言文化大辭典
http://citing.hohayan.net.tw/default.asp

國家之窗宗教網
http://www.senwanture.com/

臺南縣西拉雅原住民委員會網站

臺灣設計美學史(卷一)

http://siraya.tnc.gov.tw/modules/tadnews/

西拉雅國家風景區網站
http://www.siraya-nsa.gov.tw/

國立臺灣歷史博物館
http://www.nmth.gov.tw/

虎茅莊的旅行：埔里葛哈巫族的社區部落格
http://www.wretch.cc/blog/tigergrass

南投縣葛哈巫文教協會網站
http://www.kahabu.url.tw/

暨南大學。打里摺文物數位典藏國家型科技計畫網站
http://163.22.14.153/~ta_ri_tsi/nuke/

雲林科技大學。鄉土設計資源研究室網站
http://teacher.yuntech.edu.tw/yangyf/ver/

順益臺灣原住民博物館網站
http://www.museum.org.tw/

南國之境文化觀光網站
http://tour.cultural.pthg.gov.tw/index.aspx

僑委會宏觀網站
http://61.57.40.108/mag/macroview/index.jsp

黃育智 Tony 的自然人文旅記網站
http://www.tonyhuang39.com/index.html

祖靈之邦：高金素梅網站
http://www.abohome.org.tw/

屏東泰武鄉佳興部落網站
http://chiasin.paiwan.hohayan.net.tw/modules/home/index.asp

第三章圖版目錄

圖 3-1 臺北盆地附近考古遺址及西元前 6000 年地形圖（引自黃士強<<臺北芝山巖遺址發掘報告>>）；圖 3-2 平埔族建築（引自十三行博物館網站，穿梭兩千年）；圖 3-3 平埔族建築八里岔社；圖 3-4 平埔族建築牛車新港社；圖 3-5 平埔族建築半線社；圖 3-3 平埔族乘屋新港社；圖 3-7 臺南大內鄉頭社平埔文化園區復健住屋；圖 3-8 臺南大內鄉頭社平埔文化園區新建平埔族公廨；圖 3-9 高山族建築排灣族卡比亞干社家屋；圖 3-10 高山族建築，阿美族太八朗社祭祖會所；圖 3-11 高山族建築，鄒族達邦集會所（轉引自劉益昌等<<臺灣美術史綱>>）；圖 3-12 高山族建築，魯凱族大南社集會所；圖 3-13 高山族，阿美族太巴塱社祖廟復原實品屋；圖 3-14 高山族建築舊好茶部落一；圖 3-15 高山族建築舊好茶部落二；圖 3-16 高山族建築舊好茶部落三；圖 3-17 高山族建築舊好茶部落四；圖 3-18 九族文化村；圖 3-19 高山族建築，九族文化村內的各族建築復原；圖 3-20 撒奇來雅族住屋；圖 3-21 大坌坑類型牛罵頭陶片；圖 3-22 大坌坑文化陶器復原圖；圖 3-23 芝山巖文化出土陶片；圖 3-24 芝山巖文化陶器復原圖；圖 3-25 十三行遺址陶罐；圖 3-26 十三行遺址人面陶罐；圖 3-27 芝山巖文化玉器；圖 3-28 宜蘭丸山文化玉器；圖 3-29 圓山文化玉器；圖 3-30 卑南文化玉器；圖 3-31 謝遂<<職貢圖>>中竹塹社服飾；圖 3-32 謝遂<<職貢圖>>中蕭籠社服飾；圖 3-33 高雄駁二藝術村展出西拉雅族蠟像；圖 3-34 佳里北投洋西拉雅族民俗村；圖 3-35 西拉雅族檳榔袋的十字繡；圖 3-36 六堆客家肚兜的十字繡；圖 3-37 平埔族令旗以太上老君為主之一；圖 3-38 令旗以太上老君為主之二；圖 3-39 牌位書寫阿立祖；圖 3-40 牌位書寫阿姆祖；圖 3-41 嘯海祭及尪姨；圖 3-42 平埔族夜祭及尪姨；圖 3-43 小林村部落的夜祭；圖 3-44 形象化阿立祖；圖 3-45 大內鄉頭社祭祀阿立祖；圖 3-46 遷移至花蓮的西拉雅族公廨；圖 3-47 臺北地區的番太祖；圖 3-48 中和霹靂宮的番太祖；圖 3-49 埔里巴宰族（葛哈巫族）番太祖；圖 3-50 北斗東螺天后宮的番太祖；圖 3-51 葛哈巫族過年祭典活動；圖 3-52 葛哈巫族正名運動；圖 3-53 葛哈巫族的祭典與埔里酒文化結合；圖 3-54 正名運動帶動巴布拉族尋根；圖 3-55 埔里酒文化節活動一；圖 3-56 埔里酒文化節活動二；圖 3-57 葛哈巫族織品；圖 3-58 葛哈巫族過年邀請卡；圖 3-59 埔里黃宅古厝；圖 3-60 埔里重建的葛哈巫族望高寮；圖 3-61 巴布拉族的織布情境；圖 3-62 巴布拉族的織布情境局部放大；圖 3-63 現今大甲藺草編織；圖 3-64 苑裡藺草博物館展出；圖 3-65 大甲藺草編織品手機套；圖 3-66 國家工藝館稻草藝術展之一；圖 3-67 國家工藝館稻草藝術展之二（楊裕富拍攝）；圖 3-68 十七世紀歐洲人想像式遊記中的臺灣原住民圖像；圖 3-69 謝遂「職貢圖」之淡水右武乃等社服飾圖局部；圖 3-70 職貢圖淡水右武乃等社服飾圖；圖 3-71 職貢圖彰化縣內山等社服飾圖；圖 3-72 日據時期泰雅族織布照片一；圖 3-73 日據時期泰雅族織布照片二；圖 3-74 日據時期烏來泰雅族服飾照片；圖 3-75 日據時期恆春排灣族；圖 3-76 現今山地服飾藝品店中的頭冠飾品；圖 3-77 臺灣博物館展覽之一，人類學家的珍藏；圖 3-78 臺灣博物館展覽之二，原住民服飾；圖 3-79 臺灣博物館展覽之三，排灣族木刻；圖 3-80 九族文化村之蠟像演出：魯凱族；圖 3-81 九族文化村之舞蹈演出：竹竿舞；圖 3-82 舊香蘭宜指出土之百步蛇紋飾石器；圖 3-83 排灣族主題文化園區入口；圖 3-84 排灣族雕刻館展示；圖 3-85 魯凱族灣刀及木雕連杯；圖 3-86 排灣族建築裝飾木雕；圖 3-87 魯凱族建築裝飾木雕；圖 3-88 高雄茂林萬山岩畫之一；圖 3-89 高雄茂林萬山岩畫之第四處；圖 3-90 高雄茂林萬山岩畫之第五處；圖 3-91 拍攝於 1933 年之臺中布農族展示其農民曆；圖 3-92 布農族農民曆的複製品；圖 3-93 排灣族曆書所用的類文字圖案。

本章圖片除正文另有說明及附記引用來源外，均引用自本章所列之參考文獻與參考網站資料並予以圖像校正及清晰化。

第四章：顏鄭洋鄭時期的設計美學

混沌中的先來後到：顏鄭、荷蘭、西班牙、明鄭

十六世紀末正值明朝的神宗朱翊鈞的萬曆年間（1573—1619 年），雖然歷史評價上有所謂的張居正改革下的「榮景」，但張居正一死（1852 年）整個朝政幾乎馬上回復昏庸貪爛、太監外戚把權的狀態，此刻明朝的對外政策仍停留在「賞賜似的朝貢體系」維持上，而不思國家武力與競爭實力早已大不如前，北方滿族已快速崛起，皇帝照樣與佞臣太監思慮如何增加自己的財產，錦衣衛與東廠已成為皇帝、佞臣、太監「對國人謀財害命」的工具。對東南沿海的港市也還停留在「剿滅倭寇」的海禁裡，而殊不知嘉靖年間（1522—1566 年）的「倭寇」早有閩粵沿海地區「海盜」充任，海禁不但斷絕了東南沿海地區的民生，反而因為太監、庸官與貪官的收賄縱容，海盜猶如漂白為「商人巨賈」，良民反而因謀生而為盜。此時臺灣是否「屬於」中國的爭辯並不重要（註一），重要的是雖然明朝承元朝之例在澎湖設置了海上巡檢武力下，葡萄牙人已透過賄賂而進佔澳門（1572年），西班牙人、荷蘭人、日本人也都偶爾進出澎湖如入無人之境，而福建廣東沿海的漁民、商人更是在「海禁」高懸的時期除了因聲勢過大而被朝廷定為「海盜」以外，早就「自由活動」於澎湖及臺灣。簡單的說，在十六世紀末，明朝朝廷維持訊期駐兵澎湖外，閩粵人、日本人、葡萄牙人、西班牙人、荷蘭人都覬覦著臺灣與澎湖，也活躍於臺灣與澎湖。只是日本人往往有日本國撐腰，葡萄牙人、西班牙人、荷蘭人也都有各屬東印度公司撐腰，並「宣稱」其國家撐腰，而閩粵人則在「海禁」之下沒人撐腰。閩越人此刻也都「仿」葡萄牙人、西班牙人、荷蘭人等「組成具武力的商盜集團」，只是在朝廷的稱呼裡只能稱為海盜而已。

這些林林總總的「商盜集團」裡對臺灣的「接觸而至經營」，依先來後到的順序就是：顏鄭商盜集團（1621—1641 年於魍港）、荷蘭商盜集團（1624—1662 年先於大員，1641 年後擴及魍港、淡水、雞籠）、西班牙商盜集團（1626—1641 年於雞籠、淡水）。而所有的這些集團或政權，最後又都被「荷、西、葡、英」等殖民者眼中的商盜集團，我們稱為明鄭（1662—1683 年）的鄭成功集團所頂替，直到 1683 年改為清朝為止。

由於顏鄭集團、荷蘭集團、西班牙集團基本上都不是「國家」的形態，當然屬於「公司」的歷史紀錄，並且「實物作品」而少有留存於斯地，所以本書只描述分析建築的故事。明鄭屬於延平郡王國並奉明朝年號，其歷史紀錄留存較多，所以本書分別分析其建築故事、工藝故事、圖文繪畫故事。

4-1，顏鄭集團的建築故事

顏鄭集團從顏思齊籌組二十八兄弟會於 1921 年進駐魍港開始了大規模漢人移民臺灣的先例（註二），直接在現今雲林水林鄉附近安營紮寨，直到 1941 年，這個集團以郭懷一為首被收編於荷蘭盜商集團為止，其領導者大致上是顏思齊（當任領導者時期為 1621─1625 年）、鄭芝龍（當任領導者時期為 1625─1628 年）、郭懷一（當任領導者時期為 1628─1641 年）三人。

鄭芝龍在追隨顏思齊並成為二十八兄弟會一員的不久，就又另外組成十八兄弟會，培養以自己為首的武裝商貿勢力，所以能在顏思齊打獵後病死隨即被推為「首領」，不過鄭芝龍在海上經營貿易勢力時認為接受明朝招撫更能保存與發展自己的武裝貿易實力，所以在 1628 年時就接受招撫，而將魍港的據點留給同事二十八兄弟會一員的郭懷一領導。郭懷一在 1629 年時曾由鄭芝龍安排前往泉州地區招來技術移民（註三）及墾荒移民於臺灣，在隨後的崇禎年間（1628─1644 年）福建一地又常鬧飢荒，許多福建羅漢腳不請自來，郭懷一也就因勢利導的開闢了現今嘉義朴子、布袋地區的外九庄，使得魍港地區的漢人激增，儼然超過當時荷蘭招募漢人工奴於大員從事開墾的勢力。不過這種漢人自治並與原住民合作開墾的好日子並不長久，1640 年荷蘭盜商集團決定「統一」臺灣諸勢力於荷蘭殖民勢力之下。由於郭懷一也通荷蘭語，所以當荷蘭盜商集團在 1641 年往北擴張勢力攻打華武壠社時，被勸說脅迫成為移居大員的大結首，結束了顏鄭集團在魍港的「自治史」。同年華武壠社幾乎遭到荷蘭盜商集團的滅族式的屠殺，而不再出現於臺灣的歷史舞臺上。

其一，安營紮寨到屯墾落戶：十寨與外九庄

在 1621 前後顏思齊、鄭芝龍選擇在臺灣中南部安營紮寨的時刻主要有兩個地點可供選擇，一個是位於雲林嘉義間較北邊的魍港，另一個是位於較南邊的大員港，而顏思齊、鄭芝龍等人選擇了魍港安營紮寨（圖 4-1）。而當時這兩個地區都是由沙丘（鯤身）所圍成的濕地，甚至可以說是兩個內海，位於較北的魍港面積較大吃水也較深，似乎更適合當作「海上武力」的基地，而位於南邊的大員港面積較小吃水也較淺，整個內海也都快形成陸地，原住民群聚，也有漢人漁民及商人在此所形成的「市集」。所以顏、鄭等人就選擇了較不「擾民」的魍港來進行安營紮寨，而留下三年後李旦介入協調荷蘭人自澎湖撤退時進佔的大員港。

顏鄭集團當初安營紮寨的地點經水林鄉公所及水林國小師生們的考證就是座落於現今水林鄉範圍內的九個村（九寨）或十寨（九寨外加一個興建沒多久就被大水沖走的興化店寨）（圖 4-2）。這個位置剛好位於當時魍港內海北岸向南突出的小半島上，往西航行不到十公里就到了當時的笨港內海，所以就軍事或墾拓的觀

點來看，這都是一個理智的選擇。

但是經過七、八年的開墾，此時鄭芝龍的勢力早就伸入閩南海上霸權的爭奪，而透過鄭芝龍所扶植起來的郭懷一也面臨「糧倉堆滿」急於開闢魍港與泉州之間的貿易管道。所以，1629 年前後大量湧入的「羅漢腳」移民就被指定前往水林鄉對岸現今朴子一帶的陸地開墾，但因當時漢人人數眾多，而對岸又早已有華武壟社原住民的游牧狩獵，所以開墾之地也就更加分散。

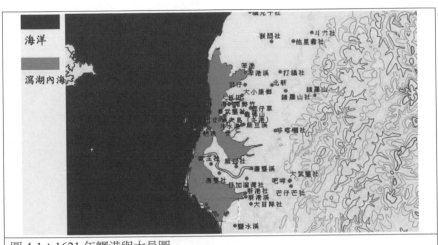

圖 4-1：1621 年魍港與大員圖

圖 4-2：雲林縣水林鄉所考證出來顏鄭集團的九寨或十寨地點圖

這 1629 年前後所開墾的耕地，由於是透過鄭芝龍的勢力與「補助」而順利開墾，所以理論上是向鄭芝龍繳交「大租：開發基金」，所以不但鄭明時期這些地區是直接向鄭家繳租，到了清朝時這些地方的「租金」也還是留歸鄭家後人所有，所以清朝時這些地方就稱為「外九庄」，意指外於繳租的九庄，只是這「外於繳租」維持多久並不清楚，但外九庄作為一個特殊地名的稱呼就一直沿用下來。

其二，水源的汲取：七星井或七角井

在廣大的濕地上安營紮寨，最重要之事就是鑿井汲取淡水。而這也是到目前為止顏鄭來臺墾拓過程中「唯一」仍留存下來的「建築工程」（圖 4-3，圖 4-4，圖 4-5）。

| 圖 4-3：七角井外觀 | 圖 4-4：七角井或七星井內部構造 |

圖 4-5：2002 年水北村村長在整建周邊工程後所立下的七角井碑文

目前水林村仍留有許多「當時」所鑿的七角井，在 2002 年水北村村長洪茂仁為七角井所立的碑文裡稱：「明朝末年西元一六四一年福建人顏思齊率眾渡臺墾拓，在水林（水漆林）顏厝寮聚居耕牧，嗣在中庄掘井方塊壁磚為材，應用拱橋原理建構井壁條紋清晰，寬四尺許，深達兩丈餘，成七角狀，堅實美觀，井水經年滿盈，足供居民飲用……」，另外對水北村顏厝寮的設寨設計及七角井緣由洪茂仁村長也有詩文加註描述：「〈顏厝寮馬蹄寨〉有厝依依似馬蹄，迴籬曲巷瓦簷低；浮家黑水漳州遠，水漆林東笨港西。·顏厝寮主寨狀似馬蹄，利於防禦。設寨後漳州族人來歸，因稱顏厝寮。〈七角井〉溯源二井繫新詞，為感先民渡海時；但得水深通地脈，漳泉故土有餘思。·一井在車港村。水北村井為王姓人家傳十二代，後為柯姓人家所有，迄今三百餘年。二井見證水燦林開拓史。」（註四）。

這些七角井，有些井口是與地面幾乎等高，有些則高於地面約 80 公分左右，但井口一律呈現尺二磚所砌出的「七角星芒狀」。而越往內（下）部雖然因年久磨損而呈現圓形而很難判斷是否砌成「七角形」，但是卻很清晰的可看得出來是類似於「較厚的尺二磚」所砌成。

七角井到底算不算是建築物？這其實是無庸置疑的，在十七世紀，七角井當然是建築這個學們的專業，連設寨規劃、工藝美術都屬於建築專業。而且筆者認為這七角井應該稱為「七星井」，特別是放在當時的人文背景裡來看，稱為七星井是與顏思齊組「二十八兄弟會」意出同源（註五），所以七星井的井口做成星芒狀是有其特定的美學意涵值得解讀。簡單的說，七角星芒狀就是二十八星宿裡首要為玄武神的意思，也是二十八兄弟會戮力開墾的標記，更是顏思齊主其事的標記。而很明確的這種「七星井」只出現在顏鄭開墾的九寨裡，到了鄭芝龍主導，郭懷一負責的「外九庄」開墾地，就看不到這種「七星井」。

其三，就地取材的建築：思齊厝

顏鄭九寨的地上建築到底又是如何？當然已無遺物。不過在水林村相關的文史工作室與水林國小師生的努力下所建的「思齊厝」模型，卻也可以略知其景象一二（圖 4-6）。而在展出的說明裡指出：「思齊屋為一不固定簡陋房屋，結構簡易又適合居住，且可做為看顧田園耕作之草寮。(屋身)係由竹管做主架支撐所組合而成，屋頂及牆面覆蓋稻草或菅芒草等，重量雖輕卻怕火災，可以由四人以上抬起隨意搬動草屋(尚可分開拆解)，以避免淹水之困擾，缺點無法固定容易損壞需定期整修」（註六）。

很明顯的「屋頂及牆面覆蓋稻草或菅芒草等，重量雖輕卻怕火災，可以由四人以上抬起隨意搬動草屋(尚可分開拆解)，以避免淹水之困擾」這與七十六采風圖裡對「乘屋」的描述頗為相近，由此可知當時九寨初期建設時，不但積極的就地取材，同時也向原住民學習建屋技巧，只是這種思齊屋較屬臨時建築，可能當九寨

初步墾拓完成，頗有餘糧而積極與泉州貿易後，壓艙建材逐步增多，磚材、福杉逐漸容易取得後，「思齊屋」也就逐漸功成身退，改成閩南式建築，以致目前只能靠口傳歷史進行復原模型製作了。

圖 4-6：思齊厝復原模型

4-2，荷蘭集團的建築故事

荷蘭人是最早來臺的西洋人之一，但是荷蘭盜商集團來臺明顯的比顏鄭盜商集團來得晚，否則又何需李旦介入荷蘭盜商集團與明朝之間的調停，又何需鄭芝龍當任「通事」，在李旦的授權下引導荷蘭人進佔大員呢？

荷蘭集團進佔大員與顏鄭集團墾拓魍港目的是非常不同的。簡單的說，荷蘭集團一直念茲在茲的想要與中國、日本貿易，以獲得「貿易的巨利」，進佔大員就是要建立海上航道中重要的武裝據點，殖民開墾則是「附帶的利益」。而顏鄭集團在進入魍港不久後就分成兩股勢力，一股企圖重返閩南以建立整個東亞的貿易海上霸權，另一則從事「撫蕃開墾」以獲得閩南人口過剩糧食不足等壓力的抒解，這兩股勢力在 1925 年至 1646 年之間都是由鄭芝龍所主導，而其中在臺墾務則一直委由郭懷一「執行」。這也是區辨荷蘭集團與顏鄭集團在臺灣開發史上，「角色與政權性質」的差異所在。荷蘭人是海盜式的殖民經商，而閩南人是官逼民反式的移民墾拓，因為飢荒缺糧而不得不移民。

海盜式的殖民經商首要的工作就是在據點築港築堡，然後，多出來的武力就想盡辦法征服原住民，並以西洋宗教的傳播上帝之愛為藉口，來教化原住民，進而讓奪取的土地，以便附帶搜刮「種植園區」的農礦利益。也因如此荷蘭人在臺殖民三十餘年，連傳教士在內總人數都不超過二千人左右，而最主要的人力都放在築堡與備戰上，其目的不止於以此保障「貿易巨利」的主要目的，更重要的是與競爭對手間的「地盤爭奪」。「地盤爭奪」也是為什麼荷蘭人在 1624 年進佔大員後，要經過十八年之久，等大員的城堡、武力都能完全掌控臺灣南部後，才往北擴張，驅逐西班牙在臺灣北部據點的原因，也是 1641 年會藉口華武壟社殺害漢人而進行「滅族式討伐」，卻「意外的擄走郭懷一」的原因。

「荷蘭人到大員後的初期，由於專注於打開對華貿易，並沒有花心思在對臺灣島的開發上。可以說，從他們到大員以後，直到同鄭芝龍的關係穩定下來為止的整整十年期間，活動範圍大體不出於大員和臺灣島上鄰近的先住民村舍。這種局面到了一六三四年以後才開始轉變」（註七）。就臺灣原住民的角度而言，荷蘭人剝除貿易商人的文明關係，剝除了對漢人招墾來教導原住民改進耕作技術的面具，露出兇殘侵略的面貌是以 1935 年征伐麻豆社開時的。

其一，築城的故事

很清楚的從 1624 年底進佔大員開始直到 1635 年為止，荷蘭人認為完成了擴大殖民的三件重要準備工作：其一，完成了與明朝、許素心、鄭芝龍之間的混沌轉明朗的貿易默契，鄭芝龍此刻已經完全掌握荷蘭人與中國之間的貿易關係。其二，完成了大員附近的軍事與貿易的準備工作，荷蘭人此刻已經已經完成兩座堅固的城堡：大員上的熱蘭遮城堡與赤崁社上的普羅民遮城堡。其三，完成了對臺灣原住民習性的初步瞭解。而荷蘭人在臺灣殖民三十七年，就建築的角度而言，最重要的影響與遺產也就是這兩座城堡。

我們先舉圖像案例再談談築成故事。

圖 4-7 熱蘭遮城堡模型，這是安平古堡裡展出用的熱蘭遮城堡模型。圖 4-8 熱蘭遮城堡透視圖，為約翰芬伯翁（Johannes Vingboons）所繪，收藏於海牙國家檔案館。圖 4-9 普羅民遮城堡模型，這是赤崁樓裡展出用的赤崁樓原形的模型。圖 4-10 普羅民遮城堡復原立面，係日據時期考證下的建築勘查圖。圖 4-11 赤崁夕照圖，此圖為清早期的臺灣八景之一提名為「赤崁夕照」的版畫，放大後製成金屬版畫置於赤崁樓中展出。

圖 4-7：熱蘭遮城堡復原模型

圖 4-8：熱蘭遮城堡建築透視圖

圖4-9：普羅民遮城復原模型

圖4-10：普羅民遮城復原立面

圖4-11：清朝赤崁（樓）夕照圖

荷蘭人在初期進駐大員時表現得非常文明的樣子，例如熱蘭遮城的用地只是一個「無主沙丘」所以自然佔有，普羅民遮城堡的用地在所有的荷蘭人文書裡一直強調是用牛皮向赤崁社原住民「買來」的等等。「熱蘭遮城基本上是一座方形城堡，城堡的四個角落設有稜堡。城垣起初是用土堆成，但經常被臺灣的暴雨沖毀，後來便以磚塊重建。附近的中國商人市區沒有設防，和熱蘭遮城隔著一片曠地。比起本島原住民及漢人，荷蘭人算是少數，因此熱蘭遮城不只是要抵禦外敵，也是為了防止本地居民叛變」（註八）。這裡可以很清楚的看出十六世紀初荷蘭人、漢人、原住民三種人在臺灣的相處關係，也可看到熱蘭遮城保的建設裡「磚塊」是靠「運來」而逐漸增多，逐步改變築成的材料。事實上荷蘭據臺三十七年其間，並沒有引進製磚與冶鐵這兩個重要建材產業的紀錄，所以，築城的速度並不快速也無法快速。最早築熱蘭遮城堡的建材主要就是拆除原先在澎湖所城城堡的「建材」所成，而陸陸續續的建設所需建材，則為所有巴達維亞總部調度船艦與貿易

航線上「準壓艙材航運」所得,所以築城的速度並不快速也無法快速。但無論如何,從 1621 年至 1634 年的十年之間,荷蘭東印度公司在臺灣的最重要據點大員已經完成了兩座堅固的城堡,也調整好與中國的貿易關係,更摸清楚當時在臺灣的漢人、原住民乃至西班牙人的底細及勢力消長,所以正摩拳擦掌的展開殖民事業的第一步:征伐麻豆社。

熱蘭遮城及普羅民遮城的建築的設計是依據當時荷蘭人的建築工程順序完成的,其順序大致為臺灣島及航線測量、選址、基地測量、設計、蒐集建材、動工興建、完工、使用。這本來也是十七世紀所有西方建築的工程順序,並無奇特之處。但是從拆除澎湖城堡的建材來當作熱蘭遮城的第一批建材這件事情來看,大概除了少數的木材可能是「在臺採購」所得建材以外,早期所有的建築過程幾乎都是動用荷蘭人在巴達維亞總部的材料供應、人力供應、乃至荷蘭本國的工程師受聘支援設計,所以,熱蘭遮城及普羅民遮城兩座建築物幾乎就是當時荷蘭殖民母國建築物式樣的翻版,也就不足為奇了。

「萊登(Leiden)、法蘭克(Franeker)大學,以及各私立學校訓練出來的一批工程師和測量師,也被派來建造大員居地。在荷蘭,這些專家受的訓練是按照一套制式化的模式來建造城堡與市鎮。這套模式是荷蘭人多年在沿海省份創造及重劃土地,以及與哈布斯堡王朝作戰時建造碉堡和軍營得來的經驗」(註九)。而無論熱蘭遮城也好,普羅文遮城也好在建設過程中,具砲臺的稜堡或堡壘基本上都是朝向漢人區與原住民區,而城堡後頭(具砲臺的稜堡或堡壘的相反側)則一定臨港且留下一片「搶灘支援的曠地」,可見得當時這兩作城堡攻防考量裡,是以巴達維亞的部隊與艦隊為最大支援地。

其二,紅毛井與建築工藝:剪刀壁鎖

荷蘭人在臺灣殖民三十七年,那麼除了搬不走的城堡與地下的鑿井以外,是否還有什麼「遺跡」是融入臺灣建築文化而成為臺灣建築文化不可或缺的一部份呢?

一般建築研究上則常提起兩像建築工藝:其一為紅毛井,其二為剪刀壁鎖。所門先看看這些案例,然後再分析一下其「遺留」的影響與持續性。

圖 4-12 安平古堡的現狀。圖 4-13 安平古堡上剪刀壁鎖痕跡。圖 4-14 安平古堡內展示的剪刀壁鎖。圖 4-15 赤崁樓內的紅毛井。圖 4-16 臺南安平第一街上的紅毛井。圖 4-17 臺南安平老街的街景及建築物。圖 4-18 雲林古坑鄉發現的紅毛井。圖 4-19 臺南祀典武廟上的雙 C 型與 S 型壁鎖。圖 4-20 阿姆斯特丹街屋上所見之壁鎖(照片最左邊那一棟)。圖 4-21 比利時布魯塞爾街屋上所見之壁鎖。

圖 4-12：安平古堡現狀

圖 4-13：安平古堡上的剪刀型壁鎖痕跡

圖 4-14：安平古堡展示館內的壁鎖

圖 4-15：赤崁樓內的紅毛井

圖 4-16：安平老街上的紅毛井

圖 4-17：臺南安平的延平街有臺灣第一街之稱

圖 4-18：雲林古坑鄉的荷蘭井

圖 4-19：臺南武廟上的荷蘭式壁鎖

圖 4-20：阿姆斯特丹街屋上所見壁鎖	圖 4-21：布魯塞爾街屋上所見壁鎖

圖 4-13 及圖 4-14 所見之巨型壁鎖痕跡及巨型壁鎖遺物，乃至圖 4-15 及圖 4-16 赤崁樓裡與安平老街所見的荷蘭井應該是經過考證的荷蘭建築遺跡，但除此之外圖 4-19 位於臺南安平地區的所謂臺灣第一街上的建築，除了道路位置土地分割可能是荷蘭殖民時期的形式以外，建築物從磚瓦與建築形式來看，顯然不是荷蘭式建築，而是鄭明之後或是清朝之後所建的閩南式建築。

圖 4-18 位於雲林古坑地區所標示的荷蘭紅毛井古蹟，則應該是居民口傳之誤，因為很難有任何證據顯示荷蘭殖民臺灣期間有征服雲林古坑地區的紀錄，既無荷蘭人來此征服與收稅，所以也不會有什麼荷蘭人的鑿井建設的可能性，這是殖民統治的常態，當時在臺殖民的荷蘭人大概也不會違反荷蘭東印度公司的訓令，而進行這種額外的服務工作。

圖 4-19 祀典武廟上的壁鎖顯然不是荷蘭殖民時期之作，因為祀典武廟是鄭明時期才建的寧靖王府一小部分改建而成，而就祀典武廟山牆上的裝飾構成來看，這壁鎖應該是後來才加上去的，應該與建築構造無關，反而可能是興建後遇到災害才另外想辦法加上去的，然而卻又與山牆面原有的山花完全不協調，所以唯一可以解釋的就是「迷信式的洋物避邪」。事實上，臺灣傳統民居裡出現這種荷蘭式壁鎖的地區大多只出現於鹽水、麻豆及荷蘭早期殖民地區，而這種壁鎖的「流行」大約也只出現在清朝早期，嘉慶道光之後幾乎也就「不再流行」而消失了。最後，我們再略加考證一下荷蘭與當時低地國的傳統建築，其實也不常見這種壁鎖的應用，「壁鎖」可能是當時街屋建至三樓以上為了防止磚砌牆面倒塌而對高牆進行「加固作用」的一種構造作用。這與當時或之後漢人建築上加此「壁鎖」的構造用意：「固定主梁或橫梁」，幾乎是完全不相干的。簡單的說，荷蘭在臺的殖民建築，只有「壁鎖」一項在清朝康雍乾時期的少部分建築裡流行過一陣子，但因構造與裝飾的目的雙雙消失後，也就不再流行。

4-3，西班牙集團的建築故事

西班牙盜商集團在臺灣殖民共十五年（1626—1641 年），比起荷蘭盜商集團的三十七年（1624—1661 年）少了約二十年，但是若論起遺跡與殖民影響卻是少了很多，乃至如今要從「史實」的角度來描述西班牙集團的在臺經歷是否形成臺灣文化的一部份，是否形成臺灣設計史的一部份都有極大的困難，更不用說分析什麼設計美學吧。本小節先從西班牙在臺殖民的背景、西班牙與荷蘭殖民勢力爭奪情境，來解開遺跡極少的原因，並以築城的故事替代設計美學的分析。

西班牙人殖民臺灣與荷蘭人殖民臺灣的背景與目的是有些不同的。在十六世紀西班牙與葡萄牙是西方現代殖民主義的「領頭羊」，靠著海上軍事武力的霸權，西班牙與葡萄牙兩個「殖民帝國」不但深入南美洲大陸，兩國也約定下瓜分了地球各取一半，西班牙殖民南美洲的經驗，更是以血洗南美洲滅族式的摧毀了印加帝國而聞名，當時低地國（現今的荷蘭、盧森堡、比利時）也都還是西班牙哈布斯王朝的殖民地，而荷蘭十六世紀末所興起的獨力戰爭其對象正是西班牙哈布斯王朝。從 1579 年所成立的烏德勒茲同盟反對西班牙的統治開始，到 1648 年明斯特條約簽訂為止的六十九年間，荷蘭在名義上都是西班牙的殖民地，而荷蘭等殖民地成立烏德勒茲同盟的理由卻只是「新教徒受到天主教勢力的迫害」這種理由而已。這種同樣信上帝並以推廣上帝之愛間的「抗爭」在其他文明裡看起來是不可思議的議題，確實是西方殖民帝國主義崛起的重要原因，而在十六世紀末支持殖民帝國擴張的主因：當然不是什麼上帝不上帝的，而是海上軍事武力卻悄悄的轉變了，荷蘭的海上霸權逐漸崛起，替代了西班牙的海上霸權，就像十八世紀時英國的海上霸權替代了荷蘭海上霸權一樣，海上霸權的更替才決定了殖民地爭奪的勝負。同樣的荷蘭在臺殖民與西班牙在臺殖民的競爭，主要決定因素並不在於個別在臺灣的「軍事行動」，而在於海上霸權的「決戰」，只是這種決戰過程卻是慢慢的，悄悄的進行中而已。

從上述的背景裡來看西班牙與荷蘭在臺灣的角逐，就可以清楚理解這兩個殖民帝國如何在臺灣這個戰場上角力過程所進行的任何決策了。

西班牙在荷蘭佔領大員後兩年，馬上決定無論如何一定要佔領雞籠這個航道上的「要塞」並詳盡測繪後進行軍備部署（圖 4-23、圖 4-24），同時也在佔領雞籠兩年站穩腳步後馬上同時進行對淡水與宜蘭的佔領，並畫分出三個行政區（省）（圖 4-22）對原住民進行必要的教化及對漢人招商，只可惜西班牙人於 1602 年的馬尼拉賤民區裡針對漢人近萬餘人的大屠殺餘悸猶存（註十），雞籠港對漢人的招商並不成功。

圖 4-22：西班牙人在臺灣北部設省的地圖	圖 4-23：西班牙人佔領雞籠後對這個港口地形的詳盡測繪與軍備部署

圖 4-24：西班牙在佔領雞籠港後先設砲臺要塞的景象

西班牙在菲律賓的殖民並不安穩，從 1935 年開始呂宋南部不斷發生「叛亂」事件，西班牙盜商集團馬尼拉總部開始悄悄地從臺灣佔領地，抽調兵力回總部支援鎮壓叛亂。同樣的也是在 1935 年巴達維亞總部決策在臺灣的殖民勢力往北逐步推進。在 1641 年荷蘭在臺殖民勢力在收編了郭懷一勢力之後，馬上揮軍（艦隊）北上，終於在 1641 年 8 月 26 日與西班牙軍隊簽約，結束了西班牙在臺灣殖民的歷史。

荷蘭人佔領臺灣北部之後，首要之事就是要求原住民改信基督教，並對荷蘭人效忠，第二件是就是塗抹所有西班牙人殖民的痕跡，包括改造砲臺，拆除西班牙式城堡改建荷蘭式城堡，只是在雞籠的城堡拆除後雖有建設規劃但已無餘力興建，而淡水的西班牙城堡早在 1637 年西班牙集中兵力於雞籠時下令拆除「聖多明哥城」後消失了，荷蘭人只好在原址重新打造一座「地面上」的荷蘭城堡（圖 4-25）。只是這座被稱為紅毛城的荷蘭城堡目前既不是「聖多明哥」的原樣，也非荷蘭人命名的「安東尼堡」原樣，而是歷經了 1662 年鄭成功時期的重修，1724 年清朝淡水同知王汭的增建，1867 年英國設為領事館後的整修，1972 年中華民國與英國斷交後的澳大利亞託管，及其後美國在臺協會的「代管」，直到 1980 年才又正式成為中華民國的領土與建築物。所以，如今的建築物構造與裝修應該說是「西、荷、漢、英、澳、美」的混合風格，而不能算是西班牙或荷蘭建築。

圖 4-25：歷盡滄桑的淡水「紅毛城」。

4-4，明鄭時期的美學背景

西元 1662 年至 1683 年其間史上稱為明鄭時期，鄭成功受明朝賜姓朱封為延平郡王，承續明朝法統，民間稱鄭成功為國姓爺。但是，1663 年巴達維亞總部派波特「再度率艦十六艘、士兵二千多人抵達福建沿海，要求聯合攻下金、廈之後，准荷人駐艦隊，並進軍臺灣，由清方將臺灣交還荷人佔領。荷清雙方簽訂協議後，聯合攻下了金、廈兩島，鄭經主力被迫東渡臺灣」（註十一）。所以在當時荷蘭人、靖南王耿仲明及其子耿繼茂的眼中鄭成功集團只不過是個海盜集團。同樣的，盜尚集團後起之秀：英國在 1670 年與延平郡王鄭經簽約通商時就稱鄭經為福爾摩沙之王（註十二）。可見得不同的立場與不同的角度對「史實」的名號卻可以有極其不同評價的稱呼。

但是，不論如何稱呼明鄭王朝，明鄭在中國南方乃至臺灣的統治事實，卻是以當時東南亞極其堅強的海上武力乃至經貿實力才能支撐出來，而這股海上武力，本質上與荷蘭人、西班牙人、葡萄牙人乃至日本人或英國人在東南亞的武力並沒有什麼不同，差別只是這支武力從顏思齊鄭芝龍開始就是以福建人為主，以潮汕人為輔，到鄭克塽時期還是如此，就連施琅攻臺之後還是如此。從世局變化的角度來看就是如此，成王敗寇現實得很，不像歷史寫作，老是述說誰是臺奸、誰是叛徒、誰是漢奸、誰又是走狗，或老是強調誰是正統。臺灣歷史「事實」裡，似乎只有殖民政權與移民政權之分而沒有什麼本土政權與外來政權之分。而鄭明時期的臺灣與澎湖正是臺灣有史以來第一個正式且統一的王朝，它是移民政權而不是殖民政權，更不是什麼外來政權。

明鄭時期雖然只有短短的二十一年，但是這二十一年不但是臺灣有史以來第一個正式且統一的王朝，更重要的是這二十一年從以下幾點徹底的改變了臺灣的文化定義與歷史走向。

其一，主流人口從臺灣原住民改變為福建移民。
1662 年鄭成功來臺時粗估臺灣的漢人不足兩萬人（註十三），但是 1683 年施琅征服臺灣時粗估臺灣的漢人約在十二萬人至二十五萬人之間（註十四），而臺灣原住民這二十一年間人口成長有限，怎麼推算大概都少於十餘萬人。所以，從此以後臺灣的主流人口就是漢人，更精確的說就是以泉州、漳州、潮州、汕頭、興化的閩語系漢人已經在二十一年內在臺灣落地生根，成為爾後臺灣的主流人口，廣義的閩南語（泉州話、漳州話、潮州話、汕頭話、興化話）也成為爾後近三百年的主流語言，福建官話則逐漸形成中，並成為爾後臺灣的官方用語（註十五）。

其二，徹底的改變了臺灣的經濟形態。

鄭明時期隨著大量漢人的移民定居,不只是帶來福建農人精耕農業形態,更因鄭明政權的重視對外貿易與海上勢力。所以不但明確的將臺灣經濟與東亞貿易聯繫起來,更徹底的改變了臺灣的土地使用模式與經濟形態,從採集經濟轉變為明朝以來的中國式資本主義經濟,不但士農工商四民齊備且發達,就福建一地而言不但稻作、茶葉均進入精緻農業形態,就連蕃薯這種快速成長的經濟作物也在宋朝時引入福建,並廣為「缺糧」的福建帶來一線生機。福建早在宋朝時就累積了許多「與天爭地」的土地開發經驗,而在明朝的承平時期暴增的人口也逐漸的累積了對外移民的經驗。晚明政局的昏暗與海禁只是再度加速福建的對外移民,而臺灣當時正是福建對外移民的重要選地之一。鄭明時期大量的福建移民主要就是農民,他們帶著「與天爭地」的精神,帶著精耕農業的技術,邁向期待良田千頃般的湧入臺灣,進而徹底的改變了臺灣。

其三,鄭明政權的推廣文教與開科取士,明朝文化在臺灣落地生根。

鄭明政權不但在移民上極力鼓勵,也藉由推廣文教與開科取士將明朝文化在臺灣落地生根。更精確的說,一方面藉由福建移民的大量入臺,而將福建語言及福建民俗文化複製於臺灣,另一方面藉由推廣文教與開科取士,而將儒家文化複製於臺灣,這種複製也都經過在地的調整,所以一種再生的漢人文化與道統意識形態也就從此成為臺灣人的主流意識形態。

這種再生的漢人文化與道統意識形態,說得白一點就是明朝福建的民俗文化、福建的各行各業的生活形態與當時臺灣原住民文化、原住民的生活形態之間的交融、抗爭,乃至通婚的情境與結果。當時(明朝時)福建的民俗文化裡戲曲十分發達,而且逐漸走向專講「忠孝節義」,工藝及繪畫上不但木雕、泉州瓷器、建陽窯、建陽版刻印書、福州漆器、福州壽山石、仙遊家具都揚名全國,福建繪畫名家也是倍出,更透過民間繪師將文人畫、宮廷畫、民俗畫三者融為一爐,雖然明朝時福建畫派或仙遊畫派尚未取得「全國性的聲響」,但晚明時期福州近郊黃蘗山的禪宗傳入日本,連帶的近百人的傳統工匠與繪師東渡移民日本,不但造成日本佛教禪宗裡黃蘗宗的傳教勢力大增,更因這些福建傳統工匠與福建繪師的創作風格而激起爾後日本繪畫上的重要派別:南畫(或稱南禪畫)的崛起。這種明朝福建的民俗文化工藝與臺灣原住民的民俗文化工藝之間的碰撞、交融會帶引出一種以福建民俗文化工藝為主軸的「再生漢人文化」也就不足為奇了。

西元 1664 年,「鄭經退守臺澎,情勢穩定後,在陳永華的建議下,開始設學校,並開科取士,開始推展文教。其時在臺灣的在野民間文人,也在文教發展工作上獻出力量。因此,臺灣之漢族文教發展,在鄭氏王國時代開始奠下了基礎」(註十六)。這不僅是基礎而已。更是以當時福建民俗文化及長久以來的儒家科舉文化相結合,以人口的優勢,以農工商技術的優勢,而促成一種「再生漢人文化」的在臺盛行,並蔚為臺灣的主流價值觀的重要起點。

4-5，明鄭的建築故事

鄭明時期的建築工藝可想而知的多元多樣，不過完整移植福建經驗的建築工藝仍然是主流的建築工藝，其他則包括了平埔族的建築工藝、顏思齊鄭芝龍郭懷一時期的墾戶建築工藝，如七星井與思齊厝、荷據時期的荷蘭城堡式建築工藝也都在這個時期同時並存。較為可惜的是這短短二十一年裡的重要建築，隨著納入清朝統治後的拆除、改建，以及隨著臺灣的土石流與河川改道、天然災害等因素，至今竟然難尋實物蹤跡。我們先以難得的臺灣八景繪圖記錄及其復原圖當作例子說明如下。圖 4-26，描繪了鹿耳門媽祖廟的形象，圖 4-27，鹿耳門媽祖廟的復原等角透視圖，圖 4-28，描繪了雞籠在西班牙殖民時期城堡的形象。

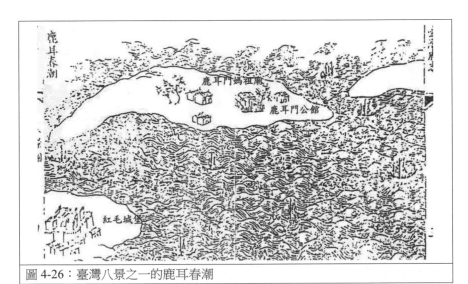

圖 4-26：臺灣八景之一的鹿耳春潮

圖 4-27：鹿耳門媽祖廟的復原圖

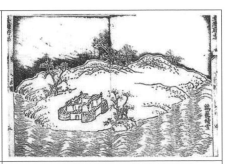

圖 4-28：臺灣八景之一的雞籠積雪

189

圖4-26的案例為1696年高拱乾所編<<臺灣府誌>>所提臺灣八景之「鹿耳春潮」。以具體形象描繪了當時的鹿耳門媽祖廟及鹿耳門公館。圖4-27的案例則為筆者依上述資料所繪鹿耳門媽祖廟的復原等角透視圖。依現今鹿耳門天后宮廟史大事記所載：1661年鄭成功揮軍進駐安平地區後，隨即興建此媽祖廟，並恭請座艦奉祀之媽祖金尊進宮。到了1719年，「各官捐俸同建，前殿祀媽祖，後殿祀觀音，各覆以亭，兩旁建僧舍六間，僧人居之以奉香火，稱天后宮，董其事者，經歷王士勳也。鹿耳門為當時臺廈通商口岸，商旅眾多，香火十分鼎盛」(註十七)。這是第一次擴增建，其範圍應指兩進之左右廂房作為僧舍之用。其後歷經修建，至1823年曾文溪改道，臺江內海淤塞滄海桑田，鹿耳門港口功能不再，天后宮香火故而中落，漸而年久失修。1860年臺澎總鎮發起重建天后宮，但於1871年「七月廿八日大風雨，山洪暴發，致康熙五十八年所建之天后宮，被沖毀於溪流中，鹿耳門媽祖金尊，自茲輪流奉祀於媽祖宮庄民爐主廳堂」(註十八)。直到臺灣光復後1946年媽祖宮庄民，鳩資重新籌建媽祖宮於原址，其後逐步擴建而成為現今之樣貌。換句話說，1661年至1719年的百餘年間當時的鹿耳門天后宮就是高拱乾於1696年所編<<臺灣府誌>>裡描繪的「鹿耳春潮」景象，而後於1719年增建兩進的前軒（前殿祀媽祖，後殿祀觀音，各覆以亭）及中庭的左右廂房為僧舍則又另成一番景象，1860年雖發起重建，但所募款項可能只夠維修，也使天后宮煥然一新。然而這些建築物在1871年的山洪暴發中沖走流失，只搶救回媽祖金身於各爐主家中祭祀。現今鹿耳門天后宮則為光復後新建的建築物，而鹿耳門天后宮文物館所展出之原天后宮建築構架組件極可能就是1661年興建，1719年增建擴建的建築物構架組件，只是以無法分辨何者為1661年興建（前殿、後殿），何者為1719年增擴建（各覆以亭，左右廂六間僧房），何者為歷年修建所替換之木構架組件而已。

圖4-28案例也是1696年高拱乾所編<<臺灣府誌>>所提臺灣八景之「雞籠積雪」，也就是曾為西班牙殖民的雞籠港上的西班牙式城堡。雖然現今許多論者認為此景與雞籠一地的氣候不符，而認為此景可能是位於彰化山徑、基隆和平島山上或純粹只是文人想像而當時並無此景，不過以圖中描繪面臨大海後靠小山來判斷，應該就是現今基隆港。圖中西班牙式城堡與淡水紅毛城的建築形式頗為一致，均為堡頂四角突出的稜堡，而與普羅民遮城外加式稜堡並不相同，或許也可佐證淡水紅毛城主體即為西班牙殖民時期所建，荷蘭人佔據淡水後只是略加整建或修建而已。

不論是圖4-26的媽祖廟建築案例或圖4-28的西班牙城堡建築案例，如今都完全找不到任何蹤跡，只能憑圖復原想像而已。事實上鄭明時期二十一年間絕大部分的建築案例幾乎都面臨同樣的狀況。

西元 1665 年所建孔廟位於承天府桂仔埔，到了 1685 年清朝臺灣知府蔣毓英馬上擇處「改建」，到了 1749 年巡臺御使楊開鼎的建議下則又於原址「重建」，所以現今所見臺南孔廟其實是這次 1749 年重建後的建築作品。

考證於 1604 年前「應該」就存在的澎湖馬公天后宮，事實上毀於 1664 年的荷蘭盜商集團「入侵」澎湖時的一把火（註十九）。此後何時重建馬公天后宮，史料考證除了現有碑文可推論於 1735 年捐錢助廟、1759 年捐錢重修、1845 年捐錢重修七間外（註二十），並無任何圖面或文字記錄媽祖天后宮的規模，而現今所見之馬公天后宮實為 1924 年原址拆除重建後的作品。

1664 年前後所建的明寧靖王府宅第：「一元子園」在入清後，1683 年宅第馬上改建成臺南天后宮，庭園荒蕪。其後於 1740 年、1765 年、1780 年、1796 年屢有小幅擴建及整修。1818 年三月天后宮大火，幾乎夷為平地，1821 年起重建整修歷四年竣工。其後屢有整修，現今所見天后宮即 1821 年重建後之建築（註二十一）。

其餘，1660 年何斌所建宅園於 1828 年由商人吳尚新買下改建為吳園；1664 年明末舉人李茂春所建宅園：夢蝶園，於 1683 年改建為法華寺，法華寺雖屢有修建，但全毀於二次大戰美軍轟炸，今日所見法華寺為 1956 年所建；陳永華宅第建於安平，但入清後即毀，陳永華別墅建於永康一帶毀於何時並無記載；鄭經宅邸入清後即毀；鄭經為其母修建宅園：北園別館，入清後先充為官舍，1690 年原址建海會寺，旋即更名開元寺，但屢有修建改建及更名，其中以 1772 年臺灣知府蔣元樞主持之改建奠定爾後開元寺之格局。

整體而言，雖然鄭明時期在臺南與澎湖兩地頗有建設及重要建築作品，但入清後旋即充用、改建、荒蕪，至清盛期，何斌所建宅園於 1828 年由商人吳尚新買下改建為吳園後，竟無任何明鄭建築遺跡可尋，最多只有鹿耳門天后宮在 1871 年被山洪沖毀時撿回的木構架組件而已。

4-6，明鄭的工藝故事

在二、三十萬人聚居且極重視貿易的社會裡，工藝必然發達，以應民生軍備之需。我們從明鄭時期的開墾、建屋、造船、軍備（包括與清朝的對恃及保持明鄭五行商貿航道的海上安全）等事項來看工藝不得不發達。只是工藝作品的遺物能保存至今者確實極為稀少。我們以當時移民社會最為重視的神像及木建築構件為實物案例，分別描述分析如後。

其一，建築工藝

鄭明時期的建築工藝成果如何，建築美學的情境如何？在沒有「實物」為證時其時都說不準。所幸，鹿耳門天后宮在 2008 年舉辦了一次「木建築廟堂之美」展覽，展出物品主要就是鹿耳門天后宮在 1871 年被山洪沖毀時撿回的木構架組件的珍藏品。從廟方大事紀裡得知 1661 年至 1871 年間鹿耳門媽祖廟只有增建與修建，並無改建記錄，所以這些展出的木建築構件極大部分應是鄭明時期的作品。以下以圖例來作分析。圖 4-29 鹿耳門媽祖廟各階段變遷狀況圖示。圖 4-30 鹿耳門古廟的建築裝飾構件之雀替。圖 4-31 鹿耳門古廟的建築裝飾構件之座斗獅。

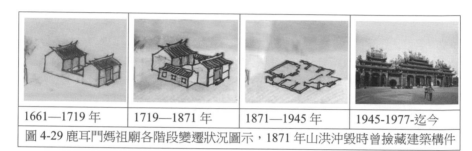

| 1661—1719 年 | 1719—1871 年 | 1871—1945 年 | 1945-1977-迄今 |

圖 4-29 鹿耳門媽祖廟各階段變遷狀況圖示，1871 年山洪沖毀時曾撿藏建築構件

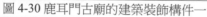

圖 4-30 鹿耳門古廟的建築裝飾構件一　圖 4-31 鹿耳門古廟的建築裝飾構件二

圖 4-29 鹿耳門媽祖廟各階段變遷狀況的前三階段都是「考證」過後的復原等角透視圖，第四階段則為雷同角度的現況照片。第一階段之所以維持不變長達五十八年其原因很容易理解為「對前朝遺物的不聞不問」，何況施琅來臺不久馬上改建朱述桂寧靖王府為天后宮，既抹滅民眾對「前朝」的歷史記憶，又將民眾的信仰中心從鹿耳門轉至現今的臺南大天后宮，所以第一階段的鹿耳門媽祖廟（當時稱為北汕尾嶼媽祖宮）幸而能長久維持不變。第二階段之所以會加以增建則與當時清廷的態度及鹿耳門作為「行郊渡口」有很大的因緣會際，當時清廷以佛教僧侶接管所有的廟宇寺院，所以僧侶進駐，僧房就成為必須，所以 1719 年就以公帑增建僧房六間。另一方面當時清廷開放臺南與福州的通商航運及海防管理，同

時便於福建省官員視察赴任及商賈往來，所以在 1777 年就蓋了「鹿耳門公館」。然而從進入十九世紀起，臺江內海逐漸淤積滄海逐漸變桑田，1823 年曾文溪的改道使得鹿耳門渡口作為「港口」的功能消失，鹿耳門媽祖廟的香火也就逐日中落。香火中落連僧人謀生都受影響，更何況廟宇的翻修，雖然在 1860 年曾有官員捐募翻修老舊的鹿耳門媽祖廟，但擴建、增建則已無能為力。最嚴重的的情境則於 1871 年 6 月 28 日的山洪爆發，「自康熙五十八年所建之天后宮，被沖毀於溪流中，鹿耳門媽祖金尊，自茲輪流奉祀於媽祖宮庄民爐主廳堂」（註二十二），在迎回鹿耳門媽祖金尊的同時，想必也將沖毀的廟宇建築裝飾構件一起予以收藏。第三階段 1871 年至 1945 年的七十四年間基本上只是「保留現狀」，甚至連深入挖掘遺物的可能性都很低。臺灣光復後鹿耳門天后宮馬上於「原址」小規模復建，迎回輪流奉祀於庄民爐主家中的媽祖神像，香火逐日興旺，1977 年因「每年進香人潮十數萬人，廳宇窄小，無法容納乃決議擴建」，這次的鋼筋混泥土建築的擴改建，才形成如今鹿耳門媽祖廟的格局與樣貌。

圖 4-30 與圖 4-31 分別為古廟（北汕尾嶼媽祖宮）遭沖毀時所搶救回來的「古物」，圖 4-30 為木建築裡的重要結構與裝飾構件：「雀替（插角、托木）」，圖 4-31 則為木建築裡的重要結構與裝飾構件：「座斗獅」。

其二，神像工藝

鄭明時期除了前述建築裝飾構件尚能保留至今外，其他也只有神像工藝能夠歷經三、四百年保留至今。這些神像工藝作品到底是在臺灣製作，還是從福建攜帶來臺並不容易判斷，大致上為廟方祭祀或收藏且有明確來臺事件者，就可認定為從福建攜帶來臺，而私人收藏或材質有異於明朝時福建神像生產用材與工序者，則有可能是在臺製作。

以下先簡單說明這些實物案例。圖 4-32 宋朝石雕媽祖神像，私人收藏。圖 4-33 明朝木雕媽祖神像，私人收藏。圖 4-34 明朝木雕媽祖、千里眼、順風耳神像組，私人收藏。圖 4-35 明木雕千里眼、順風耳神像，私人收藏。圖 4-36 晚明木雕媽祖神像，私人收藏。圖 4-37 晚明木雕媽祖、千里眼、順風耳神像組，私人收藏。圖 4-38 隨艦登臺鹿耳門天后宮開基媽祖神像，鹿耳門天后宮收藏。圖 4-39 隨艦登臺神像，觀音神像，六甲龍湖巖收藏；太子爺神像，官田慈聖宮收藏。

這些雕刻作品或為宋朝、明朝時福建地區所製作，或為鄭明時期臺灣所製作，或許也有可能是福建臺灣之外的地區所製作，但不論如何這些神像雕刻作品先是供奉於廟與家宅廳堂，長期進潤於斯地香火，後又成為古董、公私博物館之展示品，私人之珍藏品，很顯然的足以代表斯時斯地人們的審美品味，所以拿這些案例分享裝飾工藝的故事，進行設計美學分析，應該是很恰當的。

圖 4-32：宋石雕媽祖，蕭忠義收藏　　圖 4-33：明木雕媽祖，高振興收藏

圖 4-34：明木雕媽祖（17X29 公分）、千里眼、順風耳，高振興收藏

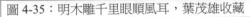

圖 4-35：明木雕千里眼順風耳，葉茂雄收藏　　圖 4-36：明媽祖高枝明收藏

圖 4-37：晚明木雕媽祖（15X26 公分）、千里眼、順風耳，高枝明收藏

圖4-38：鹿耳門隨艦登臺開基媽祖，鹿耳門天后宮收藏	圖4-39：明末觀音神像（六甲龍湖巖收藏）與太子爺神像（官田慈聖宮收藏）

圖例4-32至圖例4-37是從新港文教基金會所承辦媽祖文化節時，企畫的「歷代媽祖金身在新港」展覽的百餘件神像工藝作品中，選出晚明以前的媽祖系列神像。展覽專書裡指出：「雖說媽祖在人間得齡二十八，但在臺灣所見傳統的媽祖神像，往往已過中年感覺。我且嘗試著描述她普遍的典型相貌：頭一個印象是中年溫柔優雅中又見端莊或略帶嚴肅的婦女，略帶福態的臉龐弧度及面頰鼓，雖說這是明清以來閩南神佛像雕刻常見的特徵，但的確表現了年過四十福態漸（顯）的媽媽模樣，民間暱稱『媽祖婆』，也反映了這種意識。從正面向的整個臉龐比例來看，其眼、鼻、嘴位置似乎是較集中的。雙眼作半睜狀，亦見於佛像，這是構成『溫和』的因素，單眼皮，眼角拉長，從仰角角度看，稍覺向上吊起，有著理想的吊稍鳳眼美；鼻，為較短的懸膽鼻，鼻樑不算高，正是民間美人的標準，且具備幼兒特點，傾向於陰柔之感；嘴形比例顯然也小，嘴角微微翹起，與眼角呼應，兩個眼角至下唇正中央略呈一等邊三角形，正面端莊的原因在此；眉為圓弧的新月形，與上下臉的弧度，加上鼻、嘴的弧，形成優美的曲線動感。於是媽祖的表情、形態，含蘊了豐腴、溫柔、纖細、清靜、無邪、無垢、愛憐、端正等要素，有成熟婦女加上幼兒的特徵，構成令人樂以親近的魅力。這也反映了民眾對於慈悲溫和的母性美、甚至充滿柔情的女性美的渴求，滿足一種救贖的願望，民間宗教情操的理想表情，從臺灣媽祖身上是最容易理解的吧」（註二十三）！這段描述分析並不特定指稱哪一尊媽祖神像，而是描述了福建及臺灣的媽祖信仰裡，對女性體態美、面相美的一種集體記憶，乃至生活中不經意所流露出的審美

品味。何止民眾對媽祖的想像是如此，就連對觀音的想像亦是如此，只是觀音更加年輕，更接近「美人」的形相而已。

展覽專書裡對圖 4-32 宋石雕媽祖的分析描述則更為深入淺出：「石雕的佛像常見，然媽祖神像的石雕則少見，如是簡潔的節制的作品則更令人驚豔。媽祖的臉部還是可以讀出慈祥端莊的線條，身體的部分則以極簡手法表達，是一種無的表情，但張力卻強大，若以當代人的眼光欣賞該件作品，豈是一個好字了得」（註二十四）。如果我們只往宗教教義來解讀美感，「或許是一種無的表情，但張力卻強大」，如果我們配合略顯斑剝風化的石材，往傳統文化裡宋代之後的祈願心態來解讀美感，「或許是一種慇的表情，最能滌盡人間險惡」。人的表情則麼解讀呢？人的表情又則麼行塑呢？或許製作這尊神像的雕刻家對「憨厚之美」別有獨鍾，或許宋明之後每遇「人心險惡、官逼民反」的災難時，能領略或仰望「憨厚之美」確是福建普羅大眾心中的渴望。

圖例 4-39 則為鄭成功參軍陳永華所奉祀的觀音與太子爺，失散百年之後相會的故事。2008 年 6 月 29 日自由時報在報導此一新聞時指出：「官田村民多不知慈聖宮內還有一座明朝神像，近來該廟主委陳俊銘委請石萬壽教授考證，才知廟內開基神明竟是太子爺，比廟內主祀的保生大帝歷史悠久。石萬壽看到刀法圓潤的太子爺神像，手持火尖槍，腳踏風火輪，無威武凌人之勢，卻有天真伶俐神韻，直覺和龍湖巖的觀音像有關，廟方將兩座神明並置，神韻極為相似，就此確定兩座神像皆是陳永華所留。石萬壽說，官佃是荷治時期王田，鄭氏時期為陳永華管轄地，當年陳永華退居龍湖巖，地方請太子爺駐守官田，視為龍湖巖 3 公里外的山門，觀音與太子爺母子情深，故每年 2 月 19 日觀音佛祖佛誕，龍湖巖巡香活動必先停駐官田庄 3 日，受庄民供養」（註二十五）。

這則報導考證了這兩尊神像的「歷史事實」，也引述了從雕工風格辨識神像來源的可能性。在傳統的有情宇宙觀裡，雕刻家用具體形像來描繪神話故事，人們也透過神話來解讀雕像的美感，我國傳統審美取向裡什麼是「神話」？怎麼解讀神話？如果我們理解宋元之後戲曲崛起，明清之際小說崛起的話，或許我們可以更貼近傳統一點，進而提出：「神話就是人情義理，神話就是歷史，是人們情願相信的歷史」。石萬壽所說：「觀音與太子爺母子情深，故每年 2 月 19 日觀音佛祖佛誕，龍湖巖巡香活動必先停駐官田庄 3 日，受庄民供養」大概就是這個意思吧。而這個意思確是福建與臺灣民俗信仰乃至審美取向的基石。

4-7，明鄭的圖文繪畫故事

從圖文繪畫來理解明鄭時期的設計美學確實有極大的難處，難處之一在於漢人傳

統的紙禍畫與書法作品本身是種極為纖細的物質工程,稍不小心污毀風化就逐日消失。

難處之二在於元明之後所謂士人畫、文人畫崛起,書畫本來是「自娛娛人」事業,元明之後倒成為「教化」事業,特別是這種教化事業不但向上自我聯繫上春秋戰國時期的「比德說」,向下還打擊畫工出身的專業畫家,我們在明清時期的絕大部分的「畫論」都看得到這種明目張膽違心之論。然而士人畫或文人畫就真的起了「教化百姓」的功能了嗎?當然沒有。這些明清時期的「畫論」或明清時期的「胥吏」乃至科舉官員其實只是向上以書畫娛主娛君,同僚之間互相標榜,向下對百姓頤指氣使的權力操作著,在這些非專業畫家與書法家裡,「書畫」只是權力門爭的工具罷了,既無所謂專業性也無所謂好不好看,卻倒自以為說出一番大道理。雖然不是說所有明清時期的書畫創作者、書畫作品乃至「畫論」都是如此,但斯時風氣確是如此。這種風氣就會造成只有掌權者、威名遠播者的書畫作品小心謹慎的「供養」起來,時間久了「偽作、仿作」一大堆,真假難辨。得到「供養」的不一定是好作品,卻留在人間「教化百姓」。

難處之三在於福建臺灣兩地的民俗信仰對宮廟建築的態度。長久以來福建一地就被形容為「多淫祀」,所以唐宋元明清無一例外,每遇改朝換代就來了一批批中央大員,統一一下國祀、省祀、鄉祀,順便滅滅淫祀,用現代的話語來說就是「端正風俗,破除迷信」,更妙的是「改朝換代」時,除了少數的國祀如文廟者外,通常會將前朝的國祀列為「淫祀」,要嘛另立神主,要嘛任其荒廢,而新朝所重視的國祀則大興土木簡於裝飾以顯其威。這與民俗信仰裡對「宮、廟」的認知及認同可以說是反其道而行。乃至國祀、省祀、鄉祀平時總是冷冷清清,春秋二祭官員率眾行禮如儀,只有孔廟是唯一的例外,但也是因為與科考功名利祿連結在一起才成為例外。而這官方所稱的「淫祀」剛好相反,特別是擺脫了「巫教」陰影的「宮廟」,在福建與臺灣兩地還可能自動升格,而升格的準則就是香火多寡信眾多寡。宮、廟的興建除了少數的政治目的外,幾乎全由信眾集資興建,香火少時先建小廟,香火旺了逐級改建大廟,不管小廟還是大廟都要極盡宮廟建築裝飾之美,如此以取悅神明,以吸引信眾,日復一日,年復一年。廟集廟會就像過新年一樣,粉刷門牆氣象新。宮廟間的競爭不但有分身分靈分廟的連結,更有越蓋越大間的競爭壓力。所以畫工的精美建築彩繪,往往就在「粉刷門牆氣象新」的爐主心態裡消失,在拆廟擴建的過程裡消失。

上述的原因讓我們很難找到明鄭時期的書畫作品,以下的舉例裡只有引自<<明清時代臺灣書畫展>>一書的寧靖王朱述桂行書較明確地可判斷為「真品」,當然其餘的案例也都有「真品的故事」,其實聽聽就好,何必認真。圖例 4-40 朱術桂題匾威靈赫奕,掛在臺南市北極殿。圖例 4-41 朱術桂題匾古今一人,掛在臺南市武廟。圖例 4-42 朱術桂行書:「古松奇石在山中」,謝持平收藏。圖例 4-43 傳

鄭成功行書。圖例 4-44，鄭成功畫像及其修復比較，圖例 4-45，仿前例鄭成功畫像局部，掛在臺南市延平郡王祠。

圖 4-40：朱術桂題匾威靈赫奕

圖 4-41：朱術桂題匾古今一人

圖 4-42：朱術桂行書

圖 4-43：鄭成功行書

圖 4-44：鄭成功畫像修復比較

圖 4-45：延平郡王祠裡的鄭氏畫像

圖例 4-44 為「真品」修復過程接近完成階段的兩個圖像,此「真品」為臺灣博物館所收藏,在「真品」修復後展出時,引述了這真品的故事及說明指出:「鄭成功為臺灣著名的歷史人物,臺灣現存的鄭成功畫像眾多,國立臺灣博物館典藏的「鄭成功畫像」是目前最接近鄭成功本人的畫像,材質為紙本,大小為 100X60 公分,是由鄭成功在臺南時命人繪製的作品,約鄭成功生前一年數月間所繪製完成,自鄭克塽降清以來,這副畫作由鄭氏家族─鄭成功堂兄弟鄭長代代相傳,是鄭氏家族的傳家寶。在日治時期西元 1898 年,這幅鄭成功畫像傳至鄭家第五代的鄭維隆,曾轉渡給臺北縣知事村上義雄,並隨村上義雄帶為日本內地,後因為鄭氏家族抗議,村上義雄再將這幅畫作送回臺北,當時的佐久間總督也觀覽了這幅畫作,認為如此珍貴的文物由民間世代相傳,難以永久保存,旨意將這幅鄭成功畫作依據國寶標準辦理,將這幅畫像保存在臺灣神社(舊址為今日圓山飯店),鄭家也表示贊同,於是在 1911 年夏天,鄭家將這幅鄭成功畫作獻納給臺灣神社,佐久間總督又命那須豐慶依原畫臨摹了一件鄭成功畫作,將這幅臨摹本贈送給鄭家,以作為紀念與鄭家傳家物,那須豐慶為著名日本畫家橋本雅邦門生,曾在臺灣舉辦多次個展與參與多次聯展,之後,佐久間總督又命人再臨摹了兩幅,其中一幅被供奉於開山神社(今延平郡王祠),但已不知原因佚失,另一幅今日下落不明,鄭家收藏的臨摹本現今保存在延平郡王祠。」

歷史研究的旨趣與美學研究的旨趣並不相同。在上述的說明裡我們很難想像「殖民者臺灣總督」會因「被殖民者鄭氏家族」抗議而決定「轉渡買賣無效」,並要求「殖民者前臺北縣知事」原物返還,然後另外再臨摹數幅,將「真品」供奉在臺灣神社。另一方面,我們也可以在這個鄭成功畫像真品的故事裡,看到赤裸裸的「掌權者說了算」的推理邏輯。在日本殖民臺灣的情境下,故事裡只有佐久間總督與村上義雄知事說了算,哪有鄭氏家族贊同不贊同的議題呢?而翻開日殖民臺灣史,佐久間左馬太不但是任職最久的武官總督,也是以殘酷手段屠殺臺灣人最多的一介武夫,說他會因為被殖民者鄭氏族人的「抗議」而介入官員與被殖民者的買賣,最後還將「真品」收藏在臺灣神社,那還真是「不思議」。

如果說歷史研究的旨趣是在於辨識「有意義的物質」之真假,那麼美學研究的旨趣就是在於辨識「有意義的權力」之真假。

這麼說來,圖例 4-40 至圖例 4-45「有意義的物質」的真真假假,難道不需辨識為真後才值得分析嗎?我們只能說傳統書畫藝術有不同層次的「物質之真」,仿作、臨摹、拓本就是所謂「不同層次」的物質之真。而辨識「有意義的權力」之真假正是區分「不同層次」的必要過濾器。

明鄭時期的藝文創作情境對這些具代表性的「藝術真品」保存其實是很困難的。「談到近世臺灣文化的開拓者,首先可舉沈光文為代表,明末沈光文(字文開,

號斯庵，官至太僕少卿），先於鄭成功入臺，置身蠻荒，窮極潦倒，時以吟詠遣其愁懷，著作甚豐。……鄭成功來臺後，沈光文大受禮遇，又與隨鄭來臺流寓的韓又琦、趙行可、鄭廷桂諸賢組織福臺新詠詩社，開啟臺灣文學之源。其次是延平郡王的諮議參軍陳永華（字復甫），對治臺政策及戰略籌謀功績甚大，並在臺南建文廟，在各地設學校，是臺灣文教的恩人。另外涉險來附的忠義之士，不乏儒流，如徐孚遠、王忠孝、盧若藤、李茂春等，皆為藝苑魁傑」（註二十六）。然而這些列為「文化開拓者、臺灣文教的恩人、藝苑魁傑」者的書畫作品，並無任何「物質真品」留傳下來。如果我們只繞著朱術桂與鄭成功的墨寶，辨其真偽，以為代表，來論斷斯時斯地的設計藝術美學，恐怕只落得過度推論與過度想像之嫌。

我們從朱術桂的書法裡讀出「瘦勁風格、墨韻飽滿」，從鄭成功的書法裡讀出「神韻生動、圓中帶勁」，讀出「暢快間多有鬱結之氣，淋漓中又見悲慨之情」，甚至由此引伸出爾後臺灣書畫風格中的「狂野氣質」正是一種進取、質樸的美感傾向。或許我們在太少的物質資料裡讀出太多物質資料所不能解釋的美感。或許這種解讀也只是今人對古人當權者人格想像的期待與投射而已。圖例4-44是否為真品？是不是最像鄭成功本人的畫像？在這裡似乎並不那麼重要，重要的是在這樣的歷史過程裡，我們仍然可以感受到先秦時期開始就一直流傳至今的「比德美感」仍然是最活躍的審美取向，明鄭時期也不例外。

第四章註釋

註一：明朝末年起，昏庸的朝臣及無能的地方官員，只要遇到外交遭遇臺灣番人侵奪殺害「洋夷」事件時，標準的回答都是卸責的「非屬所轄」四個字。就連明朝賜姓封王的琉球在 1609 年被日本肥前藩所出兵攻佔後改為日本的藩國。只因琉球國王「擔心琉球與中國貿易中斷，中國商船不再攜帶貨物到琉球，於是在德川幕府的許可下，一方面背著中國每年向日本秘密納貢，但同時表面上還向中國稱臣」（湯錦臺，2001，p.65），明朝末年的情境裡居然還認為琉球持續長年朝貢，所以似無向日本稱臣之跡，連繼承明朝的清朝也是持相同的看法。所以，從外交文書、商務協約、商務書信、私人搭記裡來印證斯時琉球、臺灣是否屬於中國，其實是沒有意義的「口舌爭辯」而已。

註二：顏思齊鄭芝龍等人何時登陸移民魍港，向有兩種說法。一說 1921 年，另一說 1924 年。本文採清朝福建通誌臺灣府：「天啟元年，漢人顏思齊為東洋國甲螺（東洋，今日本；甲螺，頭目之類），引倭屯於臺，鄭芝龍附之（臺灣有中國民，自思齊始），尋棄去。」而定為 1921 年。另一說的 1924 年即為天啟四年，但，天啟四年鄭芝龍在許多文獻裡也以「翻譯者」的姿態出現在李旦介入明朝與荷蘭爭奪澎湖的談判中，並隨即獲荷商任命為「譯官」，這在剛剛登陸魍港設營紮寨的顏鄭集團或準備去大員設營紮寨的荷蘭集團而言應該都是極大冒險，所以可能性不高。

註三：起初郭懷一在貓羅社的協助下加速展開了墾殖。但郭懷一在第一年自主經營下不僅達到自給自足，尚有餘糧出售給鄰近的大武郡社、南北投社、諸羅山社、他里霧社、斗六門社及哆囉國等社。所以在 1629 年時郭懷一決定回家鄉一趟，打開臺灣產品的銷售管道，同時也希望帶一些同鄉來笨港共同開發。郭懷一回鄉後攜來大批專業人才如打鐵師、裁縫師、鑿井師、建厝師及醫師等及部分的羅漢腳來投入北港的開發。詳，郭宏斌，<顏思齊、郭懷一定居臺灣>收錄於郭宏斌<<臺灣人的臺灣史>>。網站發表。

註四：引自，水漆林文史村詩記，網路古典詩詞雅集發表。

註五：顏鄭來臺之前就由顏思齊為首組成二十八兄弟會，其意即為自命二十八星宿下凡，這二十八星宿分為四群是為左青龍、右白虎、前朱雀、後玄武，各由七顆星組成，另外在星象上玄武亦即北斗七星又有「首要」的意思，後來民間信仰雖然又分成玄武信仰與魁星信仰，又再度各認星座，但是不管是玄武也好，魁星也好，都是寓意「首要」的意思。玄武信仰在明朝開國時極力提倡，乃至於成為明朝官祀信仰，其成為民間信仰的根深蒂固也就不言而喻。

註六：引自，雲林縣水林鄉水北社區網站，水漆林淵源：思齊屋一文。

註七：引自，湯錦臺，2001，p.113。

註八：引自，冉福立，2005，p.39。

註九：同註八。

註十：參考，湯錦臺，2001，p.21-22。

註十一：引自，湯錦臺，2001，p.151。

註十二：參考，張勝彥等 1999，p.90。

註十三：參考，湯錦臺，2001，p.142。

註十四：詳，林衡道，1988，p.167。

註十五：所謂福建官話通常以清朝時因廣設「正音書院」所形成的語言。若以日語文的關係作比

喻，這有點像福建話對文言文的「音讀」結果，有別於福建話對文言文的「訓讀」，因為長久以來福建一直以「福州」為省會，所以，福建官話又稱福州官話。這裡所謂的官方用語不止在臺灣當官要使用這種「福州官話」，所有福建地區的書院讀書也是用這種「福州官話」，就連科舉進士登科派官後，在朝廷或其他地方，「福州官話」也是可用來溝通，用來讀「文言文古書」。

註十六：引自，張勝彥等，1999，p.66。

註十七：引自，鹿耳門天后宮網站，鹿耳門天后宮大事記一文。

註十八：同註十七。

註十九：這裡用「入侵」二字似乎並不恰當，因為這次的戰爭其實是清朝與明鄭的對峙結果，荷蘭盜商集團到有點像「傭兵」，與當時的三藩之一的福建藩協議攻取金門澎湖及臺灣，其協議的代價就是臺灣歸荷蘭東印度公司，而金門歸清朝。不過當時清朝與三藩的水軍實力不強，所以登佔金門後也無意配合水軍的繼續「出征」，所以荷蘭盜商集團佔領澎湖後見不到「友軍」源源而來，也就放一把火把該燒的全部燒光，然後撤軍找福建藩算這筆糊塗帳去。

註二十：參考，夏鑄九、許雪姬、譚培雄，1984，p.51 及附錄一，天后宮碑文。

註二十一：詳，陳冠宇，2012，附錄一，臺灣傳統官式建築調查案例。

註二十二：同註十七。

註二十三：引自，莊伯和，2002，p.10—11。

註二十四：引自，林洸沂，2002，p.78。

註二十五：引自，楊美紅、劉婉君，2008/6/29。

註二十六：引自，莊伯和，1983，p.28。

第四章參考文獻

何培夫，2007，臺南市古蹟導覽，臺南：臺南市政府。

李乾朗，1979，臺灣建築史，臺北：北屋出版公司。

林文義，1993，關於一座島嶼：唐山過臺灣的故事，臺北：臺原出版社。

林洸沂（主編），2002，歷代媽祖金身在新港，嘉義新港：新港文教基金會。

林衡道（主編），1988，臺灣史，臺北：眾文圖書公司。

連橫，2009，臺灣通史，臺北：眾文圖書公司。

夏鑄九、許雪姬、譚培雄，1984，澎湖天后工保存計畫，臺北：臺大土木工程所。

莊伯和，1983，<明清臺灣書畫談>，收錄於<<明清時代臺灣書畫展>>一書。

莊伯和，2002，<從臺灣媽祖形相看美感特徵>，收錄於<<歷代媽祖金身在新港>>一書。

國立故宮博物院，2005，福爾摩沙：十七世紀的臺灣‧荷蘭與東亞，臺北：國立故宮博物院。

湯錦臺，2001，大航海時代的臺灣，臺北：城邦文化公司。

陳冠宇，2012，臺灣傳統官式建築營造通則之研究，斗六：國立雲林科技大學建築研究所碩論。

黃才郎（編），1983，明清時代臺灣書畫展，臺北：行政院文化建設委員會。

黃沼元，2002，臺灣的老街，臺北：遠足文化公司。

張勝彥、吳文星、溫振華、戴寶村，1999，臺灣開發史，蘆洲：國立空中大學。

楊美紅、劉婉君，2008/6/29，<<教授牽線>>觀音、太子爺失散百年再相會，自由時報。

潘英，2006，臺灣平埔族史，臺北：南天書局。

蔡培慧、陳怡慧、陳柏州，2004，臺灣的舊地名，臺北：遠足文化公司。

劉還月，1998，臺灣鄉土誌，臺北：常民文化公司。

冉福立（Kees Zandviliet）著，鄭維中譯，<經緯：地圖與荷鄭時代的臺灣>，收錄於<<福爾摩沙：十七世紀的臺灣·荷蘭與東亞>>一書。

第四章網路資料

雲林縣水林鄉鄉土教材網

http://cuy.ylc.edu.tw/~cuy15/

雲林縣水林鄉水北社區網站

http://sixstar.cca.gov.tw/blog/abcde7853733

雲林縣水林鄉尖山國小網站

http://163.27.228.193/school/csite/index.htm

鹿耳門天后宮網站

http://www.luerhmen.org.tw/

雲林時光部落格

http://blog.yunlin.me/

北港文化採訪記錄網站

http://urshop.com.tw/beigang/

網路古典詩詞雅集

http://www.poetrys.org/phpbb/index.php

水林、顏厝寮、七角井

http://blog.yunlin.me/2010/09/10/011/

地名探源：從笨港到北港

http://urshop.com.tw/beigang/beiganga/2009-02-20/13.html

顏思齊、郭懷一定居臺灣

http://www.taiwanus.net/history/1/14.htm

水燦林淵源：思齊屋

http://sixstar.cca.gov.tw/blog/abcde7853733/myBlogArticleAction.do?method=doListArticleByPk&articleId=33960

第四章圖版目錄

圖 4-1 顏鄭渡臺 1621 年之魍港與大園地圖（楊裕富繪製）；圖 4-2 顏鄭集團的九寨或十寨地點圖（引自水林鄉公所網站並加標示）；圖 4-3 七角井外觀；圖 4-4 七角井或七星井內部構造；圖 4-5 七角井碑文；圖 4-6

思齊厝復原模型（引自水林鄉水北社區網站）；圖 4-7 熱蘭遮城堡復原模型；圖 4-8 熱蘭遮城堡建築透視圖；圖 4-9 普羅民遮城復原模型；圖 4-10 普羅民遮城復原立面圖；圖 4-11 清朝赤崁夕照圖；圖 4-12 安平古堡現狀（楊裕富拍攝）；圖 4-13 安平古堡上的剪刀型壁鎖痕跡；圖 4-14 安平古堡展示館內的壁鎖；圖 4-15 赤崁樓內的紅毛井；圖 4-16 安平老街上的紅毛井；圖 4-17 臺南安平的延平街；圖 4-18 雲林古坑鄉的荷蘭井（即紅毛井）；圖 4-19 臺南武廟上的荷蘭式壁鎖；圖 4-20 阿姆斯特丹街屋上所見的壁鎖；圖 4-21 布魯塞爾街屋上所見的壁鎖；圖 4-22 西班牙人在臺灣北部設省的地圖；圖 4-23 西班牙人佔領雞籠後的測繪圖與軍備部署圖；圖 4-24 西班牙人在佔領雞籠港後先設砲臺要塞的景象；圖 4-25 歷盡滄桑的淡水「紅毛城」；圖 4-26 臺灣八景之一的鹿耳春潮；圖 4-27 鹿耳門媽祖廟復原圖（楊裕富繪製）；圖 4-28 臺灣八景之一的雞籠積雪；圖 4-29 鹿耳門媽祖廟各階段變遷狀況等角透視圖（楊裕富繪製）；圖 4-30 鹿耳門古廟的建築裝飾構件之 ；圖 4-31 鹿耳門古廟的建築裝飾構件之二；圖 4-32 宋石雕媽祖（引自林洸沂<<歷代媽祖金身在新港>>）；圖 4-33 明木雕媽祖一（同前引）；圖 4-34 明木雕媽祖千里眼順風耳（同前引）；圖 4-35 明木雕千里眼順風耳（同前引）；圖 4-36 明木雕媽祖二（同前引）；圖 4-37 晚明明木雕媽祖千里眼順風耳（同前引）；圖 4-38 鹿耳門隨艦登臺開基媽祖神像；圖 4-39 明末觀音神像與太子爺神像；圖 4-40 朱述桂題匾「威靈赫奕」；圖 4-41 朱述桂題匾「古今一人」；圖 4-42 朱述桂行書「古松奇石在山中」；圖 4-43 鄭成功行書「寶玉窟」；圖 4-44 鄭成功畫像修復比較；圖 4-45 延平郡王祠裡的鄭成功畫像。本章圖片除正文另有說明及附記引用來源外，均引用自本章所列之參考文獻與參考網站資料並予以圖像校正及清晰化。

國家圖書館出版品預行編目(CIP)資料

臺灣設計美學史. 卷一, 神話至明 / 楊裕富著.
-- 初版. -- 臺北市：元華文創, 2019.05
面；　公分

　ISBN 978-957-711-081-7 (平裝)

　1.美學史　2.設計　3.臺灣

180.933　　　　　　　　　　　　　108006175

臺灣設計美學史(卷一)——神話至明

楊裕富　著

發 行 人：賴洋助
出 版 者：元華文創股份有限公司
公司地址：新竹縣竹北市台元一街 8 號 5 樓之 7
聯絡地址：100 臺北市中正區重慶南路二段 51 號 5 樓
電　　話：(02) 2351-1607
傳　　真：(02) 2351-1549
網　　址：www.eculture.com.tw
E - m a i l：service@eculture.com.tw
出版年月：2019 年 05 月 初版
定　　價：新臺幣 290 元

ISBN：978-957-711-081-7 (平裝)

總 經 銷：易可數位行銷股份有限公司
地　　址：231 新北市新店區寶橋路 235 巷 6 弄 3 號 5 樓
電　　話：(02) 8911-0825　　傳　　真：(02) 8911-0801